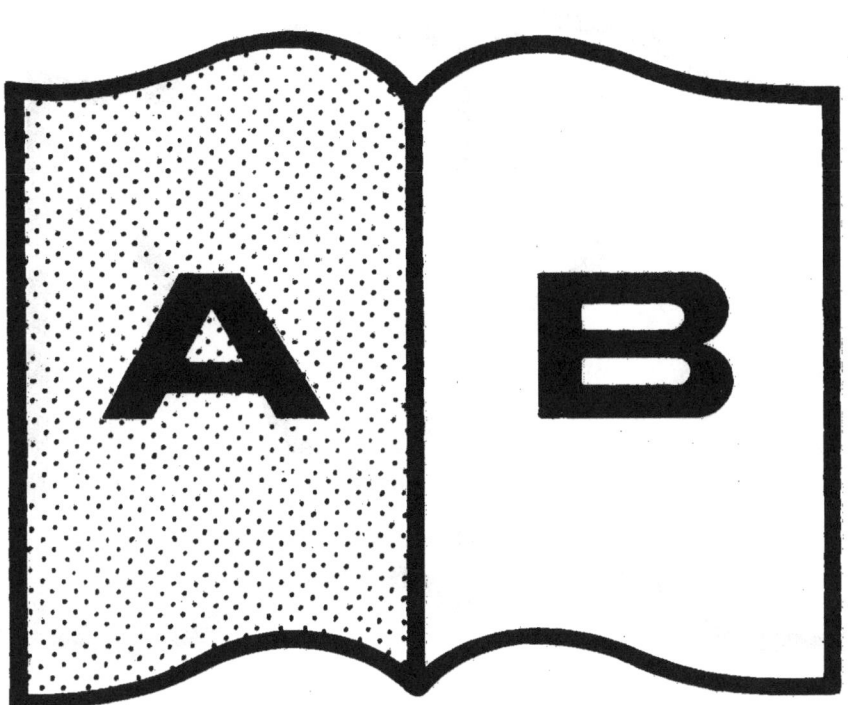

Contraste insuffisant

NF Z 43-120-14

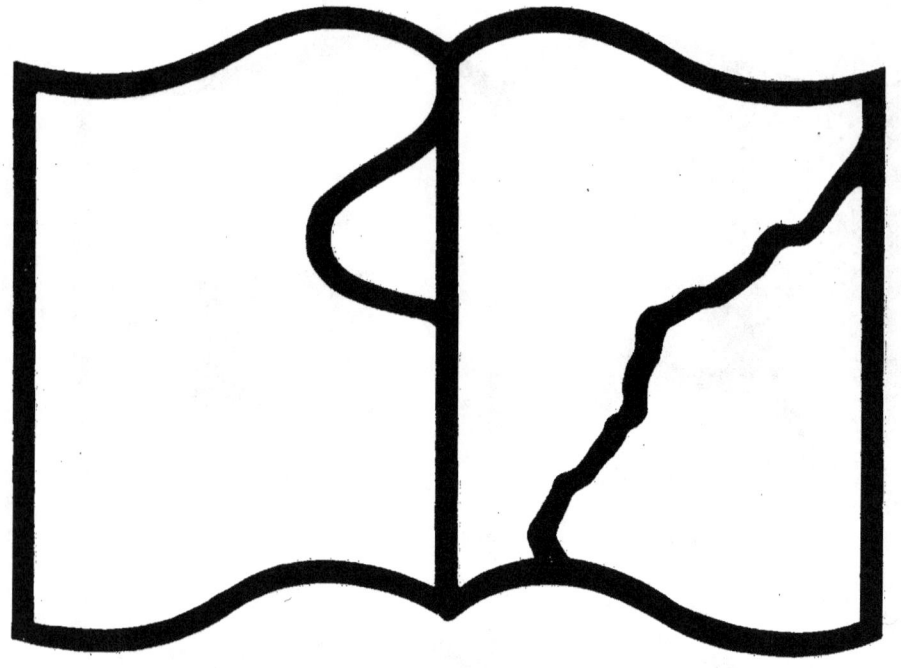

Texte détérioré — reliure défectueuse
NF Z 43-120-11

LE

CHERCHEUR DE PISTES

SCEAUX. — IMPRIMERIE CHARAIRE ET FILS.

LE

CHERCHEUR DE PISTES

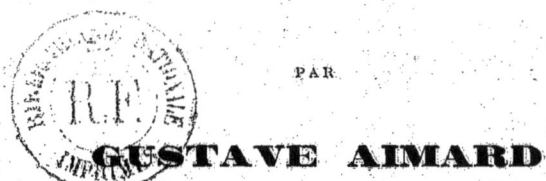

PAR

GUSTAVE AIMARD

PARIS
F. ROY, LIBRAIRE-ÉDITEUR
222, BOULEVARD SAINT-GERMAIN, 222

1890

LE CHERCHEUR DE PISTES

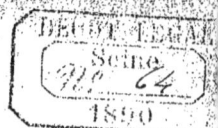

Liv. 64. F. ROY, édit. — Reproduction interdite.   1. CHERCHEUR DE PISTES.

LE
CHERCHEUR DE PISTES

PREMIÈRE PARTIE
LE CÈDRE ROUGE

I

LA FORÊT VIERGE

Au Mexique, la population n'est divisée qu'en deux classes : la classe élevée et la classe inférieure ; il n'y a pas de rang intermédiaire pour lier les deux extrêmes ; aussi la cause des *deux cent trente-neuf* révolutions qui, depuis la déclaration de l'indépendance, ont bouleversé ce pays, est-elle facile à comprendre ; la puissance intellectuelle se trouve entre les mains d'un petit nombre, et c'est par cette minorité remuante et ambitieuse que s'effectuent toutes les révolutions ; d'où il résulte que le pays est gouverné par le despotisme militaire le plus complet, au lieu d'être une république libre.

Cependant les habitants des États de Sonora, de Chihuahua et du Texas ont conservé encore aujourd'hui cette physionomie sévère, sauvage, énergique que l'on chercherait vainement dans les autres États de la confédération.

Sous un ciel plus froid que celui de Mexico, l'hiver, qui couvre souvent les rivières de ces régions d'une épaisse couche de glace, endurcit les fibres de ses habitants, épure leur sang, purifie leur cœur et en fait des hommes d'élite qui se distinguent par leur courage, leur intelligence et leur profond amour pour la liberté.

Les Apaches, qui habitaient originairement la plus grande partie du Nouveau-Mexique, ont peu à peu reculé devant la hache des *pionniers*, ces enfants perdus de la civilisation, et retirés dans d'immenses déserts qui couvrent le triangle formé par le rio Gila, le del Norte et le Colorado, ils font presque impunément des courses sur les frontières mexicaines, pillant, brûlant et dévastant tout ce qu'ils rencontrent sur leur passage.

Les habitants des contrées que nous avons citées plus haut, tenus en respect par ces protées insaisissables, sont dans un état de guerre continuelle contre eux, toujours prêts au combat, fortifiant leurs *haciendas* (fermes), et ne voyageant que les armes à la main.

El Paso del Norte peut être regardé comme l'*ultima Thule* de la partie civilisée du Mexique. Au delà, vers le nord et le nord-ouest, s'étendent les vastes plaines incultes de Chihuahua, le bolson de Mapimi et les déserts arides du rio Gila.

Ces immenses déserts, nommés Apacheria, sont encore aujourd'hui aussi inconnus qu'ils l'étaient à la fin du xviii° siècle.

El Paso del Norte doit son nom à sa situation près d'un *gué* ou Paso du Rio del Norte. Cet établissement est le plus ancien de tous ceux du Nouveau-Mexique ; sa fondation remonte à 1585, c'est-à-dire à la fin du xv° siècle.

L'établissement actuel est épars dans une étendue de dix milles environ, le long des bords du del Norte, et compte 4,000 habitants au plus.

La *plaza*, ou village del Paso, est située à la tête de la vallée ; à l'extrémité opposée, est le *presidio de San-Elezario*. Tout l'intervalle est rempli par une ligne continue de maisons blanches à toits plats, enfouies dans des jardins et entourées de vignobles.

A un mille au-dessus du passage, la rivière est barrée et l'eau conduite par un canal de dérivation appelé *Acequia Madre* dans la vallée qu'elle arrose.

C'est à quelques milles à peine de cet établissement que commence l'Apacheria.

On sent que le pas de l'homme civilisé n'a foulé que timidement et à de rares intervalles cette contrée toute primitive où la nature, libre de se développer sous l'œil tout-puissant du Créateur, prend des aspects d'une fantaisie et d'une beauté incroyables.

Par une belle matinée du mois de mai, que les Indiens nomment *wabigonquisis* (lune des fleurs), un homme de haute taille, aux traits durs et accentués, monté sur un fort cheval à demi-sauvage, déboucha au grand trot de la plaza, et après quelques minutes d'hésitation employées sans doute à s'orienter, il appuya résolument les éperons aux flancs de sa monture, traversa le gué, et après avoir laissé derrière lui les nombreux cotonniers qui, en cet endroit, couvrent les bords du fleuve, il se dirigea vers les épaisses forêts qui verdissaient à l'horizon.

Ce cavalier était revêtu du costume adopté sur les frontières, costume pittoresque que nous décrirons en deux mots.

L'inconnu portait un dolman de drap vert, galonné en argent, qui laissait voir une chemise de batiste brodée, dont le col rabattu était fermé par une cravate de soie noire, négligemment attachée à la Colin par une bague en diamant, en guise de nœud. Il portait une culotte de drap vert, galonnée d'argent, garnie de deux rangées de boutons du même métal, retenue aux hanches par une ceinture de soie rouge à franges d'or. La culotte, entr'ouverte sur les côtés jusqu'au milieu de la cuisse, laissait librement flotter le caleçon de fine toile de dessous ; ses jambes étaient défendues par une bande de cuir brun

OEUVRES DE GUSTAVE AIMARD

LE CHEF DE HURONS.

F. ROY, éditeur.

gaufré et brodé, nommé bottes *vaqueras*, attachées au bas du genou par un tissu d'argent. A ses talons résonnaient d'énormes éperons. Une *manga*, resplendissante d'or, relevée sur l'épaule, garantissait le haut de son corps, et sa tête était abritée des rayons ardents du soleil par un chapeau de feutre brun galonné, à larges bords, dont la forme était serrée par une large *toquilla* d'argent qui en faisait deux ou trois fois le tour.

Sa monture était harnachée avec un luxe gracieux qui en faisait ressortir toute la beauté. Une riche selle en cuir gaufré, garnie d'argent massif, sur le derrière de laquelle était attaché le *zarapé*; de larges étriers mauresques en argent, aux arçons de *belles armes d'eau*; une élégante *anquera* faite de cuir ouvragé, garnie de petites chaînettes d'acier, recouvrait entièrement la croupe, et, tombant jusqu'au milieu des cuisses du cheval, retentissait au moindre mouvement du coureur.

L'inconnu semblait, par le luxe qu'il déployait, appartenir à la haute classe de la société; à son côté droit pendait un machete, deux pistolets étaient passés dans sa ceinture, le manche d'un long couteau sortait de sa botte droite, et il tenait en travers devant lui un superbe rifle damasquiné.

Penché sur le cou de son cheval lancé au galop, il s'avançait rapidement sans jeter un regard autour de lui, bien que le paysage qui se déroulait à ses côtés fût un des plus majestueux et des plus attrayants de ces régions.

Le fleuve formait les plus capricieux méandres au milieu d'un terrain accidenté de mille façons bizarres.

Çà et là, sur des plages de sable et de gravier, on voyait étendus avec leurs branches, des arbres énormes que le courant plus faible avait laissés épars et qui, séchés par le soleil, montraient par leur couleur lavée qu'ils étaient morts depuis plusieurs siècles.

Auprès des endroits bas et marécageux, erraient lourdement des caïmans et des crocodiles.

Dans d'autres endroits où le fleuve coulait presque uniformément, ses rives étaient unies et couvertes de gros arbres butés ou serrés par des lianes qui, après s'y être entortillées, retombaient jusqu'à terre où elles plongeaient pour s'élancer de nouveau dans l'espace où elles formaient les plus extravagantes paraboles.

Les bois fourrés laissaient entrevoir de temps en temps de petites prairies, des marécages, ou un sol uni couvert d'ombrages inaccessibles aux rayons du soleil et parfois embarrassés d'arbres morts de vieillesse; plus loin, d'autres, qui semblaient jeunes encore à cause de la couleur et de la solidité de leur écorce, se réduisaient en poussière au moindre souffle du vent.

Sur des rives élevées à pic, où la rapidité de l'eau indiquait l'inégalité du sol, des terres éboulées laissent voir d'énormes racines sans appui et annonçaient la chute des colosses déjà inclinés qu'elles ne soutenaient plus que par artifice.

Parfois le terrain tout à fait miné en dessous, réduit à son propre poids, entraînait avec lui le bois qu'il portait, et faisait, en tombant, retentir un bruit confus par l'éboulement des terres, le sifflement des branches qui se rompaient après leur vibration, et dont le fracas, répercuté par les échos que forme la hauteur des immenses forêts qui règnent le long du fleuve, avait quelque chose de grandiose dans ce désert dont il n'est donné à aucun être humain de sonder les effrayants mystères.

Cependant l'inconnu galopait toujours, l'œil ardemment fixé devant lui, ne semblant rien voir.

Plusieurs heures se passèrent ainsi; le cavalier s'enfonçait de plus en plus dans la forêt; il avait quitté les rives du fleuve et n'avançait plus qu'avec des difficultés inouïes au milieu de l'inextricable fouillis d'herbes, de branches et de buissons qui, à chaque pas, arrêtait sa marche et le contraignait à des détours sans nombre.

Seulement, parfois, il tirait la bride, lançait un regard vers le ciel, puis il repartait en murmurant à demi-voix ce seul mot :

— *Adelante!* (en avant!)

Enfin, il s'arrêta dans une vaste clairière, jeta un regard soupçonneux aux environs, et rassuré probablement par le silence de plomb qui pesait sur le désert, il mit pied à terre, entrava son cheval et lui ôta la bride, afin qu'il pût brouter les jeunes pousses.

Ce devoir accompli, il se laissa nonchalamment aller sur le sol, tordit une cigarette de maïs entre ses doigts, sortit un mechero d'or de sa ceinture et battit le briquet.

Cette clairière était assez grande : d'un côté, l'œil s'étendait assez facilement au loin sur les prairies, dans l'espace laissé libre par les arbres, et permettait de distinguer des daims et des chevreuils qui paissaient avec sécurité; du côté opposé, la forêt, de plus en plus sauvage, semblait, au contraire, un infranchissable mur de verdure.

Tout était abrupt et primitif dans ce lieu, que le pied de l'homme avait si rarement foulé.

Certains arbres, tout à fait ou en partie desséchés, offraient les restes vigoureux d'un sol riche et fécond ; d'autres, également antiques, étaient soutenus par des lianes entortillées qui, avec le temps, avaient presque égalé la grosseur de leur premier appui : la diversité des feuilles offrait le plus bizarre mélange. D'autres, recélant dans leur tronc creux un fumier qui, formé des débris de leurs feuilles et de leurs branches à demi mortes, avait échauffé les graines qu'ils avaient laissé tomber, semblaient, par les arbrisseaux qu'ils renfermaient, promettre un dédommagement de la perte de leurs pères.

Dans les prairies la nature, toujours prévoyante, semble avoir voulu mettre à l'abri des injures du temps certains vieux arbres, patriarches des forêts, affaissés sous le poids des siècles, en leur formant un manteau d'une mousse grisâtre qui pend en festons depuis la cime des plus hautes branches jusqu'à terre, en effectant les dessins et les découpures les plus étranges.

L'inconnu, étendu sur le dos, sa tête soutenue par les deux mains croisées, fumait avec cette béatitude pleine de nonchalance et de paresse, particulière aux Hispano-Américains.

Il ne s'interrompit dans cette douce occupation que pour tordre une nouvelle cigarette et jeter un regard aux environs en murmurant :

— Hum ! il me fait bien attendre.

Il lâchait une bouffée de fumée bleuâtre et reprenait sa première position.

Plusieurs heures s'écoulèrent ainsi. Tout à coup un froissement assez fort se fit entendre dans les broussailles, à quelque distance derrière l'inconnu.

— Ah ! ah ! fit-il, je crois que voilà enfin mon homme.

Cependant le bruit devenait de plus en plus fort et se rapprochait rapidement.

— Arrivez donc, que diable ! s'écria le cavalier en se redressant, voilà assez longtemps que vous me faites attendre, par Notre-Dame *dell Pari !*

Rien n'apparaissait, la clairière était toujours solitaire, bien que le bruit eût acquis une certaine intensité.

L'inconnu, surpris du mutisme obstiné de celui auquel il s'adressait et surtout de sa persistance à ne pas se montrer, se leva afin de savoir à quoi s'en tenir.

En ce moment, son cheval pointa les oreilles, renâcla avec force et fit un brusque mouvement pour se dégager du lasso qui le retenait.

Notre homme s'élança vers lui et le flatta de la main et de la voix.

Le cheval tremblait de tous ses membres, et faisait des bonds prodigieux pour s'échapper. L'inconnu, de plus en plus surpris de ces mouvements extraordinaires, se retourna.

Tout lui fut alors expliqué.

A vingt pas de lui au plus, accroupi sur la maîtresse branche d'un énorme cyprès, un magnifique jaguar à la robe splendidement mouchetée fixait sur lui deux yeux ardents en passant sur ses mâchoires, avec une volupté féline, sa langue rugueuse, rouge comme du sang.

— Ah ! ah ! dit à demi-voix l'inconnu sans autrement s'émouvoir, ce n'est pas toi que j'attendais ; mais c'est égal, sois le bienvenu, compagnon ; *caraï !* nous allons en découdre.

Sans perdre le jaguar de vue, il s'assura que son machete sortait librement du fourreau, ramassa son rifle, et ces précautions prises, il s'avança résolument vers la bête féroce qui le regardait venir sans changer de position.

Arrivé à dix pas du jaguar, l'inconnu jeta sa cigarette, que jusque-là il avait conservée, épaula son arme et mit le doigt sur la détente.

Le jaguar se ramassa sur lui-même et se prépara à s'élancer en avant.

Au même instant un hurlement strident s'éleva du côté opposé de la clairière.

— Tiens ! tiens ! tiens ! dit à part lui l'inconnu avec un sourire, il paraît qu'ils sont deux, et moi qui croyais avoir affaire à un jaguar célibataire ! Cela commence à devenir intéressant ! et il lança un regard de côté.

Il ne s'était pas trompé : un second jaguar un peu plus grand que le premier fixait sur lui des yeux flamboyants.

II

LA LUTTE

Les habitants de la frontière mexicaine sont habitués à lutter continuellement contre les fauves, hommes ou bêtes, qui incessamment les attaquent ; l'inconnu ne s'émut donc que médiocrement de la visite inattendue des deux jaguars.

Bien que sa position entre ces féroces ennemis fût assez précaire et qu'il ne se dissimulât nullement le danger qu'il courait seul contre deux, il n'en résolut pas moins de leur tenir bravement tête.

Sans perdre de vue le jaguar que le premier il avait aperçu, il oblique légèrement en faisant quelques pas en arrière, de façon à avoir ses ennemis presque en face, au lieu de se trouver entre eux.

Cette manœuvre, qui exigea un temps assez long, réussit au delà de ses espérances.

Les jaguars le regardaient en se pourléchant et en se passant la patte derrière l'oreille avec ces mouvements pleins de grâce particuliers à la race féline.

Les deux fauves, certains de leur proie, semblaient jouer avec elle et ne se hâtaient pas de la saisir.

Tout en ayant l'œil au guet, le Mexicain ne s'endormait pas dans une trompeuse sécurité ; il savait que la lutte qu'il allait entreprendre était une lutte suprême et il prenait ses précautions.

Les jaguars n'attaquent l'homme que contraints par la nécessité ; ceux-ci cherchaient surtout à saisir le cheval.

La noble bête, solidement attachée par son maître, s'épuisait en vains efforts pour rompre les liens qui la retenaient et s'échapper.

Elle tremblait de terreur aux âcres émanations des fauves.

L'inconnu, dès que ses précautions furent prises complètement, épaula son rifle une seconde fois.

En ce moment, les jaguars levèrent la tête en couchant les oreilles et humant l'air avec inquiétude.

Un bruit presque imperceptible s'était fait entendre dans les broussailles.

— Qui va là ? demanda le Mexicain d'une voix forte.

— Un ami, don Miguel Zarate, répondit-on.

— Ah ! c'est vous, don Valentin, reprit le Mexicain ; vous arrivez à propos pour assister à une belle chasse.

— Ah ! ah ! reprit l'homme qui avait déjà parlé ; puis-je vous aider ?

— Inutile, seulement hâtez-vous, si vous voulez voir.

Les branches s'écartèrent brusquement et deux hommes apparurent dans la

Il entrava son cheval et lui ôta la bride afin qu'il pût brouter les jeunes pousses.

clairière. A la vue des jaguars, ils s'arrêtèrent, non de crainte, car ils posèrent tranquillement à terre la crosse de leurs rifles, mais afin de laisser au chasseur toutes les facilités de sortir victorieux de son téméraire combat.

Les jaguars semblèrent comprendre que le moment d'agir était venu : comme d'un commun accord, ils se rassemblèrent sur eux-mêmes et bondirent sur leur ennemi.

Le premier, frappé au vol par une balle qui lui traversa l'œil droit, roula sur le sol, où il resta immobile.

Le second fut reçu à la pointe du machete du chasseur, qui, son rifle déchargé, était tombé un genou en terre, le bras garanti par son zarape en avant et le machete de la main droite.

L'homme et le tigre tombèrent l'un sur l'autre en se débattant.

Après une lutte de quelques secondes, un seul des deux adversaires se releva.

Ce fut l'homme.

Le tigre était mort.

Le machete du chasseur, guidé par une main ferme, lui avait traversé le cœur de part en part.

Pendant ce rapide combat, les nouveaux venus n'avaient pas fait un geste, ils étaient demeurés spectateurs impassibles de ce qui s'était passé.

Le Mexicain se releva, plongea deux ou trois fois son machete dans l'herbe pour en essuyer la lame, et, se retournant froidement vers les étrangers :

— *Que tal ?* Qu'en dites-vous ? fit-il.

— Parfaitement joué, répondit le premier; c'est un des plus jolis coups doubles que j'aie vus de ma vie.

Les deux hommes jetèrent leurs fusils sur l'épaule et s'avancèrent vers le Mexicain, qui rechargeait son rifle avec autant de sang-froid et d'un air aussi tranquille que s'il ne venait pas d'échapper par un miracle d'adresse à un danger terrible.

Le soleil descendait rapidement à l'horizon, l'ombre des arbres prenait une longueur prodigieuse, le globe du soleil apparaissait comme une boule de feu au milieu de l'azur limpide du ciel.

La nuit n'allait pas tarder à venir, le désert se réveillait; de toutes parts on entendait, dans les sombres et mystérieuses profondeurs de la forêt vierge, les sourds hurlements des coyotes et des bêtes fauves mêlés aux chants des oiseaux perchés sur toutes les branches.

Splendide concert chanté par tous les hôtes libres et indomptés des prairies à la gloire de Dieu, salut sublime adressé au soleil sur le point de disparaître.

Le désert, silencieux et morne pendant les fortes chaleurs du jour, sortait de sa torpeur maladive à l'approche du soir, et se préparait à prendre ses ébats nocturnes.

Les trois hommes, réunis dans la clairière, rassemblèrent des branches sèches, en firent un monceau et y mirent le feu.

Ils avaient sans doute l'intention de bivaquer une partie de la nuit en cet endroit.

Dès que les flammes du bûcher montèrent joyeusement vers le ciel en longues spirales, les deux inconnus sortirent de leurs gibecières des tortillas de maïs, quelques camotes cuites à l'eau et une gourde de pulque; ces divers comestibles furent par eux complaisamment étalés sur l'herbe, et les trois hommes commencèrent un repas de chasseur.

Lorsque la gourde eut circulé plusieurs fois, que les tortillas eurent disparu, les nouveaux venus allumèrent leur pipe indienne, et le Mexicain tordit un papelito.

Bien que ce repas eût été court, il dura cependant assez longtemps pour que la nuit fût complètement tombée avant qu'il fût terminé.

Une obscurité complète planait sur la clairière, les reflets rougeâtres de la flamme du foyer se jouaient sur les visages énergiques des trois hommes et leur donnaient une apparence fantastique.

— Maintenant, dit le Mexicain après avoir allumé sa cigarette, je vais, si vous me le permettez, vous expliquer pourquoi j'avais si grande hâte de vous voir.

— Un instant encore, répondit un des chasseurs; vous savez que dans les déserts les feuilles ont souvent des yeux et les arbres des oreilles; si d'après ce que vous m'avez laissé entrevoir je ne me trompe pas, vous nous avez donné rendez-vous ici afin que notre entrevue fût secrète.

— En effet, j'ai le plus grand intérêt à ce que rien de ce qui se dira ici ne soit entendu ou seulement soupçonné.

— Fort bien; Curumilla, allez.

Le second chasseur se leva, saisit son rifle et s'éloigna à pas de loup.

Bientôt il disparut dans l'obscurité.

Son absence fut assez longue.

Tout le temps qu'elle dura, les deux hommes restés auprès du feu n'échangèrent pas une parole.

Enfin, après une demi-heure, le chasseur revint s'asseoir aux côtés de ses compagnons.

— Eh bien? demanda celui qui l'avait envoyé à la découverte.

— Mes frères peuvent parler, répondit-il laconiquement, le désert est tranquille.

Sur cette assurance les trois hommes bannirent toute inquiétude; la prudence cependant ne les abandonna pas : ils reprirent leur pipe, et tournant le dos au feu afin de pouvoir parler tout en surveillant les environs :

— Nous sommes prêts à vous entendre, dit le premier chasseur.

— Écoutez-moi avec la plus grande attention, caballeros, répondit le Mexicain. Ce que vous allez entendre est de la plus haute importance.

Les deux hommes inclinèrent silencieusement la tête.

Le Mexicain reprit la parole.

Avant que d'aller plus loin, il nous faut faire connaître au lecteur les deux hommes que nous venons de mettre en scène, et retourner quelques pas en arrière, afin de bien faire comprendre pourquoi don Miguel Zarate, au lieu de les recevoir chez lui, leur avait donné rendez-vous au milieu d'une forêt vierge.

Les deux chasseurs paraissaient Indiens au premier coup d'œil; mais, en les examinant avec attention, on reconnaissait à certains signes que l'un d'eux était un de ces trappeurs blancs, dont l'audace est devenue proverbiale au Mexique.

Leur aspect et leur équipement offraient un singulier mélange de la vie sauvage et de la vie civilisée; leurs cheveux étaient d'une longueur remarquable; dans ces contrées où l'on ne combat souvent un homme que pour la gloire de lui ravir sa chevelure, c'est une coquetterie de l'avoir longue et facile à saisir.

Les chasseurs la portaient élégamment tressée et entremêlée de peaux de loutre et de cordons aux vives couleurs.

Le reste de leur costume répondait à ce spécimen de leur goût.

Une blouse de chasse de calicot d'un rouge éclatant leur tombait jusqu'aux genoux; des guêtres garnies de rubans de laine et de grelots entouraient leurs jambes, et leur chaussure se composait de ces *moksens* constellés de perles fausses que savent si bien confectionner les *squaws*.

Une couverture bariolée et serrée aux hanches par une ceinture de cuir de daim tanné achevait de les envelopper, mais non pas assez, cependant, pour qu'à chacun de leurs mouvements on ne pût voir briller en dessous le fer des haches, la crosse des pistolets et la poignée des machetes dont ils étaient armés.

Quant à leurs rifles, inutiles en ce moment et négligemment jetés à terre auprès d'eux, si on les avait dépouillés du fourreau de peau d'élan garni de plumes qui les recouvrait, on aurait pu voir avec quel soin leurs possesseurs les avaient ornés de clous de cuivre et peints de différentes couleurs; car tout, chez ces deux hommes, portait l'empreinte des coutumes indiennes.

Le premier des deux chasseurs était un homme de trente-huit ans au plus, d'une taille élevée et bien prise; ses membres musculeux et bien attachés dénotaient une grande vigueur corporelle, jointe à une légèreté sans égale; bien qu'il affectât toutes les manières des Peaux-Rouges, il était facile de reconnaître qu'il appartenait non seulement à la race blanche sans mélange, mais encore au type normand ou gaulois.

Il était blond; ses grands yeux bleus et pensifs, ornés de longs cils, avaient une expression de tristesse indéfinissable; son nez était légèrement busqué, sa bouche grande et ornée de dents d'une éblouissante blancheur; une épaisse barbe d'un blond cendré couvrait le bas de son visage; sa physionomie respirait la douceur, la bonté et le courage sans forfanterie, mais complété par une volonté de fer.

Son compagnon appartenait, lui, évidemment à la race indienne, dont il avait tous les signes caractéristiques; mais, fait étrange, il n'était pas cuivré comme les aborigènes américains du Texas et du Nord-Amérique; son teint était brun et légèrement olivâtre.

Il avait le front haut, le nez recourbé, les yeux petits mais perçants, la bouche grande et le menton carré; bref, il offrait le type complet de la race araucane, qui habite, au sud du Chili, un mince territoire.

Ce chasseur avait le front ceint d'un bandeau couleur de pourpre, dans lequel, au-dessus de l'oreille droite, était plantée une plume d'aigle des Andes, signe qui sert à distinguer les ulmènes ou chefs des Aucas.

Ces deux hommes, que le lecteur a sans doute reconnus déjà et qui ont joué un rôle important dans un de nos précédents ouvrages, étaient Valentin Guillois, l'ancien sous-officier de spahis, et Curumilla, son ami, l'ulmène de la tribu du Grand-Lièvre.

Par quel concours inouï de circonstances Valentin et son ami, que nous avons quittés dix ans auparavant au Chili, dans l'hacienda de la Paloma, se trouvaient-ils à présent au fond des forêts vierges de l'Apacheria, à près de deux mille lieues du pays où nous les avons laissés?

C'est ce que nous allons expliquer au lecteur en ouvrant une parenthèse indispensable pour l'intelligence des faits qui vont suivre.

Du reste, le moment est des mieux choisis pour ouvrir cette parenthèse, puisque les trois chasseurs causent gaiement autour de leur brasier, que la nuit est sombre, la forêt tranquille, et que rien ne semble devoir venir troubler leurs confidences.

III

DON MIGUEL ZARATE

Si le Mexique était mieux gouverné, ce serait sans contredit un des pays les plus riches du globe.

En effet, c'est dans cette contrée que se trouvent les fortunes particulières les plus considérables.

Depuis que les Américains des États-Unis ont révélé au monde, en s'emparant de la moitié du Mexique, où tend leur ambition, les habitants de ce beau pays sont un peu sortis de la torpeur dans laquelle ils se complaisaient et ont tenté de grands efforts pour coloniser leurs provinces et appeler sur leur sol, si riche et si fécond, des hommes intelligents, travailleurs et industrieux, qui pussent changer la face des choses et faire régner l'abondance et la richesse partout où, avant eux, ne se trouvaient que ruines, désolation, incurie et misère.

Malheureusement, les nobles efforts tentés jusqu'à ce jour sont, par une fatalité incompréhensible, restés sans résultat, soit à cause de l'apathie naturelle des habitants, soit par la faute du gouvernement mexicain lui-même.

Cependant de grands propriétaires, comprenant toute l'opportunité de la mesure proposée et combien il était de leur intérêt de combattre l'influence mortelle, pour leur nationalité, des invasions américaines, se sont généreusement dévoués à la réalisation de cette grande question d'économie sociale qui, malheureusement, devient de plus en plus irréalisable.

En effet, dans l'Amérique du Nord deux races ennemies se trouvent en présence :

La race anglo-saxonne et la race espagnole.

Les Anglo-Saxons sont dévorés d'une ardeur de conquête et d'une rage d'envahissement que rien ne peut arrêter ni même retarder.

On ne peut voir sans étonnement les tendances expansives de ce peuple mobile et singulier, composé hétérogène de toutes les races que la misère ou les mauvais instincts ont, dans le principe, chassé d'Europe, et qui se sent gêné dans un immense territoire que pourtant sa faiblesse numérique l'empêche d'occuper tout entier.

Emprisonné dans le réseau de ses vastes frontières, se faisant un droit de la force, il déplace continuellement les limites de ses voisins et empiète sans relâche sur des terrains dont il n'a que faire.

Journellement des compagnies d'émigrants abandonnent leurs demeures et, le rifle sur l'épaule, la hache à la main, elles se dirigent vers le sud comme poussées par une volonté plus forte qu'elles, sans que les montagnes, les déserts, les forêts vierges ou les larges fleuves soient assez puissants pour les contraindre à faire halte quelques instants.

Les Américains du Nord se figurent, en général, qu'ils sont les instruments de la Providence, chargés par les décrets du Tout-Puissant de peupler et de civiliser le nouveau monde.

C'est avec une impatience fébrile qu'ils comptent les heures qui doivent encore s'écouler jusqu'au jour, prochain dans leur pensée, où leur race et leur système gouvernemental occuperont tout l'espace compris entre le cap Nord et l'isthme de Panama, à l'exclusion des républiques espagnoles d'un côté et des colonies anglaises de l'autre.

Ces projets, dont les Américains du Nord ne font nullement mystère, mais dont, au contraire, ils se vantent hautement, sont parfaitement connus des Mexicains, lesquels détestent cordialement leurs voisins et emploient tous les moyens en leur pouvoir pour leur créer des difficultés et mettre des entraves à leurs invasions successives.

Au nombre des propriétaires du Nouveau-Mexique qui se résolurent à faire de grands sacrifices afin d'arrêter ou du moins de retarder l'invasion imminente du Nord-Amérique, il y en avait un, le plus riche et peut-être le premier de tous par son intelligence et l'influence dont à juste titre il jouissait dans le pays.

Il se nommait don Miguel Acamaricthzin Zarate.

Quoi qu'on en dise, la population indienne au Mexique dépasse du double la population blanche et possède une énorme influence.

Don Miguel Zarate descendait en ligne directe d'Acamarichtzin, premier roi de Mexico, dont le nom s'était, comme un précieux héritage, conservé dans sa famille.

Propriétaire d'une fortune incalculable, don Miguel vivait dans ses immenses propriétés comme un roi dans son empire, aimé et respecté des Indiens, qu'il protégeait efficacement chaque fois que l'occasion s'en présentait, et qui avaient pour lui une vénération qu'ils poussaient presque jusqu'à l'idolâtrie, car ils voyaient en lui le descendant d'un de leurs rois les plus célèbres et le défenseur né de leur race.

Au Nouveau-Mexique, la population indienne a beaucoup augmenté depuis un demi-siècle. Certains auteurs prétendent même qu'elle est aujourd'hui plus nombreuse qu'avant la conquête, ce qui est possible avec l'apathie des Espagnols et l'incurie qu'ils ont sans cesse déployée dans leurs luttes contre elle.

Mais les Indiens sont demeurés stationnaires au milieu de la marche incessante du progrès et de la civilisation; ils conservent encore aujourd'hui intacts les traits principaux de leurs anciennes mœurs. Épars çà et là dans de misérables villages ou ranchos, ils vivent en tribus séparées, gouvernés par leurs caciques; c'est à peine s'ils ont mêlé quelques mots espagnols à leurs idiomes, qu'ils parlent comme au temps des Aztèques.

Le seul changement apparent qui se soit effectué en eux, c'est leur conversion au catholicisme, conversion plus que problématique, puisqu'ils conservent avec le plus grand soin tous les souvenirs de leur ancienne religion, qu'ils en suivent tous les rites en secret, et qu'ils en ont gardé toutes les superstitieuses pratiques.

Ces Indiens, au Nouveau-Mexique surtout, bien que nommés *Indios fideles* (Indiens fidèles), sont toujours prêts, à la première occasion, à se liguer avec leurs congénères du désert; et dans les excursions des Comanches et des Apaches, il est rare que les Indiens fidèles ne leur servent pas d'éclaireurs, de guides et d'espions.

La famille de don Miguel Zarate s'était, quelques années après la conquête de cet aventurier de génie nommé Cortès, retirée au Nouveau-Mexique, qu'elle n'avait plus quitté depuis.

Don Miguel avait suivi avec soin la politique de sa famille en resserrant le plus possible les liens d'amitié et de bon voisinage qui, depuis un temps immémorial, le liaient aux Indiens, fidèles ou non.

Cette politique avait porté ses fruits. Tous les ans, au mois de septembre que les Comanches nomment *la lune du Mexique*, tant ils ont pris l'habitude de leurs incursions périodiques contre les blancs, lorsque les terribles guerriers rouges, précédés par le meurtre et l'incendie, se ruaient comme un torrent sur les malheureux habitants qu'ils massacraient et sur les fermes qu'ils saccageaient, sans pitié ni pour l'âge ni pour le sexe, seules les propriétés de don Miguel Zarate étaient respectées, et non seulement on ne lui causait aucun dommage, mais encore si parfois, sans intention, un champ était foulé sous le pas des chevaux, ou quelques arbres brûlés ou arrachés par des pillards, le mal était immédiatement réparé sans que le propriétaire eût besoin de se plaindre.

Cette conduite des Indiens n'avait pas laissé que de soulever contre don Miguel une jalousie extrême de la part des habitants, qui se voyaient ruinés périodiquement par les *Indios bravos*. On avait porté contre lui des plaintes vives au gouvernement de Mexico; mais quels que fussent le pouvoir de ses ennemis et les moyens qu'ils avaient employés pour le perdre, le riche hacendero n'avait jamais été inquiété sérieusement, d'abord parce que le Nouveau-Mexique est trop éloigné de la capitale pour que ses habitants aient rien à redouter de ceux qui gouvernent, et qu'ensuite don Miguel était trop riche pour qu'il ne lui fût pas facile d'imposer silence à ceux qui étaient le plus disposés à lui nuire.

Don Miguel de Zarate, dont nous avons, dans un précédent chapitre, fait le portrait au lecteur, était resté veuf après trois ans de mariage, avec deux enfants, un fils et une fille, âgés, à l'époque où s'ouvre ce récit, le fils de vingt-quatre ans et la fille de dix-sept.

Doña Clara, ainsi se nommait la fille de don Miguel, était la plus charmante enfant qui se puisse imaginer; elle avait une de ces têtes de vierges de Murillo, dont les grands yeux noirs ombragés de longs cils soyeux, le front pur et la bouche soyeuse, semblent promettre des joies divines; son teint, légèrement bruni par les chauds rayons du soleil, avait ce reflet doré qui sied tant aux femmes de ces contrées intertropicales; elle était petite, mais toute mignonne et toute gracieuse.

Douce et naïve, ignorante comme une créole, cette délicieuse enfant était adorée par son père, qui voyait revivre en elle la femme qu'il avait tant aimée.

Les Indiens la suivaient des yeux, lorsque parfois elle passait pensive en effeuillant une fleur devant leurs misérables *jacales* (huttes), et courbant à peine les plantes sur lesquelles elle posait son pied délicat; dans leur cœur ils comparaient cette frêle jeune fille, aux contours suaves et vaporeux, à *la vierge des premières amours*, cette sublime création de la religion indienne, qui tient une si grande place dans la mythologie aztèque.

Don Pablo Zarate, le fils de l'hacendero, était un homme de haute taille, fortement charpenté, aux traits durs et caractérisés, au regard hautain, bien qu'empreint de douceur et de bonté.

Doué d'une force peu commune, adroit à tous les exercices du corps, don Pablo était renommé dans toute la contrée pour son talent à dompter les chevaux les plus fougueux et la justesse de son coup d'œil à la chasse. Déterminé chasseur, hardi coureur des bois, ce jeune homme, lorsqu'il avait un bon cheval entre les jambes et son rifle à la main, ne connaissait pas, homme ou bête, d'ennemi capable de lui barrer le passage.

Le respect et la vénération qu'ils avaient pour le père, les Indiens, avec leur foi naïve, les reportaient sur le fils, en qui ils se figuraient voir la personnification de *Huitzilopochtli*, ce terrible dieu de la guerre des Aztèques auquel, lors de la dédicace de son *teocali*, soixante-deux mille victimes humaines furent sacrifiées en un seul jour.

Les Zarate étaient donc, à l'époque où commence cette histoire, de véritables rois au Nouveau-Mexique.

La félicité dont ils jouissaient fut tout à coup troublée par un de ces incidents vulgaires qui, bien que peu importants en eux-mêmes, ne laissent pas que de causer une perturbation générale et un malaise sans cause apparente par cela même qu'il est impossible de les prévoir ou de les prévenir. Voici le fait :

Don Miguel Zarate possédait aux environs del Paso de vastes propriétés qui s'étendaient au loin, consistant pour la plupart en haciendas, en immenses prairies et en forêts.

Un jour, don Miguel revenait de faire, comme il en avait l'habitude, une visite à ses haciendas; il était tard, et il pressait son cheval afin d'atteindre avant la nuit le gué de la rivière, lorsqu'à trois ou quatre lieues au plus de l'endroit vers lequel il se dirigeait, au moment où il allait entrer dans un épais bois de cotonniers qu'il lui fallait traverser avant d'atteindre le gué, son attention fut tout à coup attirée par des cris mêlés à des grognements qui partaient du bois dans lequel il allait s'engager.

L'hacendero s'arrêta afin de se rendre bien compte du bruit insolite qu'il entendait, et pencha la tête en avant afin de voir ce qui se passait.

Mais il lui fut impossible de rien distinguer au travers du chaos de lianes et de broussailles qui interceptaient la vue.

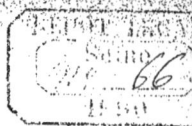

Après une lutte de quelques secondes, un seul des deux adversaires se releva.

Cependant le bruit devenait de plus en plus fort, les cris redoublaient, mêlés à des jurons et à des exclamations de colère.

Le cheval du Mexicain couchait les oreilles, renâclait et refusait d'avancer.

Cependant il fallait prendre un parti. Don Miguel pensa que peut-être un homme attaqué par les bêtes fauves courait un danger imminent; il ne consulta que son cœur, et malgré la répugnance visible de son cheval, il l'obligea à marcher en avant et à entrer dans le bois.

A peine avait-il fait quelques pas, qu'il s'arrêta étonné devant l'étrange spectacle qui s'offrit à sa vue.

IV

LES PÉCCARIS

Au milieu d'une clairière gisait un cheval éventré après lequel s'acharnaient six ou huit peccaris, tandis qu'une dizaine d'autres attaquaient à coups de boutoir un arbre énorme sur les plus hautes branches duquel un homme était réfugié.

Expliquons au lecteur, qui probablement les connaît fort peu, quels animaux sont les peccaris.

Les peccaris tiennent le milieu entre le porc domestique et le sanglier.

Bien que la taille de cet animal ne dépasse pas ordinairement 70 centimètres de hauteur, et à peu près 1 mètre de longueur du groin à la naissance de la queue, il est cependant sans contredit un des animaux les plus dangereux et les plus redoutés de l'Amérique septentrionale.

La mâchoire du peccari est garnie de boutoirs assez semblables à ceux du sanglier, mais droits et tranchants, dont la longueur varie entre huit et quinze centimètres.

Par la forme de son corps il ressemble au porc, mais les soies clairsemées sur sa peau rugueuse sont colorées par zone ; la partie la plus proche de la peau est blanche et la pointe d'une teinte chocolat. Dès que l'animal entre en fureur, ces soies se hérissent comme les piquants du porc-épic.

Les mouvements des peccaris sont vifs et rapides comme ceux de l'écureuil ; ils vivent ordinairement en troupes de quinze, trente et même cinquante individus.

La force de la tête, du cou et des épaules de ces animaux est telle que lorsqu'ils chargent, rien ne peut résister à l'impétuosité de leurs attaques.

Une particularité assez remarquable de cette espèce est cette rugosité informe qu'ils ont sur le dos et qui contient une liqueur musquée qui s'évapore dès que l'animal est en colère.

Le peccari se nourrit préférablement de glands, de racines, de baies, de grains, de cannes à sucre et de reptiles de toutes sortes ; il est prouvé que les serpents les plus venimeux sont dévorés par eux sans qu'ils en soient incommodés le moins du monde.

La façon dont gîte le peccari est assez singulière : sa bauge est toujours placée au milieu des canniers touffus et impénétrables qui se trouvent dans les endroits marécageux, auprès d'arbres séculaires comme on en rencontre tant dans les forêts vierges, géants foudroyés, mais debout encore, avec leurs grappes de lianes et de vignes vierges.

Les troncs de ces arbres, qui mesurent parfois jusqu'à douze mètres de circonférence, sont creux pour la plupart et offrent un abri commode aux peccaris qui s'y retirent chaque soir vingt et vingt-cinq ensemble, s'introduisant à reculons les uns après les autres dans la cavité, de façon que le dernier a l'extrémité de son groin placée juste à l'entrée du trou, et reste pour ainsi dire en vedette, chargé de veiller sur le repos de ses compagnons.

Les peccaris sont d'une férocité sans bornes, ils ne connaissent pas le danger ou du moins le méprisent complètement ; ils attaquent toujours en troupe et combattent avec une rage sans pareille jusqu'à ce que le dernier succombe, quel que soit l'ennemi qu'ils aient devant eux.

Aussi, hommes et bêtes, chacun fuit la rencontre de ces animaux terribles ; le jaguar lui-même, si fort et si redoutable, devient leur proie, si pour son malheur il a l'imprudence de s'attaquer à eux.

Voici de quelle façon ils procèdent pour vaincre le fauve.

Quand un jaguar a blessé un peccari, ceux-ci se réunissent, lui donnent la chasse et le poursuivent jusqu'à ce qu'ils parviennent à le cerner.

Lorsque toute issue lui est fermée, le jaguar, croyant échapper à ses ennemis, se réfugie sur un arbre ; mais les peccaris ne renoncent pas à leur vengeance : ils s'établissent au pied de l'arbre, recrutant sans cesse de nouveaux alliés et attendant patiemment que, poussé à bout par la faim et la soif, le jaguar se décide à descendre de sa forteresse improvisée.

C'est ce qui ne manque pas d'arriver au bout de deux ou trois jours au plus ; le fauve se décide enfin à s'élancer ; il bondit au milieu de ses ennemis qui l'attendent de pied ferme et l'attaquent bravement ; une bataille terrible s'engage, et le tigre, après avoir jonché le terrain de victimes, succombe enfin sous l'effort des assaillants et est déchiré à coups de boutoir.

D'après tout ce que nous venons de dire, il est facile de comprendre combien la position de l'homme juché au sommet d'un arbre et entouré de peccaris était précaire.

Ses ennemis semblaient déterminés à ne pas quitter la place ; ils tournaient sournoisement autour de l'arbre, attaquaient sa base à coups de boutoir, puis, reconnaissant l'inutilité de leurs attaques, ils se couchaient tranquillement auprès du cadavre du cheval, que déjà ils avaient sacrifié à leur colère.

Don Miguel se sentit ému de pitié pour le pauvre diable dont la position se faisait d'instant en instant plus critique.

Vainement il se creusait la tête pour venir en aide au malheureux dont la perte était assurée.

Attaquer les peccaris aurait été une imprudence extrême et n'aurait produit d'autre résultat que celui de détourner sur lui la fureur de ces animaux, sans pour cela sauver celui qu'il voulait secourir.

Cependant le temps pressait ; que faire ? comment, sans se sacrifier soi-même, sauver l'homme qui courait un si grand péril ?

Le Mexicain hésita longtemps. Laisser sans secours cet homme dont la mort était certaine, semblait impossible à don Miguel. Cette idée, qui plusieurs fois déjà s'était présentée à sa pensée, il l'avait énergiquement repoussée, tant elle lui semblait monstrueuse.

Mais il résolut, coûte que coûte, de tenter l'impossible en faveur de cet homme inconnu, que, par cette solidarité qui règne au désert, il se serait, au fond du cœur, accusé plus tard d'avoir tué s'il ne le sortait pas du péril dans lequel il se trouvait.

La position de l'inconnu était d'autant plus critique que, dans sa précipitation à se mettre à l'abri des attaques de ses ennemis, il avait laissé tomber son rifle qui était sur le sol au pied de l'arbre, et, par conséquent, n'avait pas d'armes pour se défendre et tâcher de se sauver de haute lutte.

Malgré la finesse de leur odorat, les peccaris n'avaient pas éventé l'approche de don Miguel, qui, par un hasard providentiel, avait pénétré dans le bois du côté opposé au vent.

Le Mexicain mit pied à terre en poussant un soupir, flatta un instant son cheval, qu'il débarrassa en un tour de main de ses harnais.

Le noble animal, habitué aux caresses de son maître, remuait la tête avec de petits mouvements de joie et fixait sur lui ses grands yeux intelligents.

Don Miguel ne put retenir un soupir ; une larme coula sur ses joues hâlées. Sur le point d'accomplir le terrible sacrifice qu'il s'imposait, il hésita.

C'était son compagnon fidèle, presque un ami, dont il allait se séparer ; mais la vie d'un homme était en jeu ; le Mexicain refoula dans son cœur les sentiments qui l'agitaient et sa résolution fut prise.

Il passa une longe au cou de son cheval, et, malgré sa résistance obstinée, il l'obligea à s'avancer jusqu'à l'entrée de la clairière où les peccaris étaient rassemblés.

Un frêle rideau de lianes et de feuilles le dérobait seul à leur vue.

Arrivé là, don Miguel s'arrêta ; il eut encore une seconde d'hésitation, une seule, puis saisissant un morceau d'amadou, qu'il alluma tout en flattant le pauvre animal, il le lui introduisit dans l'oreille.

L'effet en fut subit et terrible. Le cheval poussa un hennissement de douleur, et, rendu fou par la brûlure, il bondit en avant et se précipita dans la clairière en cherchant vainement à se débarrasser de cet amadou qui se consumait dans son oreille en lui occasionnant une souffrance horrible.

Don Miguel s'était vivement jeté à côté et suivait d'un regard anxieux le résultat de la terrible tentative qu'il venait de faire pour sauver l'inconnu.

A la vue du cheval qui apparut subitement au milieu d'eux, les peccaris se relevèrent brusquement, formèrent un groupe compact et s'élancèrent tête baissée à la poursuite du cheval, sans penser davantage à l'homme.

L'animal, aiguillonné encore par la terreur que lui causaient ses féroces ennemis, détalait avec la rapidité d'une flèche, brisant du poitrail tous les obstacles qu'il trouvait sur son passage, et suivi de près par les peccaris.

L'homme était sauvé !

Mais à quel prix !

Don Miguel étouffa un dernier soupir de regret et s'élança dans la clairière.

L'inconnu était déjà descendu de l'arbre où il avait trouvé un abri, mais l'émotion qu'il avait éprouvée était tellement forte qu'il restait assis à terre, presque sans connaissance.

— Alerte, alerte! lui dit vivement don Miguel, hâtons-nous, nous n'avons pas un instant à perdre, les peccaris peuvent se raviser et revenir d'un moment à l'autre.

— C'est vrai, murmura l'inconnu d'une voix sourde en jetant autour de lui un regard épouvanté ; partons, partons de suite!

Il fit un effort sur lui-même, saisit son rifle et se releva.

Par un pressentiment dont il ne put se rendre compte, don Miguel éprouva malgré lui, à l'aspect de cet homme que jusque-là il avait à peine regardé, un sentiment de défiance et de dégoût invincible.

Par suite de la vie qu'il était obligé de mener sur ces frontières fréquentées par des gens de toutes sortes, bien souvent l'hacendero s'était trouvé en rapport avec des chasseurs et des trappeurs qui étaient loin de payer de mine, mais jamais, jusque-là, le hasard ne l'avait placé en présence d'un individu d'une aussi sinistre apparence.

Cependant il ne laissa rien voir de ce qu'il éprouvait, et engagea cet homme à le suivre.

Celui-ci ne se fit pas répéter l'invitation: il avait hâte de s'éloigner de ce lieu où il avait été si près de trouver la mort.

Grâce à la connaissance que le Mexicain avait du pays, le bois fut bientôt traversé, et les deux hommes, au bout d'une heure de marche à peine, arrivèrent sur le bord du rio del Norte, juste en face du village.

Leur course avait été si rapide, leur préoccupation si grande, qu'ils n'avaient pas échangé une parole, tant ils redoutaient à chaque instant de voir apparaître les peccaris.

Heureusement il n'en fut rien, ils atteignirent le gué sans être inquiétés de nouveau.

Don Miguel s'était chargé des harnais de son cheval, il les jeta sur le sol et regarda autour de lui dans l'espoir de découvrir quelqu'un qui pût l'aider à traverser la rivière.

Son attente ne fut pas trompée : juste au moment où ils arrivaient au gué, un arriero se préparait à passer de l'autre côté du fleuve avec sa recoa de mules ; il s'offrit, avec cette générosité innée chez les Mexicains, à les conduire tous deux au Paso.

Les deux hommes acceptèrent avec empressement, montèrent chacun sur une mule, et une demi-heure plus tard ils se trouvèrent en sûreté dans le village.

Après avoir donné quelques réaux à l'arriero pour payer le service qu'il lui avait rendu, don Miguel reprit les harnais de son cheval et fit un pas pour s'éloigner.

L'inconnu l'arrêta :

— Nous nous séparons ici, caballero, dit-il d'une voix rude avec un accent anglais fortement prononcé ; mais avant de nous quitter, laissez-moi vous exprimer ma profonde reconnaissance pour la façon noble et généreuse dont vous m'avez sauvé la vie au péril de la vôtre.

— Monsieur, répondit simplement le Mexicain, je n'ai fait que mon devoir en vous sauvant: au désert, tous les hommes sont frères et se doivent protection; ne me remerciez donc pas, je vous prie, pour une action bien simple: tout autre à ma place eût agi comme je l'ai fait.

— Peut-être, reprit l'inconnu; pourtant soyez assez bon, je vous prie, pour me dire votre nom, afin que je sache à qui je dois la vie.

— Cela est inutile, fit don Miguel en souriant; seulement, comme je vous crois étranger à ce pays, laissez-moi vous donner un conseil.

— Lequel, monsieur?

— Celui de ne plus dorénavant, vous attaquer aux peccaris; ce sont des ennemis terribles que l'on ne peut vaincre que lorsque l'on se trouve en nombre; un homme seul commet, en les attaquant, une folie impardonnable dont il est toujours victime.

— Soyez convaincu, monsieur, que la leçon que j'ai reçue aujourd'hui me profitera et que jamais je ne me fourrerai dans un guêpier semblable; j'ai été trop près de payer cher mon imprudence. Mais je vous en prie, monsieur, ne nous séparons pas sans que je sache le nom de mon sauveur.

— Puisque vous l'exigez, monsieur, apprenez-le donc: je suis don Miguel de Zarate.

L'inconnu lui jeta un regard étrange en réprimant un mouvement de surprise.

— Ah! fit-il d'un ton singulier, merci, don Miguel de Zarate; sans vous connaître personnellement, je savais déjà votre nom.

— C'est possible, répondit l'hacendero, car je suis fort connu dans ce pays, où ma famille est établie depuis de longues années.

— Moi, monsieur, je suis celui que les Indins nomment *Ouitchasat-jouté*, le mangeur d'hommes; et les chasseurs, mes confrères, le Cèdre-Rouge.

Et après avoir porté la main à son bonnet, par forme de salut, cet homme jeta son rifle sur l'épaule, tourna sur lui-même et s'éloigna à grands pas.

Don Miguel le suivit un instant des yeux, puis il se dirigea tout pensif vers la maison qu'il habitait au Paso.

L'hacendero ne se doutait pas qu'il avait sacrifié son cheval favori pour sauver la vie à son ennemi le plus implacable.

V

LA BLESSURE

Au lever du soleil, don Miguel Zarate, monté sur un excellent cheval, quitta le Paso et se dirigea vers l'hacienda, qu'il habitait avec sa famille.

Cette hacienda était située à quelques milles du presidio de San Elezario, dans une position délicieuse; on la nommait l'*hacienda de la Noria* (la ferme du Puits).

La propriété habitée par don Miguel Zarate s'élevait au centre du vaste delta formé par le *del Norte* et le rio *San-Pedro*, ou rivière du Diable.

C'était une de ces fortes et massives constructions, comme seuls les Espagnols savaient en bâtir lorsqu'ils étaient maîtres absolus du Mexique.

L'hacienda formait un grand parallélogramme soutenu, de distance en distance, par d'énormes contreforts de pierre de taille; de même que toutes les habitations des frontières, qui sont plutôt des forteresses que des maisons, elle n'était percée sur la campagne que de rares et étroites fenêtres ressemblant à des meurtrières, et garnies de solides barreaux de fer.

Cette demeure était entourée d'un épais mur d'enceinte, garni à son sommet d'espèces de créneaux nommés *almenas*, qui indiquaient la noblesse du propriétaire.

En dedans de ce mur, mais séparés des appartements principaux, se trouvaient les communs, composés des écuries, des remises, des granges et du logement des peones.

A l'extrémité de la cour s'élevait, dans l'angle de l'hacienda, au-dessous de son toit en terrasse, le haut clocher carré de la chapelle.

Cette chapelle était desservie par un moine nommé Fray Ambrosio.

Une campagne magnifique formait à cette ferme une splendide ceinture.

Au fond d'une vallée, longue de plus de cinquante milles, se trouvaient des bois de cactus de forme conique, surchargés de fleurs et de fruits, et dont le tronc avait jusqu'à cinq et six pieds de diamètre.

Don Miguel employait un nombre considérable de peones, à cause de la culture de la canne à sucre qu'il faisait sur une grande échelle.

Chacun sait que la canne se plante en la couchant horizontalement dans des sillons d'un demi-pied de profondeur. De chaque nœud sort une tige qui atteint une hauteur de trois mètres environ, et que l'on coupe au bout d'un an pour en extraire le sucre.

Rien de pittoresque comme l'aspect que présente un champ de cannes.

Il faisait une de ces superbes matinées américaines pendant lesquelles la nature semble en fête.

Le *centzontle* (le rossignol américain) jetait souvent les harmonies de son chant; les cardinaux à la gorge rose, les oiseaux bleus, les perroquets, gazouillaient et babillaient gaiement sous la feuillée; au loin dans la plaine galopaient par troupes de légères antilopes, de craintifs asshatas, et parfois, à l'extrême limite de l'horizon, passaient en galopant des *manadas* effarées de chevaux sauvages, qui soulevaient des flots d'une poussière impalpable sous le choc de leurs sabots rapides.

Quelques alligators, nonchalamment étendus dans la vase du fleuve, séchaient leurs écailles au soleil, et, au plus haut des airs, de grands aigles de la Sierra Madre planaient majestueusement au-dessus de la vallée.

Don Miguel s'avançait rapidement au *sobrepaso*, allure favorite des *ginetes* mexicains, et qui consiste à faire lever les jambes de devant du cheval, tandis que celles de derrière rasent presque le sol, espèce d'amble particulier, qui est très doux et très rapide.

L'hacendero ne mit guère que quatre heures à franchir la distance qui le séparait de son habitation, où il arriva vers neuf heures du matin.

Il fut reçu sur le seuil de sa demeure par sa fille, qui, prévenue de son arrivée, s'était hâtée de venir au-devant de lui.

Don Miguel était absent de chez lui depuis une quinzaine de jours ; ce fut donc avec le plus grand plaisir qu'il reçut les caresses de sa fille.

Lorsqu'il l'eut embrassée à plusieurs reprises, tout en continuant à la tenir étroitement serrée dans ses bras, il la considéra attentivement pendant quelques secondes.

— Qu'as-tu donc, *mi querida* Clara? lui demanda-t-il avec intérêt, tu sembles toute triste ; serais-tu donc fâchée de me voir? ajouta-t-il en souriant.

— Oh! vous ne le croyez pas, mon père, répondit-elle vivement; vous savez combien votre présence me rend heureuse au contraire.

— Merci, mon enfant; mais d'où vient alors la tristesse que je vois répandue sur tes traits?

La jeune fille baissa les yeux sans répondre.

Don Miguel jeta un regard inquisiteur autour de lui.

— Où est don Pablo? dit-il, comment n'est-il pas venu à ma rencontre? serait-il absent de l'hacienda?

— Non, mon père, il est ici.

— Eh bien, alors, d'où provient qu'il ne se trouve pas auprès de toi?

— C'est que... dit la jeune fille en hésitant.

— C'est que?

— Il est malade.

— Malade ! mon fils ! s'écria don Miguel.

— Je me trompe, reprit doña Clara.

— Explique-toi, au nom du Ciel!

— C'est que, mon père, Pablo est blessé.

— Blessé! exclama l'hacendero.

Et, repoussant brusquement sa fille, il se précipita vers la maison, monta rapidement les quelques marches du perron, traversa plusieurs salles sans s'arrêter, et arriva dans la chambre de son fils.

Le jeune homme était étendu pâle et défait sur son lit.

En apercevant son père, il sourit en lui tendant la main.

Don Miguel aimait beaucoup son fils, qui était son seul héritier.

Il s'avança vers lui.

— Quelle est cette blessure dont on m'a parlé? lui demanda-t-il avec agitation.

— Moins que rien, mon père, répondit le jeune homme en échangeant un regard d'intelligence avec sa sœur qui entrait en ce moment. Clara est une folle qui, dans sa tendresse, vous a alarmé à tort.

— Mais enfin, tu es blessé? reprit le père.

— Oui, mais je vous répète que ce n'est rien.

— Enfin, explique-toi; où et comment as-tu reçu cette blessure?

Le jeune homme rougit et garda le silence.

— Je veux le savoir, dit avec insistance don Miguel.

Il s'arrêta étonné devant l'étrange spectacle qui s'offrit à ses yeux.

— Mon Dieu, mon père, répondit don Pablo d'un ton de mauvaise humeur, je ne comprends pas pourquoi vous vous inquiétez ainsi pour une cause aussi futile; je ne suis pas un enfant pour lequel on doive trembler à la moindre égratignure, bien des fois je me suis blessé sans que vous vous en soyez si fort préoccupé.

— C'est possible; mais la façon dont tu me réponds, le soin que tu sembles vouloir mettre à me laisser ignorer la cause de cette blessure, enfin tout me dit que cette fois tu veux me cacher quelque chose de grave.

— Vous vous trompez, mon père, et vous allez en convenir vous-même.

— Je ne demande pas mieux ; parle. Clara, mon enfant, va donner l'ordre de tout préparer pour le déjeuner. Je meurs littéralement de faim.

La jeune fille sortit.

— A nous deux maintenant, reprit don Miguel. Et d'abord, où es-tu blessé ?

— Oh ! mon Dieu, j'ai l'épaule égratignée légèrement ; si je suis couché, il y a dans mon fait plus de paresse que d'autre chose.

— Hum ! qui t'a ainsi égratigné l'épaule ?

— Une balle.

— Comment ? une balle ! Tu t'es donc battu, malheureux ! s'écria don Miguel en tressaillant.

Le jeune homme sourit, pressa la main de son père, et se penchant vers lui :

— Voici ce qui s'est passé, lui dit-il.

— J'écoute, répondit don Miguel en faisant sur lui-même un effort pour se calmer.

— Deux jours après votre départ, mon père, continua don Pablo, je surveillais, ainsi que vous me l'avez recommandé, les travaux de la sucrerie et la coupe des cannes, lorsqu'un chasseur que vous avez vu souvent rôder aux environs de l'habitation, un certain Andrès Garote, m'accosta au moment où, après avoir donné quelques ordres au majordome, j'allais rentrer. Après m'avoir salué obséquieusement, suivant son habitude, le drôle sourit cauteleusement, et, baissant la voix afin de ne pas être entendu de ceux qui m'entouraient : « N'est-ce pas, don Pablo, me dit-il, que vous donneriez de bon cœur une demi-once à celui qui vous apprendrait une nouvelle importante ? — C'est selon, lui répondis-je, car connaissant l'homme de longue date, je savais qu'il n'y avait pas trop à s'y fier. — Bah ! Votre Grâce est si riche, reprit-il insidieusement, qu'une misérable somme comme celle-là est moins que rien dans sa poche, au lieu que dans la mienne elle me ferait grand bien. »

« A part ses défauts, ce drôle nous a parfois rendu quelques petits services ; et puis, comme il le disait, une demi-once n'est qu'une misère ; je la lui donnai, il se hâta de la faire disparaître dans son habit, et se penchant à mon oreille : « Merci, don Pablo, me dit-il, je ne vous volerai pas votre argent ; votre cheval est reposé, il peut fournir une longue course : rendez-vous à la vallée du Bison, là vous apprendrez quelque chose qui vous intéressera. » Ce fut en vain que je le pressai de s'expliquer plus clairement, il me fut impossible d'en rien tirer davantage. Seulement, avant de me quitter : « Don Pablo, ajouta-t-il, vous avez de bonnes armes, munissez-vous-en, on ne sait pas ce qui peut arriver. » Je ne sais pourquoi la confidence tronquée de ce drôle, ses réticences même, éveillèrent ma curiosité ; je résolus de me rendre à la vallée du Bison afin d'avoir le mot de cette énigme.

— Andrès Garote est un coquin qui te tendait un piège, dans lequel tu es tombé, mon fils, interrompit don Miguel.

— Non, mon père, vous vous trompez : Andrès a été loyal envers moi, je n'ai que des remerciements à lui faire; seulement, peut-être aurait-il dû s'expliquer plus catégoriquement.

L'hacendero hocha la tête d'un air de doute.

— Continue, dit-il.

— J'entrai à l'habitation, je pris mes armes, puis, monté sur Negro, mon coureur noir, je me dirigeai vers la vallée du Bison. Vous savez, mon père, que l'endroit que nous nommons ainsi, et qui nous appartient, est une immense forêt de cèdres et d'érables de près de quarante milles de tour et traversée dans toute sa longueur par un large affluent du rio San-Pedro.

— Certes, je le sais, et je compte, l'année prochaine, y faire exécuter des abatis dans les hautes futaies.

— Vous n'aurez pas besoin de vous donner cette peine, fit le jeune homme en souriant, un autre a pris ce soin pour vous.

— Hein ? qu'est-ce que cela veut dire ? s'écria l'hacendero avec colère; qui a osé?

— Eh ! mon Dieu, un de ces misérables squatters hérétiques, ainsi qu'ils se nomment eux-mêmes; le coquin a trouvé le lieu à sa convenance et s'y est tranquillement établi avec toute sa couvée de louveteaux : trois grands drôles à mine patibulaire, qui m'ont ri au nez quand je leur ai signifié que la forêt m'appartenait, et qui m'ont répondu en me couchant en joue qu'ils étaient Nord-Américains, qu'ils se souciaient de moi comme d'un coyote, que la terre était au premier occupant, et que je leur ferais un sensible plaisir en déguerpissant au plus vite. Ma foi, que vous dirai-je de plus, mon père ? je tiens de vous, j'ai le sang chaud, je hais cordialement cette race de pirates yankees qui, depuis quelques années, se sont abattus sur notre beau pays comme une nuée de moustiques. Je voyais notre forêt mise au pillage, nos plus beaux arbres abattus; je ne pus rester impassible devant l'insolence de ces drôles, et la querelle devint si vive qu'ils tirèrent sur moi.

— *Virgen santisima!* s'écria don Miguel avec colère; ils payeront cher, je te le jure, l'affront qu'ils t'ont fait : j'en tirerai une vengeance exemplaire.

— Pourquoi vous emporter ainsi, mon père ? répondit le jeune homme visiblement contrarié de l'effet que son récit avait produit, le dégât que ces gens nous causent n'est en réalité que peu sensible pour nous; j'ai eu tort de me laisser aller à la colère.

— Tu as eu raison, au contraire; je ne veux pas que ces voleurs du Nord viennent exercer ici leurs rapines; je saurai y mettre ordre.

— Je vous assure que si vous consentez à me laisser faire, je suis certain d'arranger cette affaire à votre entière satisfaction.

— Je te défends de tenter la moindre démarche; ceci me regarde à présent; quoi qu'il arrive, je ne veux pas que tu t'en mêles; me le promets-tu ?

— Puisque vous l'exigez, je vous le promets, mon père.

— C'est bien; guéris-toi le plus tôt possible, et sois tranquille; les Yankees me payeront cher le sang qu'ils t'ont tiré.

Sur ces paroles, don Miguel se retira; son fils se laissa retomber sur son lit en étouffant un soupir et en poussant une sourde exclamation de colère.

VI

LE JACAL DES SQUATTERS

Don Pablo n'avait pas raconté à son père les faits dans tous leurs détails et surtout dans toute leur vérité.

Don Pablo était tombé dans un véritable guet-apens.

Il avait été attaqué à l'improviste par les trois frères qui l'auraient tué sans miséricorde, résolus à mettre sa mort sur le compte des bêtes fauves, si tout à coup, au moment où l'un d'eux levait son poignard sur le jeune homme renversé et tenu immobile par ses agresseurs, un secours providentiel ne lui était arrivé dans la personne d'une charmante enfant de seize ans à peine.

La courageuse jeune fille s'élança d'un taillis avec la rapidité d'une biche, et se jeta résolument au milieu des assassins.

— Que faites-vous, mes frères ? s'écria-t-elle d'une voix mélodieuse dont les sons harmonieux résonnèrent amoureusement aux oreilles de don Pablo; pourquoi voulez-vous tuer cet étranger ?

Les trois squatters, surpris par cette apparition à laquelle ils étaient loin de s'attendre, reculèrent de quelques pas.

Don Pablo profita de cette trêve pour se relever vivement et rentrer en possession de ses armes tombées auprès de lui.

— N'est-ce donc pas assez déjà, continua la jeune fille, de voler cet homme, sans chercher encore à lui arracher la vie ? Fi ! mes frères ! ne savez-vous pas que le sang laisse sur les mains de celui qui le verse des taches que rien ne peut effacer ? Laissez cet homme s'éloigner paisiblement.

Les jeunes gens hésitèrent ; bien que subissant malgré eux l'influence de leur sœur, ils étaient honteux de souscrire ainsi à ses désirs ; pourtant ils n'osaient exprimer leur pensée et lançaient à leur ennemi, qui les attendait de pied ferme, un pistolet de chaque main, des regards chargés de haine et de colère.

— Elle a raison, dit soudain le plus jeune des frères ; non, je ne veux pas que l'on fasse quoi que ce soit à l'étranger.

Les autres lui jetèrent un regard farouche.

— Tu le défendrais au besoin, n'est-ce pas, Schaw ? lui dit Nathan avec ironie.

— Pourquoi ne le ferais-je pas, si cela était nécessaire ! répondit résolument le jeune homme.

— Eh ! fit en ricanant Sutter, il pense à l'églantine des bois.

A peine cette parole était-elle prononcée que Schaw, le visage pourpre, les traits contractés et les yeux étincelants, se précipita sur son frère le couteau à la main.

Sutter l'attendit de pied ferme.
La jeune fille s'élança entre eux.
— La paix ! la paix ! s'écria-t-elle d'une voix vibrante, osez-vous bien vous menacer entre frères ?
Les deux jeunes gens demeurèrent immobiles, mais en se mesurant de l'œil et prêts à en venir aux mains.
Don Pablo fixait un regard ardent sur la jeune fille.
Elle était réellement admirable en ce moment.
Les traits animés par la colère, le corps cambré, la tête haute, les bras étendus entre les deux hommes, elle ressemblait, à s'y méprendre, à ces druidesses qui, dans les anciens jours, appelaient dans les vieilles forêts de la Germanie les guerriers au combat.
Elle offrait dans toute sa personne le type complet de ces suaves et vaporeuses femmes du Nord.
Sa chevelure blonde et dorée comme des épis mûrs, ses yeux d'une douceur extrême qui reflétaient l'azur du ciel, sa bouche sérieuse aux lèvres roses et aux dents de perles, sa taille souple et mignonne, la blancheur de son teint dont la peau fine et transparente avait encore le duvet de l'adolescence, tout dans cette charmante enfant se réunissait pour en faire la plus séduisante créature qui se puisse imaginer.
Don Pablo, auquel ce genre de beauté était inconnu, se sentait malgré lui attiré vers la jeune fille, il était entièrement subjugué par elle. Oubliant la raison qui l'avait amené en cet endroit, le danger qu'il avait couru et celui qui le menaçait encore, il était fasciné et tremblant devant cette délicieuse apparition, craignant à chaque instant de la voir s'évanouir comme un vain prestige, n'osant détourner d'elle son regard et n'ayant plus de forces que pour l'admirer.
Cette jeune fille, si frêle et si délicate, formait un contraste étrange avec les hautes statures et les traits sombres et accentués de ses frères, dont les façons sauvages et abruptes faisaient encore ressortir l'élégance et le charme répandus sur toute sa personne.
Cependant cette scène ne pouvait se prolonger plus longtemps, il était urgent de la terminer.
La jeune fille s'avança vers don Pablo.
— Monsieur, lui dit-elle avec un sourire, vous n'avez plus rien à craindre de mes frères, vos armes vous sont inutiles ; vous pouvez remonter à cheval et partir sans crainte, nul ne s'opposera à votre départ.
Le jeune homme comprit qu'il n'avait aucun prétexte pour prolonger son séjour en cet endroit : il baissa la tête, remit ses pistolets dans ses fontes, sauta sur son cheval et s'éloigna à regret et le plus doucement possible.
A peine avait-il fait une lieue qu'il entendit le pas précipité d'un cheval derrière lui.
Il se retourna.
Le cavalier qui s'avançait était Schaw.
Il eut bientôt rejoint don Pablo. Les jeunes gens marchèrent assez longtemps côte à côte sans échanger une parole.

Tous deux paraissaient plongés dans de profondes méditations.

Arrivés sur la lisière de la forêt, Schaw arrêta son cheval et posa doucement sa main droite sur la bride de celui du Mexicain.

Don Pablo s'arrêta, lui aussi, à cet attouchement, et attendit en fixant sur son étrange compagnon un regard interrogateur.

— Étranger, dit le jeune homme, ma sœur m'envoie ; elle vous prie de garder, si cela vous est possible, le secret sur ce qui s'est passé aujourd'hui entre nous ; elle regrette vivement l'attaque dont vous avez été victime et la blessure que vous avez reçue ; elle tâchera d'engager notre père le Cèdre-Rouge à s'éloigner de vos propriétés.

— Remerciez pour moi votre sœur, répondit don Pablo ; dites-lui que ses moindres désirs seront toujours des ordres pour moi, et que je serai heureux de les exécuter.

— Je lui répéterai vos paroles.

— Merci. Rendez-moi un dernier service.

— Parlez.

— Comment se nomme votre sœur ?

— Ellen. C'est l'ange gardien de notre foyer ; moi, je me nomme Schaw.

— Je vous suis obligé de m'avoir fait connaître votre nom, bien que je ne devine pas la raison qui vous pousse à agir ainsi.

— Je vais vous le dire. J'aime ma sœur Ellen par-dessus tout ; elle m'a recommandé de vous offrir mon amitié. Je lui obéis. Souvenez-vous, étranger, que Schaw est à vous, à la vie, à la mort.

— Je ne l'oublierai pas, bien que j'espère n'être jamais dans la nécessité de vous rappeler vos paroles.

— Tant pis, fit l'Américain en secouant la tête ; mais si quelque jour l'occasion s'en présente, je vous prouverai, foi de Kentukien, que je suis homme de parole.

Et, tournant précipitamment la tête de son cheval en arrière, le jeune homme disparut rapidement dans les méandres de la forêt.

La vallée du Bison, éclairée par les derniers rayons du soleil couchant, semblait un lac de verdure auquel la brume dorée du soir donnait des tons magiques. Une folle brise courait insoucieuse de la haute cime des cèdres, des catalpas, des tulipiers et des arbres du Pérou, aux grandes herbes des rives du rio San-Pedro.

Don Pablo laissait flotter nonchalamment les rênes sur le cou de son cheval, et s'avançait tout rêveur au milieu des piverts aux ailes d'or, des choucas empourprés, et des cardinaux qui voltigeaient çà et là de branche en branche en saluant, chacun dans son langage, l'approche de la nuit.

Une heure plus tard, le jeune homme arrivait à l'hacienda.

Mais la blessure qu'il avait reçue à l'épaule était plus grave qu'il ne l'avait d'abord supposé ; il avait été obligé, à son grand regret, de garder le lit, ce qui l'avait empêché, malgré ce qui s'était passé, de chercher à revoir la jeune fille dont l'image était profondément gravée dans son cœur.

Dès que le Mexicain se fut éloigné, les squatters se remirent à abattre les arbres et faire des planches, travail qu'ils n'abandonnèrent que lorsque la nuit fut devenue tout à fait noire.

Ellen était rentrée dans l'intérieur du jacal, où elle s'occupait, avec sa mère, des soins du ménage.

Ce jacal était une misérable hutte, faite à la hâte avec des branches d'arbres entrelacées, qui tremblait à tous les vents et laissait pénétrer à l'intérieur la pluie et le soleil.

Cette hutte était partagée en trois compartiments : celui de droite servait de chambre à coucher aux deux femmes, les hommes dormaient dans celui de gauche ; le compartiment du milieu, meublé de bancs vermoulus et d'une table faite avec des ais mal équarris, était à la fois la salle à manger et la cuisine.

Il était tard ; les squatters, réunis autour du feu sur lequel bouillait une grande marmite en fer, attendaient silencieusement le retour du Cèdre-Rouge, qui depuis le matin était absent.

Enfin le galop d'un cheval résonna sourdement sur les détritus sans nom accumulés depuis des années sur le sol de la forêt ; le bruit se rapprocha peu à peu, un cheval s'arrêta devant le jacal et un homme parut :

C'était le Cèdre-Rouge.

Les squatters tournèrent lentement la tête vers lui, mais sans se déranger autrement, et sans lui adresser la parole.

Ellen seule se leva et s'avança vers son père, qu'elle embrassa avec effusion.

Le géant saisit la jeune fille dans ses bras nerveux, la souleva de terre et l'embrassa à plusieurs reprises, en lui disant de sa rude voix que la tendresse adoucissait sensiblement :

— Bonsoir, ma colombe.

Puis il la posa à terre et, sans plus s'occuper d'elle, il se laissa lourdement tomber sur un banc auprès de la table, en présentant ses pieds au feu.

— Allons, femme, dit-il, au bout d'un instant, à souper, au nom du diable ! j'ai une faim de coyote.

La femme ne se le fit pas répéter ; quelques minutes plus tard, un immense plat de *frijoles* au piment, mélangés de *cecina*, fumait sur la table avec de larges pots de pulque.

Le repas fut court et silencieux.

Les quatre hommes mangeaient avec une voracité extrême.

Dès que les frijoles et la cecina eurent disparu, le Cèdre-Rouge et ses fils allumèrent leurs pipes et commencèrent à fumer tout en buvant de larges traits de whisky, mais toujours sans parler.

Enfin le Cèdre-Rouge ôta sa pipe de sa bouche et frappa un grand coup de poing sur la table, en disant brutalement :

— Allons, les femmes, décampez ! vous n'avez plus que faire ici, vous nous gênez, allez au diable !

Ellen et sa mère sortirent immédiatement et se retirèrent dans le compartiment qui leur était réservé.

Pendant quelques instants on les entendit aller et venir, puis tout retomba dans le silence.

Le Cèdre-Rouge fit un geste.

Sutter se leva et alla doucement appliquer son oreille contre la séparation ; il écouta quelque secondes en retenant sa respiration, puis il revint prendre sa place en disant laconiquement :

— Elles dorment.

— Alerte, mes louveteaux, fit à voix basse le vieux squatter, hâtons-nous, nous n'avons pas une minute à perdre, les autres nous attendent.

Alors il se passa une scène étrange dans cette salle sordide, éclairée seulement par la lueur mourante du foyer.

Les quatre hommes se levèrent, ouvrirent un grand bahut placé près de la cloison, et en sortirent divers objets de formes bizarres, *leggins*, *mitanes*, *robes de bisons*, *colliers de griffes d'ours gris*, bref, des costumes complets d'Indiens apaches.

Les squatters se déguisaient en Peaux-Rouges ; lorsqu'ils eurent revêtu ces vêtements qui les rendaient méconnaissables, ils complétèrent la métamorphose en se peignant le visage de différentes couleurs.

Certes, le voyageur que le hasard aurait en ce moment amené dans le jacal, l'aurait cru habité par des Apaches ou des Comanches.

Les vêtements que les squatters avaient quittés furent renfermés dans le coffre dont le Cèdre-Rouge garda sur lui la clef, et les quatre hommes, armés de leurs rifles américains, quittèrent la hutte, montèrent sur leurs chevaux qui les attendaient tout sellés et partirent à fond de train à travers les sentiers sinueux de la forêt.

A l'instant où ils disparaissaient dans les ténèbres, Ellen parut à la porte de la hutte, jeta un regard désolé du côté où ils s'étaient éloignés et se laissa tomber sur le sol en murmurant avec désespoir :

— Mon Dieu ! quelle œuvre du démon vont-ils donc encore accomplir cette nuit !...

VII

LES RANGERS

Sur les bords du rio San-Pedro, sur le flanc d'une colline, s'élevait une *rancheria* composée d'une dizaine de jacales habités par une population de soixante individus environ, tout compris, hommes, femmes et enfants.

Ces gens étaient des Indiens *Coras*, chasseurs et agriculteurs, appartenant à la tribu de la Tortue.

Ces pauvres Indiens vivaient là en paix avec leurs voisins, sous la protection des lois mexicaines.

Gens paisibles et inoffensifs, jamais, depuis près de vingt ans qu'ils étaient

La jeune fille s'élança entre eux. « La paix ! la paix ! » s'écria-t-elle d'une voix vibrante.

venus s'établir à cette place, ils n'avaient donné un sujet de plainte à leurs voisins, qui, au contraire, se félicitaient de les voir prospérer à cause de leurs mœurs douces et hospitalières. Bien que soumis au Mexique, ils se gouvernaient entre eux, à leur manière, obéissant à leurs caciques et réglant dans l'assemblée de leurs anciens toutes les difficultés qui s'élevaient dans leur village.

La nuit où nous avons vu les squatters abandonner leur hutte après s'être déguisés, une vingtaine d'individus, armés jusqu'aux dents et vêtus de costumes bizarres, le visage noirci afin de se rendre méconnaissables, étaient campés à environ deux lieues de la rancheria, dans une plaine au bord de la rivière.

Assis ou couchés autour de grands feux, ils buvaient, riaient, se disputaient ou jouaient avec force cris et jurons ; deux hommes assis à l'écart, au pied d'un énorme cactus, causaient à voix basse en fumant leur papillos de maïs.

Ces deux hommes, dont nous avons déjà parlé au lecteur, étaient, l'un, Fray Ambrosio, le chapelain de l'hacienda de la Noria; l'autre, Andrès Garote, le chasseur.

Andrès Garote était un grand gaillard long et maigre, à la face blême, cauteleuse et sournoise, qui se drapait avec prétention dans des guenilles sordides, mais dont les armes étaient parfaitement en état.

Quels étaient ces individus qui menaient si grand bruit?

C'étaient des *Rangers*.

Ceci demande une explication.

Aussitôt après chacune des différentes révolutions qui bouleversent périodiquement le Mexique depuis qu'il a déclaré si pompeusement son *indépendance*, le premier soin du nouveau président qui arrive au pouvoir est de licencier les volontaires qui ont grossi accidentellement les rangs de l'armée et lui ont fourni les moyens de renverser son prédécesseur.

Ces volontaires, nous devons leur rendre cette justice, forment tout le rebut de la société et tout ce que la nature humaine fournit de plus dégradé; ces hommes sanguinaires, sans foi ni loi, qui n'ont ni parents ni amis, sont une véritable lèpre pour le pays.

Rejetés brutalement dans la société, la vie nouvelle qu'ils sont contraints d'adopter ne convient nullement à leurs habitudes de meurtre et de pillage; ne pouvant plus faire la guerre à leurs compatriotes, ils forment des corps francs et s'engagent, moyennant un certain salaire, à faire la chasse aux *Indios bravos*, c'est-à-dire aux Apaches et aux Comanches qui désolent les frontières mexicaines.

En sus de leur solde, le gouvernement *paternel* des États-Unis au Texas et du Mexique, dans les États de la Confédération, leur alloue une certaine somme pour *chaque chevelure d'Indien* qu'ils apportent.

Nous ne croyons rien dire de nouveau en assurant qu'ils sont le fléau des colons et des habitants, qu'ils rançonnent sans pudeur, de toutes les façons, lorsqu'ils ne leur font pas pire.

Ceux qui étaient en ce moment réunis sur les bords du rio San-Pedro se préparaient à faire *une partie de guerre* : tel est le nom qu'ils donnent aux massacres qu'ils organisent contre les Peaux-Rouges.

Vers minuit, le Cèdre-Rouge et ses trois fils arrivèrent au camp des Rangers.

Il paraît qu'ils étaient attendus avec impatience, car les bandits les reçurent avec les marques de la plus grande joie et du plus chaleureux enthousiasme.

Les dés, les cartes et les botas de mezcal et de wiskey furent immédiatement abandonnés; les Rangers montèrent à cheval et vinrent se grouper autour des squatters, auprès desquels s'étaient placés Fray Ambrosio et son ami Andrès Garote.

Le Cèdre-Rouge jeta un regard sur la foule et ne put réprimer un sourire d'orgueil à la vue de la riche collection de bandits de toutes sortes qu'il avait autour de lui et qui le reconnaissaient pour chef.

Il étendit le bras pour réclamer le silence.

Chacun se tut.

Le géant prit alors la parole.

— Señores caballeros, dit-il d'une voix forte et accentuée, qui fit tressaillir d'aise tous ces drôles flattés d'être traités comme des honnêtes gens, l'audace des Peaux-Rouges devient intolérable ; si nous les laissons faire, ils inonderont bientôt le pays, où ils pulluleront si bien qu'ils finiront par nous en chasser; cet état de choses doit avoir un terme. Le gouvernement se plaint de la rareté des chevelures que nous lui fournissons; il dit que nous ne remplissons pas les clauses de l'engagement que nous avons contracté envers lui ; il parle de nous licencier, puisque notre service est inutile et par conséquent onéreux à la République. Il est de notre devoir de donner un éclatant démenti à ces assertions malveillantes, et de prouver à ceux qui ont placé leur confiance en nous que nous sommes toujours prêts à nous dévouer pour la cause de l'humanité et de la civilisation. Je vous ai réunis ici pour une expédition de guerre que je médite depuis quelque temps déjà, et que nous exécuterons cette nuit même : nous allons attaquer la rancheria des Indiens *Coras*, qui, depuis quelques années, ont eu l'audace de s'établir tout près de cet endroit. Ce sont des païens et des voleurs qui ont mérité cent fois le châtiment sévère que nous allons leur infliger. Mais, je vous en prie, seigneurs cavaliers, pas de pitié malentendue ; écrasons cette race de vipères; qu'il n'en échappe pas un seul ! la chevelure d'un enfant vaut autant que celle d'un guerrier; ne vous laissez donc attendrir ni par les cris ni par les larmes; scalpez ! scalpez toujours !

Cette harangue fut accueillie comme elle devait l'être, c'est-à-dire par des hurlements de joie.

— Seigneurs cavaliers, reprit le Cèdre-Rouge, le digne moine qui m'accompagne veut appeler les bénédictions du Ciel sur notre entreprise; à genoux pour recevoir l'absolution qu'il va vous donner.

Les bandits descendirent instantanément de cheval, ôtèrent leurs chapeaux et s'agenouillèrent sur le sable.

Fray Ambrosio récita alors une longue prière qu'ils écoutèrent avec une patience exemplaire, en répondant *Amen* à chaque verset, et la termina en leur donnant l'absolution.

Les Rangers se relevèrent, joyeux d'être ainsi débarrassés du lourd fardeau de leurs péchés, et se remirent en selle.

Le Cèdre-Rouge dit alors quelques mots à voix basse à l'oreille de Fray Ambrosio, qui baissa affirmativement la tête et s'éloigna immédiatement dans la direction de l'hacienda de la Noria, suivi d'Andrès Garote.

Le squatter se retourna vers les Rangers qui attendaient ses ordres.

— Vous savez où nous allons, seigneurs cavaliers, dit-il ; marchons, et surtout du silence si nous voulons prendre notre gibier au gîte ; vous savez que ces maudits Indiens sont malins comme des opossums.

La troupe partit au galop. Le Cèdre-Rouge et ses fils marchaient en tête.

Il faisait une de ces nuits calmes, pleines d'âcres senteurs, qui portent l'âme à la rêverie, comme l'Amérique seule a le privilège d'en posséder.

Le ciel, d'un bleu sombre, était plaqué d'un nombre infini d'étoiles, au milieu desquelles resplendissait la majestueuse croix du Sud, étincelant comme un manteau de roi ; l'atmosphère était d'une transparence inouïe, qui laissait distinguer les objets à une grande distance ; la lune répandait à profusion ses rayons argentés, qui donnaient au paysage une apparence fantastique ; une brise mystérieuse courait sur la cime houleuse des grands arbres, et parfois de vagues rumeurs traversaient l'espace et se perdaient dans le lointain.

Les sombres cavaliers couraient toujours, silencieux et mornes, semblables à ces fantômes des anciennes légendes qui se pressent dans l'ombre pour accomplir une œuvre sans nom.

Au bout d'une heure à peine on atteignit la rancheria.

Tout reposait dans le village ; aucune lumière ne brillait dans les jacales ; les Indiens, fatigués des durs labeurs du jour, reposaient pleins de confiance dans la foi jurée, ne redoutant aucune trahison.

Le Cèdre-Rouge fit halte à vingt pas de la rancheria.

Il disposa ses cavaliers à façon à envelopper le village de tous les côtés.

Lorsque chacun eut pris son poste, que les torches furent allumées, le Cèdre-Rouge poussa le redoutable cri de guerre des Apaches, et les Rangers se précipitèrent à fond de train sur le village, en poussant des hurlements horribles et en brandissant leurs torches, qu'ils jetèrent sur les jacales.

Alors il se passa une scène de carnage que la plume humaine est impuissante à décrire.

Les malheureux Indiens, surpris dans leur sommeil, se précipitaient, effarés, à demi nus, hors de leurs pauvres demeures, et étaient impitoyablement massacrés et scalpés par les Rangers, qui agitaient, avec des rires de démons, ces chevelures fumantes et dégouttantes de sang.

Femmes, enfants, vieillards, tous étaient tués avec des raffinements de barbarie.

Le village, incendié par les torches des Rangers, ne fut plus bientôt qu'un immense bûcher où s'agitaient, pêle-mêle, les victimes et les bourreaux.

Cependant quelques Indiens étaient parvenus à se réunir ; formés en une troupe compacte d'une vingtaine d'hommes, ils opposaient une résistance désespérée à leurs assassins, exaspérés par l'odeur du sang et l'enivrement du carnage.

En tête de cette troupe se tenait un Indien de haute taille, à demi nu, aux traits intelligents, qui, armé d'un soc de charrue dont il se servait avec une force et une adresse extrêmes, assommait tous les assaillants qui s'approchaient à portée de son arme terrible.

Cet homme était le Cacique des Coras. A ses pieds gisaient, éventrés, sa mère, sa femme et ses deux enfants : le malheureux luttait avec l'énegie du désespoir ; il avait fait le sacrifice de sa vie, mais il voulait la vendre le plus cher possible.

Vainement les Rangers avaient tiré sur lui, le Cacique semblait invulnérable ; de toutes les balles dirigées contre sa personne, aucune ne l'avait atteint.

Il combattait toujours, sans que le poids de son arme parût fatiguer son bras.

Les Rangers s'excitaient les uns les autres à en finir avec lui, pourtant aucun n'osait l'approcher.

Mais ce combat de géants ne pouvait durer longtemps encore ; des vingt compagnons qu'il avait auprès de lui en commençant la lutte, le Cacique n'en voyait plus que deux ou trois debout, les autres étaient morts.

Il fallait en finir. Le cercle qui enveloppait le valeureux Indien se resserrait de plus en plus ; désormais ce n'était plus pour lui qu'une question de temps.

Les Rangers, reconnaissant l'impossibilité de vaincre cet homme au cœur de lion, avaient changé de tactique.

Ils ne l'attaquaient plus, ils se contentaient de former autour de lui un cercle infranchissable, attendant prudemment, pour s'élancer sur cette proie qui ne pouvait leur échapper, que ses forces fussent totalement épuisées.

Le Coras comprit l'intention de ses ennemis ; un sourire de dédain plissa ses lèvres hautaines, et il s'élança résolument au-devant de ces hommes qui reculaient devant lui.

Soudain, d'un mouvement plus prompt que la pensée, il jeta avec une force inouïe le soc de charrue au milieu des Rangers, et bondissant comme une panthère, il sauta sur un cheval et se cramponna après le cavalier avec une vigueur surhumaine.

Avant que les Rangers fussent revenus de la surprise que leur causa cet assaut imprévu, par un effort désespéré, tout en maintenant le cavalier qu'il avait saisi, il tira de sa ceinture un poignard à lame courte et effilée et l'enfonça jusqu'à la poignée dans les flancs du cheval, qui poussa un hennissement de douleur, se précipita tête baissée au milieu de la foule et l'emporta avec une vitesse vertigineuse.

Les Rangers, rendus furieux d'avoir été joués par un homme seul, et de voir ainsi leur ennemi le plus terrible leur échapper, s'élancèrent à sa poursuite.

Mais, avec la liberté, le Coras avait reconquis toute son énergie, il était sauvé désormais.

Malgré les efforts désespérés que les Rangers tentèrent pour l'atteindre, il disparut dans la nuit.

Le Cacique continua à fuir jusqu'à ce qu'il sentit le cheval manquer sous lui.

Il n'avait pas lâché le cavalier qui était à demi étranglé par sa rude étreinte, et tous deux roulèrent sur le sol.

Cet homme portait le costume des Indiens Apaches.

Le Coras le considéra un instant avec attention, puis un sourire de mépris plissa ses lèvres.

— Tu n'es pas un Peau-Rouge, lui dit-il d'une voix rauque, tu n'es qu'un chien des faces pâles. Pourquoi revêtir la peau d'un lion, puisque tu es un lâche coyote ?

Le Ranger, encore étourdi par la chute qu'il venait de faire et la pression qu'il avait subie, ne répondit pas.

— Je pourrais te tuer, continua l'Indien, mais ma vengeance ne serait pas complète. Il faut que toi et les tiens vous me payiez tout le sang innocent que vous avez lâchement versé cette nuit. Je vais te marquer, afin de te reconnaître plus tard.

Alors, avec un sang-froid terrible, le Coras renversa le Ranger sur le dos, lui appuya le genou sur la poitrine et, lui enfonçant un doigt dans l'œil droit par un mouvement de rotation d'une rapidité extrême, il le fit jaillir de l'orbite et le lui arracha.

A cette affreuse mutilation, le misérable poussa un cri de douleur impossible à rendre.

L'Indien se releva.

— Va, lui dit-il, maintenant je suis certain de te retrouver quand je le voudrai.

En ce moment, un bruit de chevaux résonna à peu de distance ; évidemment les Rangers avaient entendu le cri de leur compagnon et accouraient à son secours.

Le Coras s'élança au milieu des buissons et disparut.

Quelques minutes plus tard les Rangers arrivèrent.

— Nathan, mon fils ! s'écria le Cèdre-Rouge en se précipitant en bas de son cheval et se jetant sur le corps du blessé; Nathan, mon premier-né, il est mort !

— Non ! répondit un des Rangers, mais il est bien malade.

C'était en effet le fils aîné du squatter que le Cacique avait mutilé.

Le Cèdre-Rouge saisit dans ses bras le corps de son fils, qui était évanoui ; il le plaça en travers devant lui sur sa selle, et la troupe repartit au galop.

Les Rangers avaient accompli leur œuvre ; ils avaient soixante chevelures humaines pendues à leurs ceintures.

La rancheria des Coras n'était plus qu'un monceau de cendres.

De tous les habitants de ce malheureux village, seul le Cacique avait survécu.

Il suffisait pour venger ses frères !

VIII

LA VALLÉE DU BISON

Don Miguel Zarate, en quittant son fils, était remonté à cheval et s'était rendu tout droit au Paso, chez le *juez de letras* (juge criminel) don Luciano Perez.

L'hacendero était un des plus riches propriétaires de la contrée ; il connaissait à fond l'esprit des dépositaires de la justice dans son pays, il avait en conséquence eu le soin de se munir d'une bourse bien garnie.

Double raison pour intéresser le juge en sa faveur.

Ce fut en effet ce qui arriva.

Le digne don Luciano frémit en entendant le détail de ce qui s'était passé entre don Pablo et les squatters ; il jura qu'il tirerait, sans tarder, une éclatante vengeance de cette outrecuidante félonie de ces chiens hérétiques, et qu'il était temps de les mettre à la raison.

S'assurant de plus en plus dans sa résolution, il ceignit son épée, donna l'ordre à vingt alguazils bien armés de monter à cheval, et, se mettant à la tête de cette escorte nombreuse, il se dirigea vers la vallée du Bison.

Don Miguel avait assisté avec un secret dépit à ces formidables préparatifs ; il ne comptait que médiocrement sur le courage des agents de la police, et il aurait préféré que le juge le laissât maître d'agir à sa guise ; il avait même essayé adroitement d'obtenir de don Luciano qu'il se contentât de lui donner un mandat en bonne forme, dont il se serait servi comme il l'aurait jugé convenable ; mais le juge, brûlant d'une ardeur belliqueuse inaccoutumée, et alléché par la forte somme qu'il avait touchée, n'avait rien voulu entendre, et s'était obstiné à se mettre lui-même à la tête de l'expédition.

Le juge don Luciano Perez était un gros petit homme d'une soixantaine d'années, rond comme une futaille, à la face réjouie, ornée d'un nez aux teintes vermeilles, et percée de deux petits yeux sournois et égrillards.

Cet homme détestait cordialement les Américains du Nord ; dans l'acte de courage qu'il commettait en ce moment, il entrait au moins autant de haine que d'avarice.

Cependant la petite troupe avait pris un galop allongé et s'avançait rapidement vers la forêt.

Le juge jetait feu et flamme contre les audacieux usurpateurs, ainsi qu'il les nommait ; il ne parlait de rien moins que de les tuer sans miséricorde, s'ils essayaient de faire la moindre résistance aux ordres qu'il leur allait intimer. Don Miguel, beaucoup plus calme et qui n'augurait rien de bon de cette grande colère, cherchait vainement à le calmer en lui représentant qu'il se trouverait, selon toutes probabilités, en présence d'hommes difficiles à intimider, avec lesquels le sang-froid était la meilleure arme.

Cependant on approchait : l'hacendero, afin d'abréger le chemin, avait fait prendre à la troupe un sentier de traverse qui diminuait la distance d'un bon tiers ; déjà les premiers arbres de la forêt apparaissaient à un couple de milles.

Le dégât causé par les squatters était beaucoup plus considérable que don Pablo ne l'avait dit à son père.

Au premier coup d'œil, il semblait impossible qu'en aussi peu de temps quatre hommes, même en travaillant avec vigueur, eussent pu le commettre.

Les plus beaux arbres gisaient étendus sur le sol, des piles énormes de planches étaient rangées de distance en distance, et sur le San-Pedro un train déjà complet n'attendait plus que quelques troncs d'arbres pour être lancé dans le courant de la rivière.

Don Miguel ne put s'empêcher de soupirer à l'aspect de cette dévastation commise dans l'une de ses plus belles forêts.

Cependant, plus ils approchaient de l'endroit où ils s'attendaient à rencontrer les squatters, plus l'ardeur belliqueuse du juge et de ses acolytes diminuait; maintenant c'était l'hacendero qui était obligé, au lieu de les retenir comme il l'avait fait jusque-là, de les exciter, au contraire, à marcher en avant.

Tout à coup un bruit de hache résonna à quelques pas en avant de la troupe; le juge, poussé par le sentiment de son devoir et la honte de sembler avoir peur, s'avança résolument dans la direction du bruit, suivi de son escorte.

— Halte! cria une voix rude au moment où les agents de police tournaient l'angle d'un sentier.

Avec cet instinct de la conservation qui ne les abandonne jamais, les alguazils s'arrêtèrent comme si les pieds de leurs chevaux eussent été subitement soudés au sol.

A dix pas, au milieu du sentier, se tenait un homme de haute taille, appuyé sur un rifle américain.

Le juge se retourna du côté de don Miguel avec une expression d'hésitation et de terreur si franche, que l'hacendero ne put s'empêcher de rire.

— Voyons, du courage, don Luciano, lui dit-il; cet homme est seul, il ne peut avoir la prétention de nous barrer le passage.

— *Con mil diablos!* s'écria le juge, honteux de cette impression dont il n'avait pas été maître, et fronçant le sourcil, en avant! vous autres, feu sur ce drôle s'il fait mine de vouloir vous résister.

Les alguazils se mirent en marche avec une hésitation prudente.

— Halte! vous dis-je, reprit le squatter; n'avez-vous pas entendu l'ordre que je vous ai donné?

Le juge, rassuré par la présence de l'hacendero, s'avança alors, et d'un ton qu'il essaya de rendre terrible, mais qui n'était que ridicule à cause de la terreur qui le talonnait et faisait malgré lui trembler sa voix :

— Moi, don Luciano Perez, juez de letras de la ville du Paso, dit-il, je viens, en vertu des pouvoirs qui me sont délégués par le gouvernement, vous sommer, vous et vos adhérents, d'avoir à quitter sous vingt-quatre heures cette forêt dans laquelle vous vous êtes indûment introduits, et qui...

— Ta! ta! ta! s'écria l'inconnu en interrompant sans façon le juge et en frappant du pied avec colère, je me soucie de toutes vos lois et de toutes vos paroles comme d'un vieux mocksens; la terre est au premier occupant, nous nous trouvons bien ici, nous y resterons.

— Votre langage est bien hautain, jeune homme, dit alors don Miguel vous ne réfléchissez pas que vous êtes seul, et que, à défaut d'autres droits, nous avons en ce moment la force pour nous.

Le squatter se mit à rire.

— Vous croyez cela, fit-il; apprenez, étranger, que je me soucie aussi peu des dix imbéciles qui sont là devant moi que d'un wood-cock (bécasse), et qu'ils feront bien de me laisser tranquille s'ils ne veulent pas faire à leurs dépens l'expérience de ce que pèse mon bras. Au surplus, voici mon père, arrangez-vous avec lui.

Et il se mit insoucieusement à siffler l'air national, l'*Yankee Doodle*.

Les malheureux Indiens, surpris dans leur sommeil, étaient scalpés par les Rangers.

Au même instant, trois hommes, en tête desquels marchait le Cèdre-Rouge, apparurent dans le sentier.

A ce renfort imprévu qui arrivait à leur arrogant ennemi, le juge et les alguazils firent un mouvement en arrière; la question se compliquait singulièrement, elle menaçait de prendre pour eux des proportions excessivement graves.

— Eh bien, quoi! demanda le vieillard d'un ton bourru ; que se passe-t-il ici, Sutter ?

— Ce sont ces gens, répondit le jeune homme en haussant les épaules avec mépris, qui prétendent, en vertu de je ne sais quel ordre, nous chasser de la forêt.

— Hein! fit le Cèdre-Rouge, dont l'œil étincela, et qui jeta un regard farouche aux Mexicains. La seule loi que je reconnaisse au désert, dit-il avec un geste d'une énergie terrible en frappant sur le canon de son rifle, est celle-ci : retirez-vous, étrangers, si vous ne voulez pas qu'il y ait du sang versé entre nous ; je suis un homme paisible qui ne cherche noise à personne, mais je vous avertis que je ne me laisserai pas déposséder sans me défendre.

— Mais, hasarda timidement le juge, ce n'est pas vous que l'on dépossède; c'est vous, au contraire, qui vous emparez de ce qui appartient aux autres.

— Je ne veux pas écouter toutes vos arguties auxquelles je n'entends rien, s'écria brutalement le squatter. Dieu a donné la terre à l'homme pour qu'il la travaille; tout propriétaire qui ne remplit pas cette condition renonce tacitement à ses droits, la terre devient alors de fait la propriété de celui qui l'arrose de ses sueurs; ainsi, allez-vous-en à tous les diables, tournez-moi les talons et décampez au plus vite, si vous ne voulez pas qu'il vous arrive malheur.

— Nous ne nous laisserons pas intimider par vos menaces, répondit le juge poussé par la colère et oubliant pour un instant sa frayeur; nous saurons, quoi qu'il arrive, accomplir notre devoir.

— Essayez, reprit en ricanant Cèdre-Rouge.

Il fit un geste à ses fils.

Ceux-ci se rangèrent sur une seule ligne et occupèrent toute la largeur du sentier.

— Au nom de la loi! s'écria le juge avec énergie en désignant le vieillard, alguazils, emparez-vous de cet homme.

Mais, ainsi que cela arrive souvent en pareille circonstance, cet ordre était plus facile à donner qu'à exécuter.

Cèdre-Rouge et ses fils ne paraissaient nullement disposés à se laisser mettre la main au collet.

Nous devons rendre aux alguazils cette justice d'avouer qu'ils n'hésitèrent pas un instant; ils refusèrent net d'exécuter l'ordre qu'ils avaient reçu.

— Pour la dernière fois, voulez-vous décamper, *by God!* s'écria le squatter; en joue, mille diables!

Ses trois fils épaulèrent leurs rifles.

A ce mouvement, qui levait tous les doutes qui pouvaient encore leur rester dans l'esprit et qui leur prouvait que les squatters n'hésiteraient pas à se porter aux dernières extrémités, les alguazils furent saisis d'une terreur invincible, ils tournèrent bride et s'enfuirent au galop, poursuivis par les huées des Américains.

Un seul homme était resté immobile en face des squatters.

Cet homme était don Miguel de Zarate. Le Cèdre-Rouge ne l'avait pas reconnu, soit à cause de la distance qui les séparait, soit parce que l'hacendero avait à dessein, sans doute, rabattu sur les yeux les larges ailes de son chapeau.

Don Miguel mit pied à terre, passa à sa ceinture les pistolets qui étaient dans ses fontes, attacha son cheval à un arbre, et, jetant froidement son rifle sur l'épaule, il s'avança résolument au-devant des squatters.

Ceux-ci, étonnés du courage de cet homme qui, seul, osait tenter ce que ses compagnons avaient renoncé à faire, le laissèrent arriver jusqu'auprès d'eux sans faire le moindre geste.

Lorsque don Miguel se trouva à deux pas du vieux squatter, il s'arrêta, posa à terre la crosse de son rifle, et ôtant son chapeau :

— Me reconnaissez-vous, Cèdre-Rouge ? lui dit-il.

— Don Miguel de Zarate! s'écria le bandit avec surprise.

— Puisque le juge m'abandonne, continua l'hacendero, qu'il a fui lâchement devant vos menaces, je suis obligé de me faire justice moi-même, et, vive Dieu ! je me la ferai. Cèdre-Rouge, je vous somme, comme propriétaire de cette forêt, dans laquelle vous vous êtes établi sans mon autorisation, d'en partir au plus vite.

Les jeunes gens murmurèrent entre eux quelques paroles de menace.

— Silence ! dit Cèdre-Rouge; laissez parler le caballero.

— J'ai fini et j'attends votre réponse.

Le squatter parut profondément réfléchir pendant quelques minutes :

— La réponse que vous exigez est difficile à faire, dit-il enfin; ma position n'est pas libre vis-à-vis de vous.

— Pourquoi cela ?

— Parce que je vous dois la vie.

— Je vous dispense de toute reconnaissance.

— C'est possible, vous êtes libre d'agir ainsi, mais, moi, je ne puis oublier le service que vous m'avez rendu.

— Peu importe.

— Beaucoup plus que vous ne croyez, caballero : je puis être par mon caractère, mes habitudes et le genre de vie que je mène, hors la loi des hommes civilisés, mais je n'en suis pas moins un homme, bien que peut-être de la pire espèce, je n'oublie pas plus un bienfait qu'une injure.

— Prouvez-le donc en vous éloignant au plus vite, alors nous serons quittes l'un envers l'autre.

Le squatter secoua négligemment la tête.

— Écoutez, don Miguel, dit-il, vous avez en ce pays la réputation d'être la providence des malheureux, je sais par moi-même jusqu'où va la bonté de votre cœur et quel est votre courage; on dit que vous possédez une fortune immense, dont vous-même ne connaissez pas l'étendue.

— Après ? interrompit l'hacendero avec impatience.

— Les dégâts que je puis causer ici, lors même que j'abattrais tous les arbres de la forêt, seraient bien peu de chose pour vous; d'où provient donc l'acharnement que vous mettez à me chasser?

— Votre question est juste, j'y répondrai. J'exige votre éloignement de mes propriétés parce que, il y a quelques jours, mon fils a été grièvement blessé par vos enfants, qui l'avaient fait tomber dans un lâche guet-apens, et que, s'il a échappé à la mort, ce n'est que par miracle : voilà pourquoi nous ne pouvons vivre auprès l'un de l'autre, le sang nous sépare.

Cèdre-Rouge fronça le sourcil.

— Est-ce vrai ? dit-il en s'adressant à ses fils.

Les jeunes gens baissèrent la tête sans répondre.

— J'attends, reprit don Miguel.

— Venez, cette question ne peut se trancher ainsi, suivez-moi dans mon jacal.

— A quoi bon ? c'est oui ou non que je vous demande.

— Moins que jamais je ne puis vous répondre. Nous devons avoir ensemble une conversation à la suite de laquelle vous déciderez vous-même de la conduite que je tiendrai. Suivez-moi donc sans crainte.

— Je ne crains rien, je crois vous l'avoir prouvé. Marchez; puisque vous l'exigez, je vous suis.

Cèdre-Rouge fit à ses fils un signe pour leur commander de rester où ils étaient, et il se dirigea à grands pas vers son jacal, qui était peu éloigné.

Don Miguel marchait insoucieusement derrière lui.

Ils entrèrent dans la hutte.

Elle était déserte; sans doute les deux femmes étaient, elles aussi, occupées dans la forêt.

Le Cèdre-Rouge ferma derrière lui la porte du jacal, s'assit sur un banc, invita d'un geste son hôte à en faire autant et prit la parole d'une voix basse et mesurée, comme s'il eût craint que ce qu'il allait dire ne fût entendu du dehors.

IX

CÈDRE-ROUGE

— Écoutez-moi, don Miguel, dit Cèdre-Rouge, et surtout ne vous méprenez pas au sens de mes paroles. Je n'ai nullement l'intention de vous intimider en vous adressant des menaces, je ne songe pas non plus à capter votre confiance par des révélations que vous avez le droit de supposer surprises par hasard.

L'hacendero considéra avec étonnement son singulier interlocuteur dont le ton et les manières avaient si subitement changé.

— Je ne vous comprends pas, lui dit-il; expliquez-vous plus clairement, car les paroles que vous venez de prononcer sont une énigme dont je cherche vainement le mot.

— Vous allez être satisfait, caballero, et si cette fois vous ne comprenez pas le sens de mes paroles, c'est, ma foi, que vous y mettrez de la mauvaise volonté. De même que tous les hommes intelligents, vous êtes fatigué des luttes incessantes dans lesquelles s'usent, sans profit, toutes les forces vitales de votre pays; vous avez compris qu'une terre aussi riche, aussi fertile, en un mot aussi puissamment douée que le Mexique, ne pouvait pas, ne devait pas, dirai-je plutôt, rester plus longtemps l'enjeu d'ambitions mesquines et l'arène où toutes les tyrannies de passage prennent tour à tour leurs ébats. Depuis bientôt trente ans, vous avez rêvé l'émancipation, non pas de votre patrie tout entière, tâche trop forte pour votre bras et dont le succès est irréalisable, mais vous vous êtes dit : Enfant du Nouveau-Mexique, rendons-le indépendant; formons-en un Etat libre, régi par de sages lois rigoureusement exécutées; par des institutions libérales, donnons l'essor à toutes les richesses dont il regorge, rendons à l'intelligence toute la liberté qui lui est nécessaire, et peut-être, dans quelques années, la Confédération entière du Mexique, émerveillée par les magnifiques résultats que j'obtiendrai, suivra-t-elle mon exemple; alors je pourrai mourir heureux de ce que j'aurai fait, mon but sera atteint, j'aurai sauvé mon pays de l'abîme sur lequel il penche sous la double pression de l'envahissement de l'Union américaine et de l'étiolement de la race espagnole. Ces idés ne sont-elles pas les vôtres, caballero? Trouvez-vous cette fois que je me suis clairement expliqué?

— Peut-être, bien que je n'entrevoie pas encore clairement le point où vous voulez en arriver. Ces pensées, que vous me supposez, sont celles qui viennent tout naturellement à tous les hommes franchement amis de leur pays, et je ne me disculperai pas de les avoir eues.

— Vous auriez tort, car elles sont grandes, belles, et respirent le patriotisme le plus pur.

— Trêve de compliments et finissons-en, je vous prie, le temps me presse.

— Patience, je n'ai pas fini encore. Ces idées devaient, à vous, descendant des premiers rois aztèques, défenseurs nés des Indiens sur cette malheureuse terre, venir plutôt qu'à un autre; mais voyez que je vous connais bien, don Miguel Zarate.

— Trop, peut-être, murmura le gentilhomme mexicain.

Le squatter sourit et continua :

— Ce n'est pas le hasard qui m'a amené en ce pays; en y venant, je savais où j'allais et pourquoi j'y venais. Don Miguel, l'heure est solennelle, tous vos préparatifs sont faits; hésiterez-vous à donner au Nouveau-Mexique le signal qui doit le rendre indépendant de la métropole, qui depuis si longtemps s'engraisse à ses dépens? Répondez!

Don Miguel tressaillit; il fixa sur le squatter un regard ardent, où la souplesse le disputait à l'admiration que, malgré lui, lui causait le langage de cet homme.

Cèdre-Rouge haussa les épaules.

— Eh quoi! vous doutez encore? dit-il.

Il se leva, alla droit à un coffre, en tira quelques papiers, et, les jetant sur la table devant l'hacendero :

— Lisez, dit-il.

Don Miguel s'empara vivement des papiers, les parcourut des yeux, puis les rejetant sur la table :

— Eh bien? demanda-t-il en regardant fixement son étrange interlocuteur.

— Vous le voyez, répondit le squatter, je suis votre complice ; le général Ibañez, votre agent à Mexico, est en correspondance avec moi, ainsi que M. Wood, votre agent à New-York.

— En effet, dit froidement le Mexicain, vous avez le secret de la conspiration ; seulement il s'agit de savoir jusqu'où vous le possédez.

— Je le possède tout entier : c'est moi qui suis chargé de recruter les volontaires qui doivent former le noyau de l'armée insurrectionnelle.

— Bien.

— Maintenant, vous voyez par ces lettres de M. Wood et du général Ibañez, que je suis chargé par eux de m'entendre avec vous et de recevoir vos derniers ordres.

— Je le vois.

— Que comptez-vous faire?

— Rien.

— Comment! rien, s'écria le squatter en bondissant de surprise, vous plaisantez, je suppose.

— Écoutez-moi à votre tour et faites bien attention à mes paroles, car elles expriment ma résolution irrévocable : je ne sais et je ne veux pas savoir par quels moyens plus ou moins avouables vous êtes parvenu à vous emparer de la confiance de mes associés et à vous rendre maître de nos secrets ; seulement ma ferme conviction est qu'une cause qui emploie des hommes comme vous est une cause compromise, sinon perdue ; je renonce donc à toute combinaison dans laquelle vous êtes appelé à jouer un rôle ; vos antécédents, la vie que vous menez, vous ont mis hors la loi.

— Je suis un bandit, tranchons le mot; mais qu'importe, pourvu que vous réussissiez? la fin ne justifie-t-elle pas les moyens?

— Cette morale peut être la vôtre, elle ne sera jamais la mienne ; je répudie toute communion d'idées avec les hommes de votre espèce ; je ne veux vous avoir ni pour complice ni pour associé.

Le squatter lui lança un regard chargé de haine et de désappointement.

— Vous ne pouvez avoir en nous servant, dit Miguel, qu'un but intéressé que je ne veux pas me donner la peine de deviner : un Anglo-Américain n'aidera jamais franchement un Mexicain à conquérir sa liberté ; il y perdrait trop.

— Ainsi?

— Ainsi je renonce à tout jamais aux projets que j'avais formés. J'avais, il est vrai, rêvé de rendre à mon pays l'indépendance dont on l'a injustement déshérité ; eh bien, ce projet restera à l'état de rêve.

— C'est votre dernier mot?

— Le dernier.

— Vous refusez?

— Je refuse.

— Bien ; je sais maintenant ce qui me reste à faire.

— Et que ferez-vous, voyons? dit l'hacendéro en se croisant les bras sur la poitrine et en le regardant bien en face.
— Je vais vous le dire.
— J'attends.
— J'ai votre secret.
— Tout entier.
— Donc vous êtes en mon pouvoir.
— Peut-être!
— Qui m'empêche d'aller trouver le gouverneur de l'État et de vous dénoncer?
— Il ne vous croira pas.
— Vous le supposez?
— J'en suis sûr.
— Peut-être! vous dirai-je à mon tour.
— Comment cela?
— Oh! mon Dieu, vous allez bien facilement le voir.
— Je serais curieux de l'apprendre.
— Quelque riche que vous soyez, don Miguel de Zarate, et peut-être à cause de cette richesse même, malgré le bien que vous semez autour de vous, le nombre de vos ennemis est considérable.
— Je le sais.
— Très bien; ces ennemis saisiront avec joie la première occasion qui se présentera de vous perdre.
— C'est probable.
— Vous voyez donc. Lorsque j'irai trouver le gouverneur, que je lui dirai que vous conspirez, et qu'à l'appui de ma dénonciation, non seulement je lui remettrai les lettres que voici, mais encore plusieurs autres lettres écrites et signées par vous, qui sont là dans ce coffre, croyez-vous que le gouverneur me traitera d'imposteur et refusera de vous arrêter?
— Ainsi vous avez des lettres écrites et signées de ma main?
— J'en ai trois qui suffisent pour vous faire fusiller.
— Ah!
— Oui. Dame! vous comprenez, dans une affaire aussi importante que celle-ci, il est bon de prendre ses précautions, on ne sait pas ce qui peut arriver, et les hommes de mon espèce, ajouta-t-il avec un sourire ironique, ont plus que les autres une infinité de raisons pour être prudents.
— Allons, c'est bien joué, dit négligemment l'hacendero.
— N'est-ce pas?
— Oui, je vous fait mon sincère compliment, vous êtes encore plus fort que je ne le supposais.
— Oh! vous ne me connaissez pas encore!
— Le peu que je sais me suffit.
— Ainsi?
— Nous en restons là, si vous voulez bien me le permettre.
— Vous refusez toujours?
— Plus que jamais.

Le squatter fronça le sourcil.

— Prenez garde, don Miguel, murmura-t-il d'une voix sourde, ce que j'ai dit, je le ferai.

— Oui, si je vous en laisse le temps.

— Hein !

— Caspita ! si vous êtes un adroit coquin, je ne suis pas un niais non plus ; croyez-vous à votre tour que je me laisserai intimider par vos menaces, et que je ne saurai pas trouver le moyen de vous mettre dans l'impossibilité d'agir, pas pour moi qui me soucie médiocrement de ce que vous pourriez faire, mais pour mes amis qui sont des gens d'honneur dont je ne veux pas que la vie soit compromise par votre trahison ?

— Je serais curieux de savoir le moyen que vous emploierez pour obtenir ce résultat.

— Vous allez le voir, répondit impassiblement don Miguel.

— Voyons !

— Je vous tuerai.

— Oh ! oh ! fit le squatter en jetant un regard de complaisance sur ses membres nerveux ; ce n'est pas facile, cela.

— Plus facile que vous le supposez, mon maître.

— Hum ! Et quand comptez-vous me tuer ?

— Tout de suite !

Les deux hommes étaient assis devant le foyer, chacun à l'extrémité d'un banc ; la table était entre eux, mais un peu en arrière, de sorte qu'en causant ils appuyaient seulement le coude dessus.

En prononçant sa dernière parole, don Miguel bondit comme un tigre, s'élança sur le squatter, qui ne s'attendait nullement à cette attaque, le saisit à la gorge et le renversa en arrière.

Les deux ennemis roulèrent ensemble sur le sol raboteux du jacal.

L'attaque du Mexicain avait été si vive et si bien combinée que le squatter à demi étranglé ne put, malgré sa force herculéenne, se débarrasser de l'étreinte de fer de son ennemi, qui lui serrait la gorge comme dans un étau.

Le Cèdre-Rouge ne put proférer un cri ni opposer la moindre résistance ; le genou du Mexicain lui brisait la poitrine tandis que ses doigts lui entraient dans la gorge.

Dès qu'il eut réduit le misérable à une impuissance complète, don Miguel tira de sa botte vaquera un couteau à lame étroite et effilée et le lui enfonça tout entier dans le corps.

Le bandit s'agita convulsivement pendant quelques secondes ; une pâleur livide envahit son visage ; ses yeux se fermèrent, il se roidit dans une dernière convulsion et resta immobile.

Don Miguel laissa le poignard dans la plaie et se redressa lentement.

— Ah ! ah ! murmura-t-il en le considérant d'un air sardonique, je crois que le drôle ne me dénoncera pas maintenant.

Sans perdre de temps, il s'empara des deux lettres restées sur la table, prit dans le coffre les quelques papiers qui s'y trouvaient, cacha le tout dans

— Elle est là ! murmura-t-il avec un accent passionné, elle dort.

sa poitrine, ouvrit la porte de la hutte qu'il eut soin de refermer derrière lui, et s'éloigna à grands pas.

Les fils du squatter n'avaient pas quitté leur poste.

Aussitôt qu'ils aperçurent le Mexicain, ils s'approchèrent de lui.

— Eh bien ! lui demanda Schaw, vous êtes-vous entendu avec le vieux ?

— Parfaitement, répondit laconiquement don Miguel.

— Ainsi, l'affaire est arrangée ? fit Sutter.

— Oui ; à notre satisfaction mutuelle.

— Tant mieux ! s'écrièrent les jeunes gens avec joie.

L'hacendero détacha son cheval et se mit en selle.

— Au revoir, messieurs ! leur dit-il.

— Au revoir ! répondirent-ils en lui rendant son salut.

Le Mexicain mit son cheval au trot ; mais, au premier coude du sentier, il lui rendit la bride, lui enfonça les éperons dans les flancs et partit à fond de train.

— Maintenant, observa Sutter, je crois que nous pouvons sans inconvénient nous rendre à la hutte.

Et les jeunes gens se dirigèrent doucement vers le jacal en causant entre eux.

Cependant don Miguel n'avait pas aussi bien réussi qu'il n'avait cru.

Le Cèdre-Rouge n'était pas mort.

Le vieux bandit avait la vie dure.

Attaqué à l'improviste, le squatter n'avait pas essayé une résistance que, du premier instant, il avait reconnue inutile, et qui n'aurait abouti qu'à exaspérer son ennemi ; avec une sagacité merveilleuse, en sentant la lame du couteau pénétrer dans son corps, il se roidit contre la douleur, et se résolut, selon une expression de son pays, — *playing'possum,* — à imiter l'opossum, c'est-à-dire à faire le mort [1]. Le succès de sa ruse fut complet ; don Miguel, persuadé qu'il l'avait tué, ne songea pas à lui porter un second coup.

Tant que son ennemi était resté dans le jacal, le squatter s'était gardé de faire le moindre mouvement qui aurait pu le trahir ; mais dès qu'il se trouva seul, il ouvrit les yeux, se releva péniblement, ôta le poignard de la blessure qui laissa échapper un flot de sang noir, et dirigeant vers la porte par laquelle son ennemi était sorti un regard empreint d'une expression de haine impossible à rendre :

— Maintenant nous sommes quittes, don Miguel Zarate ; puisque vous avez voulu me reprendre la vie que vous m'aviez sauvée : priez Dieu qu'il ne nous remette pas face à face !

Il poussa un profond soupir et roula lourdement sur le sol.

Il était évanoui.

En ce moment ses fils entrèrent dans la hutte.

X

LE SACHEM DES CORAS

C'était quelques jours après les événements que nous avons rapportés dans le précédent chapitre.

Il faisait une de ces chaudes et éblouissantes journées comme il n'est pas donné à nos froids climats d'en connaître.

1. L'opossum, qui de prime abord semble presque dénué de toute sagacité, est un des animaux les plus rusés qui existent ; il a entre autres moyens de défense celui d'imiter le mort avec une perfection telle que souvent l'ennemi auquel il a affaire s'y laisse prendre ; de là l'expression devenue proverbiale en Amérique que nous avons citée.

Le soleil déversait à profusion ses chauds rayons, qui faisaient étinceler et miroiter les cailloux et le sable des allées de la *huerta* (jardin) de l'hacienda de la Noria.

Au fond d'un bosquet d'orangers et de citronniers en fleurs, dont les suaves émanations embaumaient l'air, au milieu d'un fourré de cactus, de nopals et d'aloès, une jeune femme dormait nonchalamment étendue dans un hamac de fils de *phormium tenax* suspendu entre deux orangers.

La tête renversée en arrière, ses longs cheveux noirs dénoués et tombant en désordre sur son cou et sur sa poitrine, ses lèvres de corail légèrement entr'ouvertes et laissant voir l'émail éblouissant de ses dents, doña Clara, car c'était elle qui dormait ainsi d'un sommeil d'enfant, était réellement charmante ; ses traits respiraient le bonheur : aucun nuage n'était encore venu rembrunir l'horizon azuré de sa vie calme et tranquille.

Il était midi à peu près ; il n'y avait pas un souffle dans l'air ; les rayons du soleil, tombant d'aplomb, rendaient la chaleur tellement insupportable et étouffante, que chacun dans l'hacienda se livrait au sommeil et faisait ce que dans ces régions torrides on est convenu de nommer la *siesta*.

Pourtant, à peu de distance de l'endroit où, calme et souriante, reposait doña Clara, un bruit de pas, imperceptible d'abord, mais qui augmentait de plus en plus, se fit entendre et un homme parut.

Cet homme était Schaw, le plus jeune des fils du squatter.

Comment se trouvait-il en ce lieu ?

Le jeune homme était haletant ; la sueur ruisselait sur son visage.

Arrivé à l'entrée du bosquet, il jeta un regard anxieux sur le hamac.

— Elle est là ! murmura-t-il avec un accent passionné ; elle dort.

Alors il se laissa tomber à genoux sur le sable et resta, muet et tremblant, à admirer la jeune fille.

Il resta longtemps ainsi, le regard fixé sur la dormeuse avec une expression étrange ; enfin il poussa un soupir et, s'arrachant avec effort à cette délicieuse contemplation, il se releva péniblement en murmurant d'une voix faible comme un souffle :

— Il faut partir !... Si elle se réveillait ! Oh ! elle ne saura jamais combien je l'aime !...

Il cueillit une fleur d'oranger et la déposa doucement sur la jeune fille, puis il fit quelques pas pour se retirer ; mais, revenant presque aussitôt en arrière, il saisit d'un mouvement nerveux le *rebozo* de doña Clara qui pendait en dehors du hamac, y appliqua ses lèvres à plusieurs reprises, en disant d'une voix saccadée par l'émotion qu'il éprouvait :

— Il a touché ses cheveux !...

Et, s'élançant hors du bosquet, il s'enfuit à travers la huerta et disparut. Il avait entendu des pas qui s'approchaient.

En effet, quelques secondes après son départ, don Miguel entra à son tour dans le bosquet.

— Allons, allons ! dit-il gaiement en secouant le hamac, dormeuse, n'avez-vous pas bientôt fini votre siesta ?

Doña Clara ouvrit les yeux en souriant.

— Je ne dors plus, mon père, dit-elle.
— A la bonne heure, fit-il, voilà répondre.
Et il s'approcha pour l'embrasser.

Mais soudain, par un mouvement brusque, la jeune fille se redressa comme si elle avait aperçu quelque vision horrible, et son visage se couvrit d'une pâleur livide.

— Qu'est-ce que tu as? que se passe-t-il? s'écria l'hacendero avec effroi.

La jeune fille lui montra la fleur d'oranger.

— Eh bien! reprit son père, qu'est-ce que cette fleur a de si effrayant? elle sera tombée de l'arbre dans ton hamac pendant ton sommeil.

Doña Clara secoua tristement la tête.

— Non, dit-elle; depuis plusieurs jours, en me réveillant, j'aperçois toujours une fleur jetée ainsi sur moi.

— Tu es folle; le hasard seul est coupable, c'est lui qui a tout fait. Allons, ne pense plus à cela; tu es pâle comme une morte, enfant: pourquoi t'effrayer ainsi d'une niaiserie? D'ailleurs, le remède est facile à trouver : puisque maintenant tu as si peur des fleurs, pourquoi ne fais-tu pas ta siesta dans ta chambre à coucher, au lieu de venir te blottir au fond de ce bosquet?

— C'est vrai, mon père, dit la jeune fille toute joyeuse, et qui ne songeait déjà plus à la peur qu'elle avait éprouvée, je suivrai votre conseil.

— Allons, c'est convenu, ne parlons plus de cela; et maintenant, venez m'embrasser.

La jeune fille se jeta dans les bras de son père, qu'elle accabla de caresses.

Tous deux s'assirent sur un banc de gazon et se livrèrent à une de ces délicieuses causeries dont, seuls, ceux qui ont le bonheur d'avoir des enfants sont à même d'apprécier tout le charme.

Sur ces entrefaites, un peon (valet) se présenta.

— Qui vous amène? demanda don Miguel.

— Seigneurie, répondit le peon, un guerrier Peau-Rouge vient d'arriver à l'hacienda, il désire vous parler.

— Le connaissez-vous? reprit don Miguel.

— Oh! oui, seigneurie, c'est Mookapec, — la Plume-d'Aigle, — le sachem des Coras du rio San-Pedro.

— Mookapec! répéta l'hacendero avec étonnement. Quelle raison a pu l'engager à me venir trouver? Amenez-le-moi.

Le peon se retira; il reparut au bout de quelques minutes, précédant la Plume-d'Aigle.

Le chef avait revêtu le grand costume de guerre des sachems de sa nation. Ses cheveux, nattés avec une peau de crotale, étaient relevés sur le sommet de la tête; au centre était fichée une plume d'aigle; une blouse de calicot rayé, garnie d'une profusion de grelots, lui descendait jusqu'aux cuisses, défendues des piqûres des moustiques par des caleçons de même étoffe; il portait des mocksens de peau de pécaris, brodés avec des perles fausses et des piquants de porc-épic; à ses talons étaient attachées plusieurs queues de loup, signe distinctif des guerriers renommés; ses hanches étaient serrées par une ceinture de peau d'élan, dans laquelle étaient passés son couteau, sa pipe et son sac à la médecine ; son cou était orné de colliers de griffes d'ours gris et de dents de bison ; enfin, une magnifique robe de bison blanc femelle, peinte en rouge à l'intérieur, était attachée à ses épaules et retombait derrière lui comme un manteau. De la main droite, il tenait un éventail fait d'une seule aile d'aigle, et, de la main gauche, un rifle américain.

Il y avait quelque chose d'imposant et de singulièrement martial dans l'aspect et la tournure de ce sauvage enfant des bois.

En entrant dans le bosquet, il s'inclina avec grâce devant doña Clara et se tint ensuite immobile et muet devant don Miguel.

Le Mexicain le considéra attentivement ; une expression de sombre mélancolie était répandue sur les traits du chef indien.

— Que mon frère soit le bienvenu, lui dit l'hacendero ; à quoi dois-je le plaisir de le voir?

Le chef jeta un regard à la dérobée à la jeune fille.

Don Miguel comprit ce qu'il désirait : il fit signe à doña Clara de s'éloigner.

Ils restèrent seuls.

— Mon frère peut parler, dit alors l'hacendero, les oreilles d'un ami sont ouvertes.

— Oui, mon père est bon, répondit le chef de sa voix gutturale, il aime les Indiens ; malheureusement toutes les Faces-Pâles ne lui ressemblent pas.

— Que veut dire mon frère ? aurait-il à se plaindre de quelqu'un ?

L'Indien sourit tristement.

— Où est la justice pour les Peaux-Rouges? dit-il ; les Indiens sont des animaux, le Grand Esprit ne leur a pas donné une âme comme aux Visages Pâles, ce n'est pas un crime de les tuer !

— Voyons, chef, je vous en prie, ne parlez pas ainsi par énigmes, expliquez-vous. Pourquoi avez-vous quitté votre tribu ? il y a loin du rio San-Pedro ici.

— Mookapec est seul, sa tribu n'existe plus.

— Comment ?

— Les Visages-Pâles sont venus la nuit, comme des jaguars sans courage ; ils ont brûlé le village et massacré tous les habitants, jusqu'aux femmes et aux petits enfants.

— Oh ! c'est affreux, s'écria le ranchero avec horreur.

— Ah ! reprit le chef avec un accent d'ironie terrible, les chevelures de Peaux-Rouges se vendent cher !

— Et connaissez-vous les hommes qui ont commis ce crime atroce?

— Mookapec les connaît, et se vengera.

— Nommez-moi leur chef, si vous savez son nom.

— Je le sais. Les Visages-Pâles le nomment le Cèdre-Rouge, et les Indiens le Mangeur d'hommes.

— Oh ! quant à celui-là, vous êtes vengé, chef, car il est mort.

— Mon père se trompe.

— Comment ! je me trompe ; c'est moi-même qui l'ai tué.

L'Indien secoua la tête.

— Le Cèdre-Rouge a la vie dure, dit-il ; la lame du couteau dont mon père s'est servi était trop courte ; le Cèdre-Rouge est blessé, mais dans quelques jours il sera de nouveau debout, prêt à tuer les Indiens et à les scalper.

Cette nouvelle atterra l'hacendero.

L'ennemi dont il croyait s'être débarrassé vivait, c'était une nouvelle lutte à soutenir.

— Que mon père prenne garde, continua le chef, le Cèdre-Rouge a juré qu'il se vengerait.

— Oh ! je ne lui en laisserai pas le temps. Cet homme est un démon dont il faut à tout prix purger la terre avant que les forces lui soient revenues et qu'il recommence le cours de ses assassinats.

— J'aiderai mon père dans sa vengeance.

— Merci, chef, je ne refuse pas votre offre ; peut-être bientôt aurai-je besoin de l'aide de tous mes amis.

« Et maintenant, que comptez-vous faire ?

— Puisque les Visages-Pâles le repoussent, la Plume-d'Aigle va se retirer au désert : il a des amis parmi les Comanches, ce sont des Peaux-Rouges, ils l'accueilleront avec joie.

— Je n'essayerai pas de combattre votre détermination, chef, elle est juste, et si plus tard vous exercez de terribles représailles contre les blancs, ils ne pourront se plaindre, eux-mêmes l'auront voulu.

« Quand part mon frère ?

— Au coucher du soleil.

— Reposez-vous ici aujourd'hui, demain il sera assez tôt pour vous mettre en route.

— Il faut que Mookapec parte aujourd'hui.

— Agissez donc à votre guise ; avez-vous un cheval ?

— Non, mais à la première *manada* que je trouverai j'en lacerai un.

— Je ne veux pas que vous partiez ainsi, je vous donnerai un cheval.

— Merci, mon père est bon, le chef indien se souviendra...

— Venez ! vous le choisirez vous-même.

— J'ai encore quelques mots à dire à mon père.

— Parlez, chef, je vous écoute.

— Koutonepi, le chasseur pâle, m'a chargé de donner à mon père un avertissement important.

— Quel est-il ?

— Un grand danger menace mon père ; Koutonepi désire voir mon père le plus tôt possible afin de lui apprendre lui-même ce dont il s'agit.

— Bien, mon frère dira au chasseur que demain je me trouverai à la clairière du *Chêne-Foudroyé*, et que je l'y attendrai jusqu'au soir.

— Je rapporterai fidèlement les paroles de mon père au chasseur.

Les deux hommes sortirent alors du bosquet et se dirigèrent à grands pas vers l'hacienda.

Don Miguel laissa le chef Coras choisir lui-même un cheval, et pendant que le sachem harnachait sa monture à la mode indienne, il se retira dans sa chambre à coucher et fit dire à son fils de venir le joindre.

Le jeune homme était complètement guéri de sa blessure.

Son père lui apprit qu'il était obligé de s'absenter pour quelques jours ; il lui confia la direction de l'hacienda, en lui recommandant surtout de ne pas s'éloigner de la ferme et de veiller attentivement sur sa sœur.

Le jeune homme lui promit tout ce qu'il voulut, heureux de jouir pendant quelques jours d'une liberté entière.

Après avoir embrassé sa fille et son fils une dernière fois, don Miguel se rendit dans le *patio* (cour).

En l'attendant, le chef s'amusait à faire exécuter des voltes et des courbettes à un magnifique cheval qu'il avait choisi.

Don Miguel admira pendant quelques minutes l'adresse et la grâce de l'Indien, qui maniait ce cheval avec autant d'élégance et de facilité que le meilleur ginète mexicain, puis il se mit en selle, et les deux hommes piquèrent du côté du Paso del Norte, qu'il leur fallait absolument traverser pour gagner le désert et se rendre à la clairière du Chêne-Foudroyé.

Le voyage fut silencieux ; les deux hommes réfléchissaient profondément.

Au moment où ils entrèrent dans le Paso, le soleil se couchait à l'horizon dans un flot de vapeurs rougeâtres, ce qui présageait un orage pour la nuit.

A l'entrée du village, ils se séparèrent. Le lendemain, ainsi que nous l'avons dit dans notre premier chapitre, don Miguel sortit au point du jour et se rendit à la clairière.

Maintenant nous fermerons cette trop longue parenthèse, mais qui était indispensable pour que le lecteur comprît bien les faits qui vont suivre, et nous reprendrons notre récit au point où nous l'avons laissé.

XI

CONVERSATION

Valentin Guillois, que nous avons déjà présenté au lecteur dans un précédent ouvrage, habitait, ou, pour parler plus correctement, parcourait depuis cinq ou six ans les vastes solitudes du Nouveau-Mexique et du Texas.

On l'avait vu pour la première fois aux environs du rio Puerco, en compagnie du chef Araucan, tous deux à l'affût du tigre.

Ces deux hommes étaient les plus hardis chasseurs de la frontière.

Parfois, lorsqu'ils avaient recueilli une ample moisson de fourrures, ils allaient les vendre dans les villes, renouvelaient leurs provisions de poudre et de balles, achetaient quelques objets indispensables et regagnaient le désert.

Souvent ils s'étaient engagés pour huit, et même quinze jours, avec les propriétaires d'haciendas, pour les débarrasser des bêtes fauves qui désolaient leurs troupeaux ; mais, dès que les animaux féroces étaient détruits, la prime gagnée, quelles que fussent les promesses brillantes que les hacenderos faisaient pour les retenir, ces deux hommes rejetaient leur rifle sur l'épaule et s'en allaient.

Nul ne savait qui ils étaient ni d'où ils venaient.

Valentin et son ami gardaient le plus profond silence sur les événements de leur vie qui avaient précédé leur apparition dans ces contrées.

Une seule chose avait trahi la nationalité de Valentin, que son compagnon nommait *Koutonepi*, mot appartenant à la langue des Indiens Aucas, et qui signifie *le Vaillant :* sur sa poitrine, le chasseur portait une croix de la Légion d'honneur.

Les prouesses en tous genres exécutées par ces chasseurs étaient incalculables, leurs récits faisaient les délices des habitants des frontières pendant les nuits de bivouac; le nombre de tigres qu'ils avaient tués ne se comptait plus.

Le hasard les avait un jour placés face à face avec don Miguel de Zarate, dans une circonstance étrange, et depuis s'était établie entre eux une suite non interrompue de bons rapports.

En un mot, don Miguel, pendant une nuit de tempête, n'avait dû la vie qu'à la sûreté du coup d'œil de Valentin qui, d'une balle dans la tête, avait foudroyé le cheval du Mexicain au moment où, fou de terreur, n'obéissant plus ni à la voix, ni à la bride, il entraînait irrésistiblement son cavalier vers un gouffre immense, au fond duquel il était sur le point de se précipiter et de disparaître avec lui.

Don Miguel avait juré une reconnaissance éternelle à son sauveur.

Valentin et Curumilla s'étaient faits les précepteurs des enfants de l'hacendero, qui, de leur côté, avaient pris les deux chasseurs en profonde amitié.

Souvent don Pablo avait, en compagnie de ses deux amis, fait de longues chasses dans les prairies.

C'était à eux qu'il devait la justesse de son coup d'œil, son adresse à manier toutes les armes et son habileté à dompter les chevaux.

Il n'existait pas de secrets entre don Miguel Zarate et les chasseurs.

Ils lisaient dans son âme comme dans un livre toujours ouvert.

Ils étaient les confidents désintéressés de ses projets, car ces rudes coureurs des bois n'estimaient et ne voulaient pour eux qu'une chose, la liberté du désert.

Cependant, malgré la sympathie et l'amitié qui liaient si étroitement ces différents personnages, malgré la confiance qui faisait le fond de leur intimité, jamais don Miguel ou ses enfants n'avaient pu obtenir des chasseurs la confidence des faits antérieurs à leur arrivée dans le pays.

Souvent don Miguel, poussé non par la curiosité, mais seulement par l'intérêt qu'il leur portait, avait cherché par des mots jetés adroitement dans la conversation à les mettre sur la voie des confidences, mais Valentin avait toujours repoussé ces insinuations, assez adroitement cependant, pour que le Mexicain ne fût pas blessé de son manque de confiance et se fâchât de ce silence obstiné.

Avec Curumilla, cela avait été plus simple encore.

Enveloppé dans la stoïque impassibilité indienne, retranché dans son

LE CHERCHEUR DE PISTES 57

MOOKAPEC (PLUME-D'AIGLE).

Liv. 71. F. ROY, édit. — Reproduction interdite.   8. CHERCHEUR DE PISTES.

mutisme habituel, à toutes les questions il s'était borné à secouer mystérieusement la tête sans répondre un mot.

Enfin, de guerre lasse, l'hacendero et sa famille avaient cessé de chercher à pénétrer des secrets que leurs amis, de parti pris, s'obstinaient à leur cacher.

L'amitié entre eux ne s'était pourtant pas refroidie pour cela, et c'était toujours avec le même plaisir que don Miguel se retrouvait avec les chasseurs après une longue chasse dans les prairies, qui les avait tenus éloignés de l'habitation parfois pendant des mois entiers.

Le Mexicain et le chasseur s'étaient assis auprès du feu, tandis que Curumilla, armé de son couteau à scalper, s'occupait à écorcher les deux jaguars si adroitement tués par don Miguel, et qui étaient de magnifiques bêtes.

— Eh ! *compadre*, dit en riant don Miguel, je commençais à perdre patience et à croire que vous aviez oublié le rendez-vous que vous-même m'aviez donné.

— Je n'oublie jamais rien, vous le savez, répondit sérieusement Valentin ; si je ne suis pas arrivé plus tôt, c'est que la route est longue de mon jacal à cette clairière.

— Dieu me garde de vous adresser un reproche, mon ami ; cependant je vous avoue que la perspective de passer la nuit seul dans cette forêt ne me souriait que médiocrement, et que, si vous n'étiez pas arrivé avant le coucher du soleil, je serais parti.

— Vous auriez eu tort, don Miguel ; ce que j'ai à vous apprendre est pour vous de la dernière importance ; qui sait ce qui en serait résulté si je n'avais pu vous avertir.

— Vous m'inquiétez, mon ami.

— Je vais m'expliquer ; d'abord laissez-moi vous dire que vous avez, il y a quelques jours, commis une grave imprudence, dont les suites menacent d'être on ne peut plus sérieuses pour vous.

— Quelle est cette imprudence ?

— Je dis une, c'est deux que j'aurais dû dire.

— J'attends pour vous répondre, fit don Miguel avec un léger mouvement d'impatience, que vous vous décidiez à parler clairement.

— Vous vous êtes pris de querelle avec un bandit nord-américain ?

— Le Cèdre-Rouge.

— Oui, et lorsque vous le teniez entre vos mains, vous l'avez laissé échapper au lieu de le tuer raide.

— C'est vrai, j'ai eu tort ; que voulez-vous, ce drôle a la vie dure comme un alligator, mais, soyez tranquille, si jamais il retombe sous sa main, je vous jure que je ne le manquerai pas.

— En attendant vous l'avez manqué, voilà le mal.

— Comment cela ?

— Vous allez me comprendre. Cet homme est un de ces mauvais drôles, l'écume des États de l'Union américaine, comme il n'en existe que trop sur ces frontières depuis quelques années ; je ne sais comment il est parvenu à tromper votre agent à New-York, mais il a su si bien capter sa confiance, que celui-ci lui a raconté tout ce qu'il savait du secret de votre entreprise.

— Il me l'a dit lui-même.

— Fort bien. C'est alors, n'est-ce pas, que vous l'avez poignardé?

— Oui, je lui ai en même temps arraché les griffes, c'est-à-dire que je me suis emparé des lettres qu'il possédait et qui pouvaient me compromettre.

— Erreur! cet homme est un trop profond scélérat pour ne pas prévoir toutes les chances d'une trahison; il y avait une dernière lettre, la plus importante, la plus compromettante de toutes; celle-là vous ne l'avez pas prise.

— Je me suis emparé de trois.

— Oui, mais il en avait quatre; seulement, comme la dernière valait plus à elle seule que toutes les autres ensemble, il la portait toujours sur lui dans un sachet en cuir pendu à son cou par une chaînette d'acier; cette lettre, vous n'avez pas songé à la chercher sur sa poitrine.

— Mais quelle importance a donc cette lettre que je ne me rappelle pas avoir écrite, pour que vous appuyiez autant sur ce sujet?

— Cette lettre est tout simplement le traité passé entre vous, le général Ibañez et M. Wood, et portant vos trois signatures.

— *Con mil demonios!* s'écria l'hacendero terrifié, je suis perdu alors, car si cet homme possède réellement cette pièce, il ne manquera pas d'en faire usage pour se venger de moi.

— Rien n'est perdu tant que le cœur bat dans la poitrine, don Miguel; la position est critique, j'en conviens, mais je me suis tiré de situations autrement désespérées que celle dans laquelle vous êtes.

— Que faire?

— Cèdre-Rouge est debout depuis deux jours. Son premier soin, aussitôt qu'il a pu se tenir à cheval, a été de se rendre à Santa-Fé, la capitale du Nouveau-Mexique, et de vous dénoncer au gouverneur. Cette conduite n'a rien qui doive vous étonner de la part de notre homme.

— Je n'ai plus qu'à fuir au plus vite!

— Attendez. Tout homme possède en germe au fond du cœur, comme appât pour le démon, au moins un des sept péchés capitaux.

— Où voulez-vous en venir?

— Vous allez voir. Heureusement pour nous, le Cèdre-Rouge les possède, je crois, tous les sept, on ne peut plus développés, l'avarice surtout est portée chez lui à un degré immense.

— Alors?

— Alors il est arrivé ceci: notre homme vous a dénoncé au gouvernement comme conspirateur, etc., mais il s'est bien gardé, de prime abord, de se dessaisir des preuves qu'il possédait à l'appui de sa dénonciation; lorsque le général Ituritz, le gouverneur, lui a demandé cette preuve, Cèdre-Rouge a répondu qu'il était prêt à la donner, mais contre une somme de cent mille piastres en or.

— Ah! fit l'hacendero en respirant; et qu'a dit Ituritz?

— Le général est un de vos ennemis les plus intimes, ceci est vrai; il donnerait beaucoup pour avoir le plaisir de vous faire fusiller.

— En effet.

— Oui, mais cependant la somme lui a paru ce qu'elle est réellement, exorbitante, d'autant plus qu'il serait obligé de la sortir tout entière de sa caisse, car le gouvernement ne reconnaît pas de semblables transactions.

— Et alors, qu'est-ce que le Cèdre-Rouge a fait?

— Il ne s'est pas tenu pour battu; au contraire, il a dit au général qu'il lui donnait huit jours pour réfléchir, et il est tranquillement sorti du cabildo.

— Hum ! Et quel jour cette visite a-t-elle été faite par lui au général Ituritz ?

— Hier matin, ce qui fait que vous avez encore devant vous six jours pour agir.

— Six jours, c'est bien peu.

— Eh ! fit le Français avec un mouvement d'épaules d'une expression impossible à rendre, dans mon pays...

— Oui, mais vous êtes Français, vous autres !

— C'est vrai; aussi avez-vous le double du temps que celui qui nous est nécessaire ! Voyons, trêve de raillerie : vous êtes un homme d'une énergie peu commune; vous voulez réellement le bien de votre pays : ne vous laissez pas abattre par le premier revers. Qui sait ? peut-être tout est-il pour le mieux !

— Eh ! mon ami, je suis seul. Le général Ibañez, celui qui pourrait me seconder dans ce moment critique, est à cinquante lieues d'ici; que puis-je faire ? Rien.

— Tout. J'ai prévu votre objection. La Plume-d'Aigle, le sachem des Coras, est allé, de ma part, trouver Ibañez; vous savez avec quelle célérité marchent les Indiens; dans quelques heures il nous amènera le général, j'en suis convaincu.

Don Miguel regarda le chasseur avec un mélange d'admiration et de respect.

— Vous avez fait cela, mon ami? lui dit-il en lui prenant chaleureusement la main.

— Pardieu ! répondit gaiement Valentin, j'ai bien fait autre chose encore; quand l'heure sera venue, je vous le dirai. Mais ne perdons pas de temps ; que comptez-vous faire actuellement?

— Agir.

— Bien, voilà comme j'aime à vous entendre parler.

— Oui, mais il faut d'abord que je puisse m'entendre avec le général.

— C'est juste; ceci est la moindre des choses, répondit Valentin en levant les yeux au ciel et consultant attentivement la position des étoiles; il est huit heures, la Plume-d'Aigle et celui qu'il amène doivent, à minuit, se trouver à l'entrée du *cañon del Buitre :* nous avons quatre heures devant nous, c'est plus qu'il ne nous en faut, puisque nous n'avons qu'une dizaine de lieues à franchir.

— Partons! partons! s'écria vivement don Miguel.

— Un instant, rien ne nous presse encore; soyez tranquille, nous arriverons à temps.

Il se tourna alors vers Curumilla et lui dit en langue araucana quelques mots que l'hacendero ne comprit pas.

L'Indien se leva sans répondre et disparut dans l'épaisseur de la forêt.

— Vous savez, reprit Valentin, que j'ai l'habitude, par goût, de voyager toujours à pied; cependant comme, dans les circonstances présentes, les minutes sont précieuses et que nous ne devons pas les perdre, je me suis muni de deux chevaux.

— Vous pensez à tout, mon ami.

— Oui, quand il s'agit de ceux que j'aime, répondit Valentin avec un sourire rétrospectif.

Il y eut un moment de silence entre les deux hommes.

Au bout d'un quart d'heure à peine, il se fit un bruit dans les broussailles, les branches s'écartèrent et Curumilla rentra dans la clairière.

Il tenait deux chevaux en bride.

Ces nobles bêtes, qui étaient des *mustangs* presque indomptés, ressemblaient à s'y méprendre aux chevaux des Apaches dont ils foulaient le territoire; ils étaient littéralement couverts de plumes d'aigle, de perles fausses et de rubans; de longues taches rouges et blanches, plaquées à la façon persane et chinoise, complétaient leur déguisement en achevant de les rendre méconnaissables.

— En selle! s'écria don Miguel dès qu'il les aperçut; l'heure se passe.

— Un mot encore, répondit Valentin.

— Dites.

— Vous avez toujours pour chapelain un certain moine nommé Fray Ambrosio, n'est-ce pas?

« Prenez garde à cet homme; il vous trahit.

— Vous croyez?

— J'en suis sûr.

— Bon! Je m'en souviendrai.

— Fort bien. Maintenant en route! fit Valentin en enfonçant les éperons dans le ventre de son cheval.

Et les trois cavaliers s'élancèrent dans la nuit avec une rapidité vertigineuse.

XII

EL MESON

Le jour où commence ce récit, le village du Paso del Norte présentait un aspect extraordinaire.

Les cloches sonnaient à toute volée : on fêtait l'anniversaire de sa fondation, trois fois séculaire.

La population del Paso, bien diminuée depuis la proclamation de l'indépendance du Mexique, se pressait dans les églises étincelantes d'or et d'argent.

Les maisons étaient parées de riches tentures, les rues jonchées de fleurs.

Vers le soir, les habitants, que la chaleur insupportable d'un soleil tropical avait, pendant une grande partie de la journée, tenus prisonniers dans l'intérieur des maisons, sortirent pour respirer les âcres parfums de la brise du désert, et faire rentrer dans les poumons altérés un peu d'air frais.

La *poblacion*, qui pendant plusieurs heures avait semblé déserte, se réveilla tout à coup; les cris et les rires se firent de nouveau entendre; les promenades furent envahies par la foule, et en quelques minutes les *mesons* se peuplèrent d'oisifs, qui commencèrent à boire du mezcal et du *pulque* en fumant leur *papelito* et en raclant le *jarabe* et la *vihuela*.

Dans une maison de peu d'apparence, bâtie comme toutes ses compagnes en *adobes*, recrépie et située à l'angle de la *plaza Mayor* et de la *calle de la Merced*, vingt ou vingt-cinq individus, qu'à la plume de leur chapeau, à leur moustache fièrement relevée en croc, et surtout à la longue épée en garde de fer bruni qu'ils portaient sur la hanche, il était facile de reconnaître pour des chercheurs d'aventures, buvaient des torrents d'aguardiente et de pulque en jouant aux cartes, tout en criant comme des sourds et se disputant à qui mieux mieux, en jurant comme des païens et en menaçant à chaque seconde de dégaîner leur rapière.

Dans un coin de la salle occupée par ces compagnons incommodes, deux hommes, assis en face l'un de l'autre à une table, semblaient plongés dans de profondes réflexions et laissaient errer autour d'eux des regards distraits, sans songer à boire le contenu de deux gobelets qui, depuis plus d'une demi-heure, n'avaient pas été vidés.

Ces deux hommes formaient entre eux le plus complet contraste.

Ils étaient jeunes encore.

Le premier, âgé de vingt-cinq ans au plus, avait une de ces physionomies franches, loyales, énergiques, qui appellent la sympathie et attirent le respect.

Son front pâle, son visage d'une blancheur mate, encadré par les épaisses boucles de ses longs cheveux noirs, ses yeux à fleur de tête, couronnés de sourcils bien arqués, son nez aux lignes pures et aux ailes mobiles, sa bouche un peu grande, garnie d'une double rangée de dents d'une blancheur éblouissante, et surmontée d'une fine moustache brune, lui donnaient un cachet de distinction qui ressortait encore davantage à cause de la coupe sévère et peut-être un peu vulgaire des vêtements qui le couvraient.

Il portait le costume des coureurs des bois, c'est-à-dire le *mitasse* canadien, serré aux hanches en descendant jusqu'à la cheville; des bottes vaqueras en peau de daim, attachées au genou, et un zarape rayé de couleurs éclatantes.

Un chapeau de paille de Panama était jeté sur la table, à portée de sa main, auprès d'un rifle américain et de deux pistolets doubles, un machete pendait à son côté gauche, et le manche d'un long couteau sortait de sa botte droite.

Son compagnon était petit, trapu; mais ses membres bien attachés et ses muscles saillants dénotaient une force peu commune; son visage, dont les traits étaient assez vulgaires, avait une expression railleuse et goguenarde qui disparaissait subitement pour faire place à une certaine noblesse lorsque, sous l'impression d'une émotion forte, ses sourcils se fronçaient, et son regard, ordinairement voilé, rayonnait tout à coup.

Il portait à peu près le même costume que son compagnon; seulement le chapeau, sali par la pluie, et les couleurs du zarape mangées par le soleil, témoignaient d'un long usage.

Ainsi que le premier personnage que nous avons décrit, il était bien armé.

On reconnaissait facilement, au premier coup d'œil, que ces deux hommes n'appartenaient pas à la race hispano-américaine.

Du reste, leur conversation aurait levé immédiatement tous les doutes à cet égard : ils parlaient entre eux le français usité au Canada.

— Hum! fit le premier en prenant son gobelet qu'il porta nonchalamment à ses lèvres, tout bien réfléchi, Harry, je crois que nous ferons mieux de remonter à cheval et de repartir que de rester plus longtemps dans ce bouge infect, au milieu de ces *gachupines* qui coassent comme des grenouilles avant l'orage.

— Le diable emporte votre impatience! répondit le second d'un ton de mauvaise humeur, ne pouvez-vous un instant rester en repos?

— Vous appelez cela un instant, Harry! voilà au moins une heure que nous sommes ici.

— Pardieu! je vous trouve charmant, Dick, reprit l'autre en riant; pensez-vous que les affaires se font ainsi au pied levé?

— En résumé, de quoi s'agit-il? car je veux que le diable me torde le cou ou qu'un ours gris me serre la gorge si je m'en doute le moins du monde. Depuis cinq ans nous chassons et nous dormons côte à côte; nous sommes venus ensemble du Canada jusqu'ici; j'ai pris, je ne sais trop pourquoi ni comment, l'habitude de m'en rapporter à vous pour tout ce qui regarde nos intérêts communs. Je ne serais pourtant pas fâché, ne serait-ce que pour la rareté du fait, de savoir pourquoi diable nous avons quitté les prairies où nous étions si bien pour venir ici où nous sommes si mal.

— Vous êtes-vous repenti, jusqu'à ce jour, de la confiance que vous avez mise en moi?

— Je ne dis pas cela, Harry, Dieu m'en garde! Cependant, il me semble...

— Il vous semble mal, interrompit vivement le jeune homme; laissez-moi faire, et avant trois mois vous aurez deux ou trois fois plein votre chapeau d'or massif, ou je ne suis qu'un sot.

A cette éblouissante promesse, les yeux de Dick, le plus petit des deux chasseurs, brillèrent comme deux étoiles; il regarda son compagnon avec une espèce d'admiration.

— Oh! oh! dit-il à demi-voix, retourne-t-il donc *placer*?

— Pardieu! fit l'autre en haussant les épaules, serions-nous ici sans cela? Mais chut! voici notre homme.

Effectivement, en ce moment un homme entra.

A son aspect, il se fit un silence subit dans le meson; les aventuriers, qui jouaient et juraient à toutes les tables, se levèrent comme poussés par un ressort, ôtèrent respectueusement leurs feutres emplumés et se rangèrent, les yeux baissés, sur son passage.

Cet homme resta un instant immobile sur le seuil de la *venta*, promena un regard profond sur l'assemblée et se dirigea vers les deux chasseurs dont nous avons parlé.

Cet homme portait la robe de moine.

Il avait le visage ascétique, aux traits durs, aux lignes tranchées, qui forme pour ainsi dire le type du moine espagnol, et dont le Titien a si bien saisi l'expression dans ses toiles.

Il passa au milieu des aventuriers, en leur présentant à droite et à gauche ses larges manches qu'ils baisaient en s'inclinant.

Arrivé auprès des deux chasseurs, il se retourna.

— Continuez vos jeux, mes fils, dit-il à l'assistance. Que ma présence ne trouble pas vos ébats; je veux seulement m'entretenir quelques instants avec ces deux cavaliers.

Les aventuriers ne se firent pas répéter l'invitation, ils reprirent tumultueusement leurs places, et bientôt le bruit et les jurons eurent recommencé avec la même intensité qu'auparavant.

Le moine sourit, prit une *butaque* et s'assit entre les deux chasseurs en leur jetant un regard investigateur.

Ceux-ci avaient suivi d'un œil railleur toutes les péripéties de cette scène; ils laissèrent, sans faire un mouvement, le moine prendre place auprès d'eux.

Dès qu'il se fut assis, Harry lui versa un grand verre de pulque et plaça à sa portée des carrés de feuille de maïs et du tabac.

— Buvez et fumez, *señor padre*, lui dit-il.

Le moine, sans faire d'observation, tordit une cigarette, l'alluma, prit le verre de pulque, le vida d'un trait, puis appuyant les coudes sur la table et penchant la tête en avant:

— Vous êtes exacts, dit-il.

— Voici une heure que nous attendons, observa Dick d'un ton bourru.

— Qu'est-ce qu'une heure en face de l'éternité? dit le moine avec un sourire.

— Ne perdons pas plus de temps, reprit Harry; que venez-vous nous proposer?

Le moine jeta un regard soupçonneux autour de lui, et baissant la voix:

— Je puis, si vous le voulez, vous faire riches en quelques jours.

— De quoi s'agit-il? fit Dick

— Mon Dieu, reprit le moine, cette fortune que je vous offre m'est bien indifférente à moi personnellement; si j'ai un désir ardent de me l'approprier, c'est que d'abord elle n'appartient à personne et qu'elle me permettra de soulager la misère des milliers d'individus dont le Tout-Puissant m'a confié le sort.

— C'est entendu, señor padre, répondit sérieusement Harry, ne nous appesantissons pas davantage sur ce détail; d'après ce que vous m'avez dit, il y a quelques jours, vous avez découvert un riche *placer*.

— Pas moi, fit vivement le moine.

LE CHERCHEUR DE PISTES

En entrant dans le bosquet, il s'inclina avec grâce devant doña Clara, et se tint ensuite immobile et muet.

— Peu importe, pourvu qu'il existe, répondit Dick.
— Pardonnez-moi, cela importe beaucoup : je ne veux pas assumer sur moi la responsabilité d'une telle découverte ; si, comme je le crois, on se met à sa recherche, elle peut entraîner la mort de plusieurs individus, et l'Église abhorre le sang.

— Très bien, vous voulez seulement en profiter.

— Pas pour moi.

— Pour vos paroissiens, fort bien ; mais tâchons d'en finir, si cela est possible, notre temps est trop précieux pour que nous nous amusions ainsi à le perdre en vains discours.

— *Valga me Dios!* s'écria le moine en se signant, comme vous avez conservé la fougue de votre origine française ! Ayez un peu de patience, je vais m'expliquer.

— C'est tout ce que nous désirons.

— Mais vous me promettez...

— Rien, interrompit Dick ; nous sommes de francs chasseurs, nous n'avons pas l'habitude de nous engager ainsi légèrement avant de savoir positivement ce qu'on exige de nous.

Harry appuya d'un mouvement de tête les paroles de son ami.

Le moine but un verre de pulque et aspira coup sur coup quelques bouffées de fumée.

— Votre volonté soit faite, dit-il ; vous êtes des hommes terribles. Voici ce dont il s'agit.

— Voyons.

— Un pauvre diable de gambusino, perdu je ne sais comment dans le grand désert, a découvert à une certaine distance, entre le rio Gila et le Colorado, dans une contrée bouleversée par les convulsions de la nature, le plus riche placer que l'imagination la plus folle puisse se figurer. D'après ce qu'il dit, l'or est éparpillé à fleur de terre, dans un réseau de deux ou trois milles, en pépites dont chacune peut faire la fortune d'un homme. Ce gambusino, ébloui par ces trésors, mais incapable seul de se les approprier, a déployé la plus grande énergie, bravé les plus grands périls pour regagner les régions civilisées. Ce n'est qu'à force d'audace et de témérité qu'il est parvenu à échapper aux innombrables ennemis qui l'épiaient, le traquaient de toutes parts ; enfin, Dieu a permis qu'il atteignît le Paso sain et sauf à travers mille dangers sans cesse renaissants.

— Fort bien, observa Dick, tout ceci peut à la rigueur être vrai ; mais pourquoi, au lieu de nous parler de ce placer que vous ne connaissez pas plus que nous, n'avez-vous pas amené ce gambusino ? Il nous aurait fourni les renseignements positifs qui nous sont indispensables, en supposant que nous consentions à vous aider dans la recherche de ce trésor.

— Hélas ! répondit le moine en baissant hypocritement les yeux, le malheureux ne devait pas profiter de cette découverte faite au prix de tant de périls. Deux jours à peine après son arrivée au Paso, il se prit de querelle avec un autre gambusino et reçut une navajada qui le conduisit quelques heures plus tard au tombeau.

— Eh mais, alors, observa Harry, comment avez-vous pu connaître tous ces détails, señor padre ?

— D'une façon bien simple, mon fils : c'est moi qui, à ses derniers moments, réconciliai ce pauvre misérable avec Dieu, et, ajouta-t-il avec un air de componction parfaitement joué, lorsqu'il comprit que sa fin était prochaine, que rien ne pouvait le sauver, il me confia, par reconnaissance pour les consolations que je lui prodiguais, ce que je viens de vous dire, me révéla le gisement du placer, et, pour plus de sûreté, il me remit une carte grossière qu'il avait tracée sur les lieux mêmes : vous voyez que nous pouvons aller presque à coup sûr.

— Oui, fit Harry d'un air pensif, mais pourquoi, au lieu ne vous adresser d'abord aux Mexicains, vos compatriotes, nous proposez-vous de vous aider dans cette entreprise?

— Parce que les Mexicains sont des hommes sur lesquels on ne peut pas compter, et qu'avant d'atteindre les placers nous aurons à combattre les Apaches et les Comanches, sur le territoire desquels ils se trouvent.

Après ces paroles il y eut un silence assez long entre les trois interlocuteurs.

Chacun réfléchissait profondément à ce qu'il venait d'entendre.

Le moine suivait d'un regard voilé l'impression produite sur les chasseurs par sa confidence, mais son espoir fut déçu ; leurs physionomies demeurèrent impassibles.

Enfin Dick reprit la parole d'un ton bourru, après avoir jeté à son compagnon un regard d'intelligence.

— Tout cela est fort bien, dit-il, mais il serait absurde de supposer que deux hommes, si braves qu'ils soient, puissent tenter une telle entreprise dans des régions inconnues, peuplées de tribus féroces; il faudrait être au moins cinquante hommes résolus et dévoués, sans cela rien n'est possible.

— Vous avez raison, aussi n'ai-je pas compté sur vous deux seulement ; vous aurez sous vos ordres des hommes déterminés, choisis par moi avec soin, et moi-même je vous accompagnerai.

— Malheureusement, si vous avez compté sur nous vous vous êtes trompé, señor padre, dit péremptoirement Harry ; nous sommes de loyaux chasseurs, mais le métier de gambusino ne nous convient nullement; quand il s'agirait pour nous d'une fortune incalculable, nous ne consentirions pas à faire partie d'une expédition de chercheurs d'or.

— Quand même le Cèdre-Rouge serait à la tête de cette expédition, consentirait à en rendre la direction? insinua le moine avec une voix pateline et un regard louche

Le chasseur tressaillit, une rougeur fébrile envahit son visage, et ce fut d'une voix étranglée par l'émotion qu'il s'écria :

— Lui en avez-vous donc parlé?

— Le voilà lui-même, interrogez-le, répondit le moine.

En effet, un homme entrait en ce moment dans le meson

Harry baissa la tête d'un air confus, Dick battit avec son poignard une marche sur la table, en sifflant entre ses dents.

Un sourire d'une expression indéfinissable errait sur les lèvres pâles du moine.

XIII

LE CÈDRE-ROUGE

Nous entrerons dans quelques détails indispensables pour faire connaître cet homme que déjà nous avons présenté au lecteur et qui est appelé à jouer un rôle important dans cette histoire.

Le Cèdre-Rouge avait une taille de plus de six pieds anglais ; sa tête énorme était attachée à ses épaules carrées par un cou court et musculeux comme celui d'un taureau ; ses membres osseux étaient garnis de muscles durs comme des cordes. Bref, toute sa personne était le spécimen de la force brutale portée à son apogée.

Un bonnet de peau de renard, enfoncé sur sa tête, laissait échapper une masse de cheveux rudes et grisonnants, et tombait sur ses petits yeux gris et ronds rapprochés de son nez recourbé comme le bec d'un oiseau de proie ; sa bouche large était garnie de dents blanches et aiguës ; il avait les pommettes saillantes et violacées, le bas de son visage disparaissait sous une épaisse barbe noire mêlée de poils gris, touffue et emmêlée. Il portait une blouse de calicot rayé, serrée aux hanches par une courroie de cuir brun, dans laquelle étaient passés deux pistolets, une hache et un long couteau ; une paire de *leggins* en cuir fauve cousus de distance en distance avec des cheveux lui tombait jusqu'aux genoux ; ses jambes étaient garanties par des mocksens indiens garnis d'une profusion de perles fausses et de grelots. Une gibecière en peau de daim, qui paraissait pleine, tombait sur sa hanche droite.

Il tenait à la main un rifle américain garni de clous de cuivre.

Nul ne savait qui était le Cèdre-Rouge ni d'où il venait.

Deux ans à peu près avant l'époque où commence ce récit, il avait tout à coup fait son apparition dans le pays, en compagnie d'une femme d'un certain âge, espèce de mégère aux formes masculines, d'un aspect repoussant, d'une jeune fille de dix-sept ans et de trois vigoureux garçons qui lui ressemblaient trop pour ne pas lui appartenir de très près, et dont l'âge variait de dix-neuf à vingt-quatre ans.

Le Cèdre-Rouge paraissait avoir cinquante-cinq ans au plus ; le nom sous lequel il était connu lui avait été donné par les Indiens dont il s'était déclaré l'ennemi implacable, et dont il se vantait d'avoir tué plus de deux cents.

La vieille femme se nommait Betsi, la jeune fille, Ellen ; l'aîné des garçons, Nathan, le second Sutter, et le dernier Schaw.

Cette famille avait construit une hutte dans la forêt à quelques milles del Paso, et vivait seule au désert sans avoir établi de rapports soit avec les habitants du village, soit avec les trappeurs et les coureurs des bois ses voisins.

Les allures mystérieuses de ces gens inconnus avaient donné prise à bien des commentaires, mais tous étaient restés sans réponse et sans solution, et après deux ans ils étaient aussi inconnus que le premier jour de leur arrivée.

Cependant de lugubres et tristes histoires circulaient sourdement sur leur compte; ils inspiraient une haine instinctive et une terreur involontaire aux Mexicains; l'on se disait à voix basse que le vieux Cèdre-Rouge et ses trois fils n'étaient rien moins que des *chasseurs de chevelures*, c'est-à-dire, dans l'estime publique, des gens placés au-dessous des pirates des prairies, cette race d'oiseaux de proie immonde que chacun redoute et méprise.

L'entrée du Cèdre-Rouge fut significative pour lui; les hommes, peu scrupuleux cependant, qui peuplaient la venta, s'écartèrent brusquement à son approche et lui livrèrent passage avec un empressement mêlé de dégoût.

Le vieux partisan traversa la salle, la tête haute, un sourire de mépris hautain plissa ses lèvres minces à la vue de l'effet que produisait sa présence, et il s'approcha du moine et de ses deux compagnons. Arrivé près d'eux, il posa lourdement la crosse de son rifle sur le sol, appuya les deux mains croisées sur le canon, et, après avoir jeté un regard louche à ceux en face desquels il se trouvait :

— Que le diable vous emporte, señor padre! dit-il brusquement au moine d'une voix rauque; me voici, que me voulez-vous?

Loin de se fâcher à cette interpellation brutale, celui-ci sourit au colosse et lui tendit la main en lui répondant gracieusement :

— Soyez le bienvenu, Cèdre-Rouge, nous vous attendions avec impatience; asseyez-vous ici à côté de moi sur cette butaque, tout en buvant un verre de pulque, nous causerons.

— Le diable vous torde le cou et que votre pulque maudit vous étrangle! Me prenez-vous pour un chétif avorton de votre espèce? répondit l'autre en se laissant tomber sur le siège qui lui était offert. Faites-moi servir de l'eau-de-vie, et de la plus forte; je ne suis pas un enfant, je suppose.

Sans faire la moindre observation, le moine se leva, alla parler à l'hôte et revint avec une bouteille de liqueur dont il versa une large rasade au vieux chasseur.

Celui-ci vida son verre d'un trait, le replaça sur la table en faisant entendre un hum! sonore, et se tourna vers le moine en grimaçant un sourire.

— Allons, vous n'êtes pas aussi diable que vous êtes noir, señor padre, dit-il en passant sa manche sur sa bouche pour essuyer sa moustache, je vois que nous pourrons nous entendre.

— Il ne tiendra qu'à vous, Cèdre-Rouge, voici deux braves chasseurs canadiens qui ne veulent rien faire sans votre concours.

L'Hercule jeta un regard louche aux jeunes gens.

— Eh! fit-il, qu'avez-vous besoin de ces enfants? ne vous ai-je pas promis d'arriver seul avec mes fils au placer?

— Eh! eh! vous êtes vigoureusement taillés, c'est vrai, vous et vos enfants, mais je doute que quatre hommes, fussent-ils encore plus forts que vous ne l'êtes, puissent mener cette affaire à bonne fin; vous aurez de nombreux ennemis à combattre sur votre route.

— Tant mieux! plus ils seront, plus nous en tuerons, dit-il avec un rire sinistre.

— Señor padre, interrompit Dick, pour ma part je m'en soucie médiocrement. Mais il se tut tout à coup à un regard que lui lança son compagnon.

— De quoi vous souciez-vous médiocrement, mon joli garçon? demanda le géant d'un ton goguenard.

— De rien, répondit sèchement le jeune homme; mettez que je n'ai rien dit.

— Bon! fit Cèdre-Rouge, ce sera comme vous voudrez; à votre santé!

Et il fit passer dans son verre le restant du contenu de la bouteille.

— Voyons, dit Harry, peu de paroles, expliquez-vous une fois pour toutes, sans plus de circonlocutions, señor padre.

— Oui, observa Cèdre-Rouge, des hommes ne doivent pas perdre ainsi leur temps à bavarder.

— Fort bien; voici donc ce que je propose : Cèdre-Rouge réunira d'ici à trois jours trente hommes résolus, dont il aura le commandement, et nous nous mettrons immédiatement en marche pour aller à la recherche du placer; cela vous convient-il ainsi?

— Hum! fit Cèdre-Rouge, pour aller à la recherche de ce placer, encore faut-il au moins savoir à peu près dans quelle direction il se trouve, ou que le diable m'étrangle si je me charge de cette besogne.

— Ne vous inquiétez de rien, Cèdre-Rouge, je vous accompagnerai; n'ai-je pas un plan des lieux?

Le colosse lança au moine un regard qui étincela sous sa prunelle fauve, mais il se hâta d'en modérer l'éclat en baissant les yeux.

— C'est vrai, dit-il avec une feinte indifférence, j'avais oublié que vous veniez avec nous; ainsi, pendant votre absence, vous abandonnerez vos paroissiens?

— Dieu veillera sur eux.

— Eh! il aura fort à faire; enfin cela ne me regarde pas, tout est bien convenu ainsi; mais pourquoi m'avez-vous obligé à me rendre dans ce meson?

— Afin de vous faire faire connaissance avec ces deux chasseurs qui doivent voyager avec nous.

— Permettez, observa Dick, je ne vois pas trop à quoi je puis vous être bon dans tout cela; mon concours et celui de mon compagnon ne me semblent pas vous être indispensables.

— Pardon! répondit vivement le moine, je compte entièrement sur vous.

Le colosse s'était levé.

— Comment! dit-il en posant rudement sa large main sur l'épaule de Dick, vous ne comprenez pas que cet honorable personnage, qui n'a pas hésité à assassiner un homme pour lui voler le secret de son placer, a une peur effroyable de se trouver seul avec moi dans la prairie? Il redoute que moi je le tue à mon tour pour lui ravir ce secret dont il s'est rendu maître par un crime! Ah! ah! ah!

Et il tourna le dos sans cérémonie.

— Pouvez-vous supposer de telles choses, Cèdre-Rouge! s'écria le moine.

— Pensez-vous que je ne vous ai pas deviné? répondit celui-ci; mais cela m'est égal, faites ce que vous voudrez, je vous laisse libre d'agir à votre guise.

— Comment, vous partez déjà !

— Pardieu ! Qu'ai-je à faire plus longtemps ici? Tout est convenu entre nous : dans trois jours, trente des meilleurs compagnons de la frontière seront réunis par mes soins à la crique de l'Ours-Gris, où nous vous attendrons.

Après avoir une dernière fois haussé les épaules, il s'en alla sans saluer et sans tourner la tête.

— Il faut avouer, observa Dick, que cet homme a une véritable face de coquin. Quel hideux personnage!

— Oh ! répondit le moine avec un soupir, l'extérieur n'est rien, c'est l'intérieur qu'il faut connaître.

— Pourquoi, alors, puisque vous savez cela, traitez-vous avec lui?

Le moine rougit légèrement.

— Parce qu'il le faut ! murmura-t-il.

— Très bien pour vous, reprit Dick; mais comme rien ne nous oblige, mon ami et moi, à avoir de plus intimes rapports avec cet homme, vous trouverez bon, señor padre...

— Taisez-vous, Dick! s'écria Harry avec colère, vous ne savez ce que vous dites. Nous vous accompagnerons, señor padre; vous pouvez compter sur nous pour vous défendre au besoin, car je suppose que Cèdre-Rouge a raison.

— De quelle façon?

— Oui, vous ne voulez pas remettre sans défense votre vie entre ses mains, et vous avez compté sur nous pour vous protéger. N'est-ce pas cela?

— Pourquoi feindrais-je plus longtemps? Oui, cet homme me fait peur, je ne veux pas me livrer à sa merci.

— Tranquillisez-vous, nous serons là, et, sur notre foi de chasseurs, il ne tombera pas un cheveu de votre tête.

Une vive satisfaction parut sur le visage pâle du moine à cette promesse généreuse.

— Merci, dit-il avec chaleur.

La conduite d'Harry semblait si extraordinaire à Dick, qui connaissait les sentiments élevés et la loyauté innée de son compagnon, que, sans chercher à comprendre le mobile qui, dans cette circonstance, le poussait à agir ainsi, il se contenta d'appuyer ses paroles par un signe affirmatif de la tête.

— Soyez persuadés, caballeros, que lorsque nous serons arrivés au placer, je vous ferai large part et que vous ne vous repentirez pas d'être venus avec nous.

— La question d'argent est pour nous de mince intérêt, répondit Harry; mon ami et moi nous sommes de francs chasseurs qui nous soucions fort peu de ces richesses, qui seraient pour nous plutôt un embarras qu'une source de plaisirs et de jouissances; la curiosité seule, le désir d'explorer ces contrées inconnues, suffisent pour nous faire entreprendre ce voyage.

— Quelle que soit la raison qui vous fait accepter mes propositions, je ne vous en suis pas moins obligé.

— Maintenant, vous nous permettrez de prendre congé de vous, nous nous tiendrons à votre diposition.

— Allez, messieurs, je ne vous retiendrai pas davantage ; je sais où vous trouver quand j'aurai besoin de vous.

Les jeunes gens prirent leurs chapeaux, jetèrent leurs rifles sur leurs épaules et sortirent du meson.

Le moine les suivit des yeux.

— Oh! murmura-t-il, je crois que je puis me fier à ceux-là, ils ont encore dans les veines quelques gouttes de ce loyal sang français qui méprise la trahison. C'est égal, ajouta-t-il comme par réflexion, je prendrai mes sûretés.

Après cet aparté, il se leva et regarda autour de lui.

La salle était pleine d'aventuriers qui buvaient ou jouaient au *monte* et dont les énergiques figures tranchaient dans la demi-obscurité de la salle, à peine éclairée par une lampe fumeuse.

Après un instant de réflexion, le moine frappa résolument sur la table avec son poing fermé, en criant d'une voix haute et accentuée :

— Señores caballeros, veuillez m'écouter, je vous prie ; j'ai, je le crois, une proposition avantageuse à vous faire.

Les assistants tournèrent la tête, ceux qui jouaient abandonnèrent pour un moment leurs cartes et leurs dés ; seuls les buveurs conservèrent en main les verres qu'ils tenaient, mais tous s'approchèrent du moine, autour duquel ils se groupèrent avec curiosité.

— Caballeros, continua-t-il, si je ne me trompe, vous êtes tous ici des gentilshommes que la fortune a plus ou moins maltraités.

Les aventuriers, par un mouvement automatique d'une régularité inouïe, baissèrent tous affirmativement la tête à la fois.

— Si vous le voulez, reprit-il avec un sourire imperceptible, je me charge de réparer les torts qu'elle a eus à votre égard.

Les aventuriers dressèrent les oreilles.

— Parlez ! parlez, señor padre ! s'écrièrent-ils avec joie.

— De quoi s'agit-il ? demanda un homme à la mine patibulaire, qui se trouvait au premier rang.

— D'une partie de guerre que je veux tenter sous peu de jours en Apacheria, dit le moine, et pour laquelle j'ai besoin de vous.

A cette proposition, l'ardeur première des assistants se refroidit visiblement ; les Comanches et les Apaches inspirent une profonde terreur aux habitants des frontières mexicaines.

Le moine devina l'effet qu'il avait produit, mais il reprit, sans laisser voir qu'il s'en était aperçu :

— Je vous prends tous à mon service pendant un mois, dit-il, à raison de quatre piastres par jour.

A cette offre magnifique, les yeux des aventuriers brillèrent de convoitise ; la peur fit place à l'avarice et ils s'écrièrent avec joie :

— Nous acceptons, révérend père !

LE CHERCHEUR DE PISTES

Les trois cavaliers s'élancèrent dans la nuit avec une rapidité vertigineuse.

— Mais, reprit l'homme qui déjà avait parlé, nous serions heureux, señor padre, que, avant de nous mettre en route, vous nous donniez votre sainte bénédiction et vous nous absolviez des quelques péchés véniels que nous avons pu commettre.

— Oui, hurla l'assistance, nous serions heureux si vous consentiez à cela, révérend père.

Le moine parut réfléchir.

Les aventuriers attendirent avec anxiété.

— Eh bien, soit! répondit-il après un moment ; comme l'œuvre à laquelle je vous emploierai ne peut être que méritoire aux yeux de Dieu, je vous donnerai ma bénédiction et je vous accorderai l'absolution de vos péchés.

Pendant quelques instants ce fut dans la salle un concert épouvantable de cris et de trépignements de joie.

Le moine réclama le silence. Dès qu'il fut rétabli :

— Maintenant, dit-il, caballeros, donnez-moi chacun vos noms, afin que je puisse vous trouver dès que j'aurai besoin de vous.

Alors il s'assit et commença l'enrôlement des aventuriers qui devaient composer, avec les hommes que lui fournirait le Cèdre-Rouge, la troupe qu'il comptait mener avec lui à la recherche du placer.

Nous abandonnerons pour quelques instants le digne moine dans la salle du meson del Paso pour suivre les deux Canadiens.

XIV

LES DEUX CHASSEURS

Harry et Dick, les deux chasseurs canadiens que nous avons vus, dans le meson du Paso, attablés avec Fray Ambrosio et le Cèdre-Rouge, étaient cependant fort loin de ressembler, au moral, à ces derniers personnages.

C'étaient de francs et hardis chasseurs, dont la plus grande partie de l'existence s'était passée au désert, et qui, dans les vastes solitudes des prairies, s'étaient habitués à une vie pure et exempte des vices que donne la fréquentation des villes.

Pour eux, l'or n'était qu'un moyen de se procurer les objets nécessaires à leur métier de chasseurs et de trappeurs, sans jamais s'imaginer que la possession d'une grande quantité de ce métal jaune, qu'ils méprisaient, pût les mettre à même de se donner des jouissances autres que celles pleines de voluptés qu'ils éprouvaient pendant leurs longues courses à la poursuite des bêtes fauves, courses pleines de péripéties étranges et de joies saisissantes.

Aussi Dick avait-il été surpris au dernier point, lorsqu'il avait vu son ami accepter avec empressement la proposition du moine, de s'engager pour aller à la recherche d'un *placer* : mais, ce qui l'avait plus étonné encore, c'était l'insistance de Harry à ne vouloir partir que si le Cèdre dirigeait l'expédition.

Bien que nul ne pût positivement accuser le squatter, grâce aux précautions dont il savait s'entourer, de mener une vie de rapine et de meurtre, cependant les allures mystérieuses qu'il affectait, la solitude dans laquelle il vivait avec sa famille, avaient jeté sur lui un reflet de réprobation.

Chacun le tenait pour un chasseur de chevelures, et pourtant nul n'aurait osé affirmer aucun des faits honteux dont il était accusé.

Il était résulté de cette réprobation générale qui frappait le squatter, réprobation méritée, nous le savons du reste, que parmi les chasseurs et les trappeurs de la frontière, lui et sa famille étaient mis à l'index, et que chacun fuyait non seulement leur société, mais encore tout contact avec eux.

Dick connaissait à fond le caractère droit, la noblesse de cœur de son ami ; sa conduite en cette circonstance lui parut donc complètement incompréhensible, et il résolut d'avoir avec lui une explication.

A peine furent-ils hors du meson, où Fray Ambrosio embauchait des hommes de bonne volonté pour l'aider dans son entreprise hasardeuse, que Dick se pencha à l'oreille de son ami et lui dit en le couvrant d'un regard interrogateur :

— Voici cinq ans que nous chassons ensemble, Harry, que nous dormons côte à côte dans le désert; jusqu'à présent je me suis toujours laissé conduire par vous, vous laissant libre d'agir à votre guise dans l'intérêt commun ; cependant ce soir, votre conduite m'a semblé tellement extraordinaire que je suis obligé, au nom de votre amitié qui, jusqu'à ce jour, ne s'est jamais démentie, de vous demander l'explication de ce qui s'est passé devant moi.

— A quoi bon, mon ami ? ne me connaissez-vous pas assez pour être certain que jamais je ne consentirai à faire une action qui ne sera pas loyale.

— Jusqu'à ce soir je l'aurais juré, Harry, oui, sur mon honneur, je l'aurais juré...

— Et à présent ? demanda le jeune homme en s'arrêtant et regardant son ami en face.

— A présent, répondit Dick avec une certaine hésitation, dame, je serai franc avec vous, Harry, comme un brave chasseur doit toujours l'être, à présent je ne sais pas si je le ferais, non, véritablement je ne le sais pas.

— Ce que vous me dites là me fait beaucoup de peine, Dick ; vous m'obligez, pour dissiper vos injustes soupçons, à vous confier un secret qui n'est pas à moi, et dont, pour rien au monde, je n'aurais voulu vous faire la confidence.

— Pardonnez-moi, Harry, mais à ma place, j'en suis convaincu, vous agiriez ainsi que je le fais ; nous sommes fort loin de notre pays, que nous ne reverrons peut-être jamais, nous sommes solidaires l'un de l'autre, nos actions doivent être exemptes de toute double interprétation.

— Je ferai ce que vous exigez, Dick, quoi qu'il m'en coûte ; je reconnais la justesse de votre observation ; je comprends combien ma conduite de ce soir a dû vous choquer, vous paraître ambiguë ; je ne veux pas que notre amitié reçoive la moindre atteinte, que le plus petit nuage s'élève entre nous ; vous serez satisfait.

— Je vous remercie, Harry, ce que vous me dites m'ôte un grand poids de dessus la poitrine ; je vous avoue que j'aurais été désespéré de mal penser de vous, mais je vous avoue que les paroles de ce moine intrigant et les manières de son digne accolyte le Cèdre-Rouge, tout cela m'avait mis hors de moi ; si vous ne m'aviez pas si souvent averti de me taire, je crois, Dieu me pardonne, que j'aurais fini par dire leur fait à tous deux.

— Vous avez montré beaucoup de prudence en gardant le silence, soyez persuadé que je vous en ai une sincère obligation ; bientôt vous comprendrez tout, je suis convaincu que vous m'approuverez complètement.

— Je n'en doute pas, Harry, je n'en doute pas, et maintenant que je suis certain de m'être trompé, vous me voyez tout joyeux.

En causant ainsi, les deux chasseurs, qui marchaient de ce pas de gymnastique enlevé et rapide particulier aux hommes habitués à franchir de grandes distances à pied, étaient sortis du village et se trouvaient assez loin déjà dans la plaine.

La nuit était magnifique, le ciel d'un bleu profond, un nombre incalculable d'étoiles étincelantes semblaient nager dans l'éther. La lune répandait à profusion ses rayons argentés sur le paysage.

L'âcre parfum des fleurs embaumait l'atmosphère.

Les deux chasseurs marchaient toujours.

— Où allons-nous donc ainsi, Harry? demanda Dick ; il me semble que nous ferions mieux de prendre quelques heures de repos, au lieu de nous fatiguer sans raison et sans but.

— Je ne fais jamais rien sans raison, mon ami, vous le savez, répondit Harry ; laissez-vous donc guider par moi, bientôt nous arriverons.

— Faites comme vous l'entendez, mon ami, je ne dis plus rien.

— Maintenant, sachez que le chasseur français, que vous connaissez, Koutonepi, m'a prié, pour certaines raisons que j'ignore, de surveiller Fray Ambrosio ; voilà un des motifs qui m'ont fait assister à l'entrevue de ce soir, bien que je me soucie aussi peu d'un placer que d'une peau de rat musqué.

— Koutonepi est le premier chasseur de la frontière, souvent il nous a rendu service dans le désert : vous avez bien agi, Harry, en faisant ce qu'il vous avait demandé.

— Quant à la seconde raison qui m'a dicté ma conduite, bientôt vous la connaîtrez.

Moitié causant, moitié rêvant, les jeunes gens atteignirent la vallée du Bison, et ne tardèrent pas à s'engager dans la forêt qui servait de retraite au squatter et à sa famille.

— Où diable allons-nous? ne put s'empêcher de dire Dick.

— Silence, répondit l'autre, nous approchons.

Les ténèbres étaient profondes dans la forêt, l'épaisseur du dôme de feuillage sous lequel marchaient les deux chasseurs interceptait complètement la lumière des rayons lunaires ; cependant les Canadiens, habitués de longue date aux courses de nuit, s'avancèrent aussi facilement au milieu du chaos de lianes et d'arbres, enchevêtrés les uns dans les autres, que s'ils avaient été en plein jour.

Arrivés à un certain endroit où les arbres, un peu moins pressés, formaient une espèce de carrefour et laissaient passer une lueur incertaine et tremblotante, Harry s'arrêta en faisant signe à son compagnon de s'arrêter.

— C'est ici, dit-il ; seulement, comme la personne qui va venir m'attend seul, que votre présence imprévue pourrait l'effrayer, cachez-vous derrière ce mélèze; surtout ne venez pas avant que je vous appelle.

— Oh! oh! fit en riant le chasseur, m'auriez-vous par hasard amené à un rendez-vous d'amour, Harry ?

— Vous allez en juger, répondit laconiquement celui-ci, cachez-vous.

Dick, vivement intrigué, ne se fit pas répéter l'invitation, il s'effaça derrière l'arbre que son ami lui avait désigné, et qui, derrière son énorme tronc, aurait pu abriter dix hommes.

Dès que Harry fut seul, il porta les doigts à sa bouche à trois reprises différentes, il imita le cri du chat-huant avec une perfection telle que Dick lui-même y fut pris et leva machinalement la tête pour chercher l'oiseau dans les hautes branches de l'arbre auprès duquel il se trouvait.

Presque aussitôt, un léger bruit se fit entendre dans le buisson et une forme svelte et blanche apparut dans le carrefour.

C'était une femme.

Cette femme était Ellen.

Elle s'avança rapidement vers le jeune homme.

— Oh! c'est vous, Harry, dit-elle avec joie; Dieu soit béni! j'avais peur que vous ne vinssiez pas, il est tard.

— C'est vrai, Ellen, pardonnez-moi; j'ai fait toute la diligence possible cependant, ce n'est pas ma faute si je ne suis pas arrivé plus tôt.

— Que vous êtes bon, Harry, de vous donner autant de peines pour moi! comment pourrai-je jamais reconnaître les services continuels que vous me rendez?

— Oh! ne parlons pas de cela, c'est un bonheur pour moi de faire quelque chose qui vous soit agréable.

— Hélas! murmura la jeune fille, Dieu m'est témoin que j'ai une profonde amitié pour vous, Harry.

Le jeune homme soupira tout bas.

— J'ai fait ce que vous m'aviez demandé, dit-il assez brusquement.

— Ainsi, c'est vrai, mon père songe à quitter ce pays pour aller plus loin encore?

— Oui, Ellen, et dans des contrées affreuses, au milieu d'Indiens féroces.

La jeune fille fit un mouvement de terreur.

— Savez-vous pourquoi il veut partir? reprit-elle.

— Oui, il va à la recherche d'un placer d'or.

— Hélas! qui me protégera, qui me défendra désormais si nous nous en allons?

— Moi, Ellen, s'écria le chasseur avec feu; ne vous ai-je pas juré de vous suivre partout?

— C'est vrai, dit-elle tristement, mais à quoi bon risquer votre vie dans le lointain voyage que nous allons entreprendre? Non, Harry, restez ici, je ne puis consentir à votre départ. D'après ce que j'ai entendu dire à mon père, la troupe qu'il commandera sera nombreuse, elle n'aura presque rien à craindre des Indiens, au lieu que vous, obligé de vous cacher, vous serez seul en butte à des dangers terribles; non, Harry, je ne le souffrirai pas.

— Détrompez-vous, Ellen, je ne serai pas contraint de me cacher, je ne serai pas seul, je ferai partie de la troupe de votre père.

— Il serait possible, Harry ! s'écria-t-elle avec une expression de joie qui fit tressaillir le jeune homme.

— Je me suis engagé ce soir dans sa troupe.

— Oh ! fit-elle, nous pourrons donc nous voir souvent, alors ?

— Tant que vous le voudrez, Ellen, puisque je serai là.

— Oh ! maintenant j'ai hâte de m'éloigner d'ici, je voudrais déjà être partie.

— Cela ne tardera pas, soyez tranquille ; je suis convaincu que d'ici à sept à huit jours nous nous mettrons en route.

— Merci de la bonne nouvelle que vous m'apportez, Harry.

— Votre père et votre mère sont-ils toujours aussi mauvais pour vous, Ellen ?

— Mon Dieu ! c'est toujours à peu près la même chose, et cependant leur conduite est étrange à mon égard ; souvent elle me semble incompréhensible, tant elle est empreinte de bizarreries ; il y a des instants où ils paraissent m'aimer beaucoup ; mon père, surtout, me caresse, m'embrasse, puis tout à coup, je ne sais pourquoi, il me repousse rudement et me lance des regards qui me font frémir.

— C'est étrange, en vérité, Ellen.

— N'est-ce pas ? Il y a surtout une chose dont je ne puis me rendre compte.

— Dites-la-moi, Ellen ; peut-être pourrai-je vous l'expliquer.

— Vous savez que toute ma famille est protestante.

— Oui.

— Eh bien, moi, je suis catholique.

— Ceci est bizarre, en effet.

— Je porte au cou un petit crucifix d'or ; chaque fois que le hasard fait briller ce bijou aux yeux de mon père et de ma mère, ils entrent en fureur, menacent de me frapper, et m'ordonnent de le cacher au plus vite : comprenez vous ce que cela veut dire, Harry ?

— Non, je n'y comprends rien, Ellen ; mais croyez-moi, attendons tout du temps, peut-être nous fera-t-il trouver le mot de l'énigme que nous cherchons vainement en ce moment.

— Allons, votre présence m'a rendue heureuse pour longtemps, Harry, maintenant je vais me retirer.

— Déjà ?

— Il le faut, mon ami ; croyez-bien que je suis aussi triste que vous de cette séparation, mais mon père n'est pas encore de retour, il peut arriver au jacal d'un instant à l'autre ; s'il s'apercevait que je ne suis pas endormie, qui sait ce qui arriverait ?

En disant cette dernière parole, la jeune fille tendit au chasseur sa main fine et délicate, le Canadien la porta à ses lèvres avec passion ; Ellen retira vivement sa main, et, bondissant comme une biche effarouchée, elle s'élança dans la forêt où elle ne tarda pas à disparaître, en jetant pour adieu au jeune homme ce mot qui le fit tressaillir de joie :

— A bientôt !

Harry resta longtemps les regards fixés sur l'endroit où la séduisante vision s'était évanouie; enfin il poussa un soupir, jeta son rifle sur son épaule et se retourna comme pour s'en aller.

Dick était devant lui.

Harry fit un geste de surprise, il avait oublié la présence de son ami.

Celui-ci sourit d'un air de bonne humeur.

— Je comprends maintenant votre conduite, Harry, lui dit-il, vous avez eu raison d'agir ainsi que vous l'avez fait; pardonnez-moi mes injustes soupçons et comptez sur moi partout et toujours.

Harry serra silencieusement la main que lui tendait son ami, et ils reprirent à grands pas le chemin du village du Paso.

Sur la lisière de la forêt, ils croisèrent un homme qui passa sans les voir. C'était le Cèdre-Rouge.

Dès qu'il fut un peu éloigné, Harry arrêta son compagnon, et lui désignant le squatter, dont la longue silhouette noire glissait parmi les arbres :

— Cet homme, lui dit-il en lui posant la main sur l'épaule, cache au fond de son cœur un secret horrible que j'ignore, mais que j'ai juré de découvrir.

XV

FRAY AMBROSIO

Fray Ambrosio resta assez longtemps dans la salle du meson à prendre les noms des aventuriers qu'il voulait engager dans sa troupe.

Il était tard lorsqu'il sortit pour regagner l'hacienda de la Noria, mais il était content de sa soirée et s'applaudissait intérieurement de la riche collection de bandits, hommes de sac et de corde qu'il avait recrutés.

Les moines forment une caste privilégiée au Mexique ; ils peuvent à toute heure de la nuit aller où bon leur semble sans avoir rien à redouter des nombreux *gentilshommes de grand chemin* disséminés sur toutes routes ; leur habit inspire un respect qui les garantit de toute insulte et les préserve mieux que quoi que ce soit des mauvaises rencontres.

D'ailleurs, Fray Ambrosio, le lecteur s'en est aperçu sans doute déjà, n'était pas homme à négliger les précautions indispensables dans un pays, où sur dix individus qu'on trouve sur son chemin, on peut hardiment affirmer qu'il y a neuf coquins, le dixième offrant seul quelque doute.

Le digne chapelain portait sous sa robe une paire de pistolets doubles, dûment chargés et amorcés, et dans sa manche droite il cachait une longue *navaja* tranchante comme un rasoir et acérée comme une aiguille.

Sans s'inquiéter de la solitude qui régnait autour de lui, le moine monta sur sa mule et se dirigea tranquillement vers l'hacienda de la Noria.

Il était environ onze heures du soir.

Quelques mots sur Fray Ambrosio, tandis qu'il chemine paisiblement dans l'étroit sentier qui doit en deux heures le conduire à sa destination, feront connaître toute la perversité de cet homme, appelé à jouer un rôle malheureusement trop important dans le cours de ce récit.

Un jour, un gambusino ou chercheur d'or, qui depuis plus de deux ans avait disparu du pays sans que personne sût ce qu'il était devenu, et que l'on croyait mort depuis longtemps, assassiné dans le désert par les Indiens, reparut subitement au Paso del Norte.

Cet homme, nommé Joaquin, était le frère d'Andrès Garote, aventurier de la pire espèce, qui avait au moins une douzaine de *cuchilladas* (coups de couteau) sur la conscience, que tout le monde redoutait, mais qui, par la terreur qu'il inspirait, jouissait au Paso, malgré ses crimes bien avérés, d'une espèce d'impunité dont il abusait du reste sans scrupule chaque fois que l'occasion s'en présentait.

Les deux frères commencèrent à hanter de compagnie les mesons et les ventas du village, buvant du matin au soir et payant soit avec de la poudre d'or contenue dans de forts tuyaux de plume, soit avec des parcelles d'or natif.

Bientôt le bruit se répandit au Paso que Joaquin avait découvert un riche placer, et que les dépenses qu'il faisait étaient payées avec l'or qu'il en avait rapporté.

Le gambusino ne répondait ni oui ni non aux diverses insinuations que ses amis, ou plutôt ses compagnons de bouteille, tentaient auprès de lui ; il clignait les yeux, souriait mystérieusement, et si on lui faisait observer que, du train dont il allait, il serait bientôt ruiné, il haussait les épaules en disant :

— Quand je n'en aurai plus, je sais où en prendre d'autre ; et il continuait de plus belle à se donner tous les plaisirs que peut fournir une misérable bourgade comme le Paso.

Fray Ambrosio avait entendu parler comme tout le monde de la découverte supposée du gambusino ; son plan fut immédiatement arrêté pour se rendre maître du secret de cet homme et lui voler sa découverte, si cela était possible.

Le soir même, Joaquin et son frère Andrès buvaient selon leur habitude dans un meson, entourés d'une foule de mauvais drôles comme eux.

Fray Ambrosio, assis à une table, les mains cachées dans les manches de sa robe, la tête basse, paraissait plongé dans de sérieuses réflexions, bien qu'il suivît d'un œil sournois les divers mouvements des buveurs et qu'aucun de leurs gestes ne lui échappât.

Tout à coup un homme entra en se dandinant, le poing sur la hanche et, jetant au nez du premier qui se trouva sur son passage la cigarette qu'il fumait, il alla se planter en face de Joaquin auquel il ne dit pas un mot, mais qu'il commença à regarder d'un air goguenard, en haussant les épaules et souriant avec ironie à tout ce que disait le gambusino.

Joaquin n'était pas patient, il jugea du premier coup d'œil que cet individu voulait lui chercher querelle ; comme en résumé il était brave, que, homme ou diable, il ne redoutait aucun ennemi, il s'approcha résolument de lui, et, le regardant à son tour entre les deux yeux, il lui dit en avançant son visage auprès du sien :

LE CHERCHEUR DE PISTES

— Soyez le bienvenu, Cèdre-Rouge, nous vous attendions avec impatience.

— Est-ce une dispute que tu veux, Tomaso?
— Et pourquoi pas? répondit effrontément celui-ci en vidant son verre qu'il reposa avec bruit sur la table.
— Je suis ton homme, nous nous battrons comme cela te plaira.
— Bah! fit insoucieusement Tomaso; faisons bien les choses, battons-nous à toute la lame.

— A toute la lame, soit !

Les combats que se livrent entre eux les aventuriers sont de véritables combats de bêtes fauves ; ces hommes grossiers, aux instincts cruels, aiment se battre par-dessus tout, l'odeur du sang les grise.

L'annonce de cette lutte fit courir un frisson de plaisir dans les rangs de ces *laperos*, des bandits qui se pressaient autour des deux hommes ; la fête était complète : un des deux adversaires succomberait sans doute, peut-être tous les deux, le sang coulerait à flots ; ce n'étaient que des cris et des trépignements d'enthousiasme parmi les spectateurs.

Le duel au couteau est le seul qui existe au Mexique ; il est seulement réservé aux laperos et généralement aux gens de la plus basse classe.

Ce duel a ses règles, dont il est défendu de s'écarter.

Les couteaux dont on se sert ont ordinairement des lames longues de quatorze à seize pouces ; on se bat, suivant la gravité de l'insulte, à un, deux, trois, six pouces ou toute la lame.

Les pouces sont mesurés avec soin, et la main saisit le couteau à l'endroit marqué.

Cette fois c'était un duel à toute la lame, le duel le plus terrible.

Avec un sang-froid et une politesse inouïs, le chef de l'établissement fit former au centre de la salle un grand cercle où les deux adversaires se placèrent face à face, à six pas l'un de l'autre, à peu près.

Un silence de plomb pesait sur cette salle, un instant auparavant si pleine de vie et de tapage ; chacun attendait avec anxiété le dénoûment du terrible drame qui se préparait.

Seul, Fray Ambrosio n'avait pas quitté sa place, pas fait un geste, un mouvement.

Les deux hommes roulèrent leur zarape autour du bras gauche, se plantèrent bien carrément sur leurs jambes écartées, penchèrent légèrement le corps en avant et, appuyant l'extrémité de la lame du couteau qu'ils tenaient de la main droite sur le bras gauche arrondi devant la poitrine, ils attendirent en fixant l'un sur l'autre des regards étincelants.

Quelques secondes s'écoulèrent pendant lesquelles les deux adversaires restèrent dans une immobilité complète.

Tous les cœurs étaient serrés, toutes les poitrines haletantes.

C'était une scène digne du crayon de Callot que celle qu'offraient ces hommes basanés, aux traits durs, aux vêtements en lambeaux, faisant cercle autour de ces deux hommes prêts à s'entretuer dans cette salle d'un aspect ignoble, faiblement éclairée par une lampe fumeuse qui faisait jaillir des étincelles sinistres des lames bleuâtres des couteaux, et, dans l'ombre, assis et disparaissant presque dans sa robe noire, le moine au regard implacable, au sourire railleur, qui, comme un tigre altéré de sang, attendait l'heure de la curée.

Tout à coup, par un mouvement spontané et prompt comme la foudre, les deux adversaires se ruèrent l'un sur l'autre en poussant un rugissement de colère.

Les lames étincelèrent, il y eut un froissement sec, ils reculèrent d'un commun accord.

Joaquin et Tomaso s'étaient tous deux porté le même coup, appelé dans l'argot du pays *gapo*, — du brave.

Chacun avait le visage sillonné dans toute sa longueur par une large balafre.

Les spectateurs applaudirent avec frénésie à ce magnifique début.

Les jaguars avaient senti le sang, ils étaient ivres.

— Quel beau combat! Quel beau combat! s'écrièrent-ils avec admiration.

Cependant les deux adversaires, rendus hideux par le sang qui coulait de leurs blessures et souillait leur visage, épiaient de nouveau l'occasion de fondre l'un sur l'autre.

Soudain ils s'élancèrent. Mais cette fois ce n'était pas une simple escarmouche, c'était le combat véritable, atroce et sans merci.

Les deux hommes s'étaient saisis corps à corps et, enlacés comme deux serpents, ils se tordaient par mouvements saccadés, cherchant à se poignarder mutuellement et s'excitant à la lutte par des cris de rage et de triomphe.

L'enthousiasme des spectateurs était à son comble; ils riaient, battaient des mains et poussaient des hurlements inarticulés en excitant les combattants à ne pas lâcher prise.

Enfin les deux ennemis roulèrent sur le sol, toujours enlacés l'un à l'autre.

Pendant quelques secondes le combat continua à terre, sans qu'il fût possible de distinguer qui était vainqueur ou vaincu.

Tout à coup l'un d'eux, qui n'avait plus forme humaine et dont le corps était rouge comme celui d'un Indien, se redressa en brandissant son couteau.

C'était Joaquin.

Son frère se précipita vers lui pour le féliciter de sa victoire.

Tout à coup le gambusino s'affaissa sur lui-même et s'évanouit.

Tomaso ne se releva pas, il resta immobile, étendu sur le sol raboteux du meson.

Il était mort.

Cette scène avait été si rapide, le dénoûment si imprévu, que, malgré eux, les assistants étaient restés muets et comme frappés de stupeur.

Soudain le prêtre, que tous avaient oublié, se leva et s'avançant au milieu de la salle, jeta autour de lui un regard qui fit baisser les yeux aux plus résolus.

— Retirez-vous tous, dit-il d'une voix sombre; maintenant que vous avez laissé accomplir cette œuvre de sauvages, le prêtre doit remplir son ministère et ravir, s'il en est temps encore, au démon l'âme de ce chrétien qui va mourir; allez!

Les aventuriers baissèrent la tête.

Au bout de quelques minutes, le prêtre resta seul avec les deux hommes, dont l'un était mort et l'autre entrait en agonie.

Nul ne put dire ce qui se passa dans cette salle; mais lorsqu'un quart d'heure plus tard le prêtre en sortit, ses yeux lançaient des lueurs étranges.

Joaquin avait rendu le dernier soupir. En ouvrant la porte pour sortir, Fray Ambrosio se heurta contre un homme qui se rejeta vivement en arrière pour lui livrer passage.

Cet homme était Andrès Garote.

Que faisait-il, l'œil appuyé à la serrure, pendant que le moine confessait son frère?

L'aventurier ne confia à personne ce qu'il avait aperçu pendant ce quart d'heure suprême.

Le moine ne remarqua pas dans l'ombre l'homme qu'il avait failli renverser.

Voilà de quelle façon Fray Ambrosio s'était rendu maître du secret du gambusino, et comment il savait seul à présent dans quel endroit se trouvait le placer.

XVI

DEUX VARIÉTÉS DE SCÉLÉRATS

Maintenant que le lecteur est bien édifié sur le compte de Fray Ambrosio, nous reprendrons la suite de notre récit et nous suivrons le moine à la sortie du meson après l'engagement des aventuriers.

La nuit était calme, silencieuse et sereine, nul bruit ne troublait le silence si ce n'est le trot de la mule sur les cailloux de la route, ou parfois, dans le lointain, les abois saccadés des coyotes qui chassaient en troupe, selon leur coutume, quelque daim égaré.

Fray Ambrosio cheminait doucement en réfléchissant aux événements de la soirée, supputant déjà dans son esprit les bénéfices probables de l'expédition qu'il méditait.

Il avait laissé loin derrière lui les dernières maisons du village et s'avançait avec précaution dans un étroit sentier qui serpentait à travers un immense champ de cannes à sucre; déjà dans le lointain la silhouette des murailles hautes de l'hacienda se détachait en noir à l'horizon; il espérait arriver avant vingt minutes à l'habitation, lorsque tout à coup sa mule, qui jusque-là avait si paisiblement marché, dressa les oreilles, releva la tête et s'arrêta net.

Brusquement arraché à ses méditations par ce point d'arrêt subit, le moine chercha quel obstacle s'opposait à la continuation de sa route.

A dix pas de lui environ un homme était arrêté juste au milieu du sentier.

Fray Ambrosio était un homme qui n'était pas facile à effrayer, de plus il était bien armé. Il sortit un des pistolets cachés sous sa robe, l'arma et se prépara à interroger l'individu qui lui barrait si résolument le passage.

Mais celui-ci, au bruit sec de la détente, jugea prudent de se faire connaître et de ne pas attendre les suites d'une interpellation presque toujours orageuse en semblable circonstance.

— Holà ! cria-t-il d'une voix forte, remettez votre pistolet à votre ceinture, Fray Ambrosio, on ne veut que causer avec vous.

— Diable ! fit le moine, l'heure et le moment sont singulièrement choisis pour une conversation amicale, compère.

— Le temps n'appartient à personne, répondit sentencieusement l'inconnu, je suis forcé de choisir celui dont je puis disposer.

— C'est juste, observa le moine en désarmant tranquillement son pistolet, sans cependant le remettre sous sa robe. Qui diable êtes-vous, compère, et qui vous presse tant de causer avec moi ? Voudriez-vous vous confesser, par hasard ?

— Ne m'avez-vous pas reconnu encore, Fray Ambrosio ? faudra-t-il que je vous dise mon nom pour que vous sachiez enfin à qui vous avez affaire ?

— Inutile, compadre, inutile. Mais comment diable se fait-il, Cèdre-Rouge, que je vous rencontre ici ? que pouvez-vous avoir de si pressé à me communiquer ?

— Vous allez le savoir, si vous voulez vous arrêter quelques instants et mettre pied à terre.

— Le diable soit de vous, avec vos lubies ! ne pourriez-vous aussi bien me dire cela demain ? la nuit s'avance, mon habitation est loin encore, et je suis littéralement rompu.

— Bah ! vous vous reposerez parfaitement sur le bord de ce fossé, où vous serez on ne peut mieux ; d'ailleurs, ce que j'ai à vous proposer ne souffre pas de retard.

— C'est donc une proposition que vous voulez me faire ?

— Oui.

— Bah ! Et à quel sujet, s'il vous plaît ?

— *By God !* au sujet de l'affaire dont nous nous sommes entretenus ce soir au Paso.

— Eh mais, je croyais cela terminé entre nous, et que vous acceptiez mes offres ?

— Pas encore, pas encore, mon maître, cela dépendra de la conversation que nous allons avoir ; ainsi, croyez-moi, mettez pied à terre, venez vous asseoir auprès de moi et expliquons-nous franchement, sans cela rien de fait, je vous en donne ma parole.

— Le diable emporte les gens qui changent d'avis à chaque instant, et sur lesquels on ne peut pas plus compter que sur un vieux surplis ! grommela le moine d'un air contrarié, tout en descendant de sa mule, qu'il attacha à un buisson.

Le squatter ne sembla pas remarquer la mauvaise humeur du chapelain et le laissa s'installer auprès de lui sans prononcer une parole.

— Là, m'y voici, reprit le moine aussitôt qu'il se fut assis ; je ne sais vraiment point, Cèdre-Rouge, comment je cède aussi facilement à toutes vos lubies.

— Eh! c'est parce que vous vous doutez bien que votre intérêt en dépend, sans cela vous ne le feriez pas.

— Pourquoi causer ici, en pleine campagne, au lieu d'aller chez vous où nous serions beaucoup mieux?

Cèdre-Rouge secoua négativement la tête.

— Non, dit-il, pour ce que nous avons à dire la campagne vaut mieux. Ici, nous ne craignons pas les écouteurs aux portes.

— C'est juste. Allons, parlez, je vous écoute.

— Hum! vous tenez donc bien à ce que ce soit moi qui commande l'expédition que vous projetez?

— Sans doute; je vous connais depuis longtemps; je sais que vous êtes un homme sûr, parfaitement au fait des usages des Indiens, car si je ne me trompe, la plus grande partie de votre existence s'est passée au milieu d'eux.

— Ne parlons pas de ce que j'ai fait; ce n'est pas de moi qu'il s'agit en ce moment, mais de vous.

— Comment cela?

— Bon, bon, laissez-moi dire; vous avez besoin de moi, il est donc de mon intérêt de me faire payer le plus cher possible.

— Eh! murmura le moine en faisant la grimace, je ne suis pas riche, compadre, vous le savez du reste.

— Oui, oui, je sais que dès que vous avez quelques piastres ou quelques onces, le monte vous les rafle immédiatement.

— Dame, j'ai toujours eu du malheur au jeu.

— Aussi n'est-ce pas de l'argent que je veux vous demander.

— Oh! bien alors, si vous n'en voulez pas à ma bourse, nous nous entendrons facilement, compadre; parlez hardiment.

— J'espère que nous nous entendrons facilement, en effet, d'autant plus que le service que j'attends de vous n'est presque rien et des plus faciles.

— Pas tant de circonlocutions et venez au but, Cèdre-Rouge; avec vos diables de manies indiennes de toujours entortiller vos phrases, vous n'en finissez jamais.

— Vous savez que j'ai une haine mortelle pour don Miguel Zarate?

— J'ai entendu parler de quelque chose comme cela; ne vous a-t-il pas logé son couteau quelque part dans la poitrine?

— Oui, et le coup était si rude que j'ai failli en mourir; mais grâce au diable, me voici debout encore une fois, après être resté près de trois semaines étendu sur le dos comme un cheval de rebut. Je veux me venger.

— Je suis obligé de vous dire que vous avez raison; à votre place, que Satan me torde le coup si je n'en faisais autant.

— N'est-ce pas?

— Parfaitement.

— Mais pour cela je compte sur votre aide.

— Hum! ceci est délicat; je n'ai pas à me plaindre de don Miguel, moi, au contraire; du reste je ne vois pas en quoi je puis vous servir.

— Oh! bien facilement.

— Vous croyez?

— Vous allez voir,
— Bien, continuez, je vous écoute.
— Don Miguel a un fille !
— Dona Clara.
— Oui.
— Eh bien !
— Je veux l'enlever.
— Le diable soit des idées biscornues qui vous passent par la tête, compère ! comment voulez-vous que je vous aide à enlever la fille de don Miguel, à qui je n'ai que des obligations ? Non, je ne puis faire cela, en vérité.
— Il le faut, cependant.
— Je ne le ferai pas, vous dis-je.
— Mesurez bien vos paroles, Fray Ambrosio, cette conversation est sérieuse, avant de refuser aussi péremptoirement de me donner l'aide que je vous demande, réfléchissez bien.
— C'est tout réfléchi, Cèdre-Rouge, je ne consentirai jamais à vous aider à enlever la fille de mon bienfaiteur ; dites-moi ce que vous voudrez, rien ne pourra changer ma résolution à cet égard, elle est immuable.
— Peut-être !
— Oh ! quoi qu'il arrive, je vous jure que rien ne pourra me faire changer.
— Ne jurez pas, Fray Ambrosio, vous feriez un faux serment.
— Ta ! ta ! ta ! Vous êtes fou, compadre ! ne perdons pas de temps ; si vous n'avez rien autre à me dire, quelque plaisir que je trouve en votre société, je vous quitte.
— Vous êtes devenu bien subitement scrupuleux, mon maître.
— Il y a commencement à tout, compadre, ainsi, n'en parlons plus, et au revoir !

Le moine se leva.
— Vous partez !
— *Caraï !* Croyez-vous que je vais coucher ici, par hasard ?
— Fort bien ; vous savez qu'il est inutile que vous comptiez sur moi pour votre expédition !
— Que voulez-vous ? j'en suis fâché, je tâcherai d'en trouver un autre que vous.
— Bonne chance !
— Merci !

Les deux hommes étaient debout, le moine mettait le pied à l'étrier. Cèdre-Rouge paraissait, lui aussi, prêt à partir.

Au moment de se séparer, le squatter parut se raviser tout à coup.
— A propos, dit-il d'une voix indifférente, soyez donc assez bon pour me donner un renseignement dont j'ai besoin.
— Qu'est-ce encore ? fit le moine.
— Oh ! moins que rien, reprit négligemment le squatter, il s'agit d'un certain don Pedro de Tudela, que vous avez connu dans le temps, je crois.
— Hein ? s'écria le moine en retournant vivement la tête et en restant la jambe en l'air.

— Allons, allons, Fray Ambrosio, continua Cèdre-Rouge d'un ton railleur, venez donc encore quelques instants causer avec moi; je vous conterai, si vous le désirez, une assez singulière histoire sur ce don Pedro de Tudela que vous avez connu.

Le moine était livide, un tremblement nerveux agitait tous ses membres; il lâcha la bride de la mule et suivit machinalement le squatter qui se rassit tranquillement à terre en lui faisant signe de l'imiter.

Le moine se laissa tomber sur le sol en étouffant un soupir et essuyant les gouttes d'une sueur froide qui perlaient à ses tempes.

— Eh! eh! reprit le squatter au bout d'un instant, c'était, il faut en convenir, un charmant cavalier que ce don Pedro de Tudela : un peu fou peut-être; mais que voulez-vous? il était jeune. Je me rappelle qu'à Albany, il y a longtemps de cela déjà, seize ou dix-huit ans à peu près, — comme on vieillit cependant! — je l'ai connu chez un certain... attendez donc, le nom m'échappe, ne pourriez-vous pas m'aider à le retrouver, par hasard, Fray Ambrosio?

— Je ne sais ce que vous voulez dire, murmura le moine d'une voix sourde.

Cet homme était dans un état à faire pitié, les veines de son front se gonflaient à se rompre; il étouffait, sa main droite tourmentait le manche de son poignard, il fixait sur le squatter un regard empreint d'une haine mortelle.

Celui-ci sembla ne rien voir.

— J'y suis, continua-t-il, cet homme se nommait Walter Brunnel; c'était un bien digne gentleman.

— Démon! s'écria le moine d'une voix étranglée, je ne sais qui t'a rendu maître de cet horrible secret; mais tu vas mourir!

Et il se précipita sur lui, le poignard à la main.

Cèdre-Rouge connaissait Fray Ambrosio de longue date, il était sur ses gardes.

D'un mouvement brusque, il lui arrêta le bras, le lui tordit, et saisissant le poignard qu'il jeta au loin :

— Assez, dit-il d'une voix dure, nous nous comprenons, mon maître; ne jouez pas ce jeu avec moi, car il vous en cuirait, je vous en avertis.

Le moine retomba assis, sans avoir la force de faire un geste, de prononcer une parole.

Le squatter le considéra un instant avec un mélange de pitié et de dédain, haussant imperceptiblement les épaules.

— Voilà seize ans que je possède ce secret, dit-il, jamais il n'est sorti de ma poitrine; je continuerai à garder le silence, à une condition.

— Laquelle?

— Je veux que tu m'aides à enlever la fille de l'haciendero.

— Je t'y aiderai.

— Fais-y bien attention, il me faut une coopération franche et loyale, n'essaye pas de me trahir.

— Je t'aiderai, te dis-je.

— Bien, je compte sur ta parole; du reste, sois tranquille, mon maître, je te surveillerai.

— Assez de menaces, que faut-il faire?

Ce n'était plus une simple escarmouche, c'était le combat véritable, atroce et sans merci.

— Quand partons-nous pour l'Apacheria?
— Tu viens donc?
— Sans doute.

Un sourire sinistre plissa les lèvres pâles du moine.

— C'est bien! Le jour du départ, une heure avant de nous mettre en route, tu me livreras la jeune fille.

— Comment ferai-je pour l'obliger à me suivre?
— Cela ne me regarde pas, c'est ton affaire.
— Cependant!
— Je le veux.
— Soit, répondit le moine avec effort, je le ferai; mais souviens-toi, démon, que, si quelque jour je te tiens entre mes mains, comme aujourd'hui je suis entre les tiennes, je serai sans pitié et je te ferai payer tout ce que je souffre en ce moment.
— Tu auras raison, c'est ton droit; seulement je doute que jamais tu puisses m'atteindre.
— Peut-être!
— Qui vivra verra; en attendant, c'est moi aujourd'hui qui suis le maître, je compte sur ton obéissance.
— J'obéirai.
— C'est convenu. Maintenant, autre chose : combien as-tu recruté d'hommes ce soir?
— Vingt environ.
— C'est peu; mais avec les soixante que je te fournirai, nous aurons une troupe assez respectable pour en imposer aux Indiens.
— Dieu le veuille!
— Soyez tranquille, mon maître, fit le squatter en reprenant l'accent amical qu'il avait au début de la conversation, je m'engage à vous conduire tout droit à votre placer; je n'ai pas vécu dix ans avec les Indiens sans être au fait de toutes leurs ruses.
— Enfin, répondit le moine en se levant, vous savez, Cèdre-Rouge, ce qui est entendu entre nous; le placer nous appartiendra par moitié. Il est donc de votre intérêt de nous y faire arriver sans encombre.
— Nous y arriverons; maintenant que nous n'avons plus rien à nous dire, que nous sommes d'accord sur tous les points... n'est-ce pas? fit-il avec intention.
— Sur tous, oui.
— Nous pouvons nous séparer et nous rendre chacun chez nous. Sans rancune, mon maître! Je vous disais bien que je parviendrais à vous faire changer d'avis! Voyez-vous, Fray Ambrosio, ajouta-t-il d'un ton goguenard qui fit blêmir le moine de rage, en toute chose il ne s'agit que de s'entendre.

Il se leva, jeta son rifle sur l'épaule, et, se détournant brusquement, il s'éloigna à grands pas.

Le moine resta un moment comme atterré de ce qui venait de se passer. Tout à coup il porta vivement la main sous sa robe, saisit un pistolet et ajusta le squatter. Mais, avant qu'il eût le temps de lâcher la détente, son ennemi disparut subitement dans un pli de terrain en poussant un formidable éclat de rire dont l'écho railleur vint résonner à son oreille et lui révéla toute l'immensité de son impuissance.

— Oh! murmura-t-il en se mettant en selle, comment ce démon a-t-il découvert ce secret que je croyais ignoré de tous?...

Et il s'éloigna sombre et pensif.

Une demi-heure plus tard il arriva à l'hacienda de la Noria, dont la porte lui fut ouverte par un peon affidé, car tout le monde dormait ; il était minuit passé.

XVII

EL CAÑON DEL BUITRE

Nous retournerons à présent auprès de l'haciendero, qui, en compagnie de ses deux amis, galope à toute bride dans la direction du jacal de Valentin.

La route que suivaient les trois hommes les éloignait de plus en plus du Paso del Norte. Autour d'eux, la nature se faisait plus abrupte, le paysage plus sévère.

Ils avaient quitté la forêt et galopaient sur une plaine nue et aride.

De chaque côté du chemin, les arbres, de plus en plus rares, défilaient comme une légion de fantômes.

Ils traversèrent plusieurs ruisseaux tributaires du del Norte, où leurs chevaux avaient de l'eau jusqu'au poitrail.

Déjà se dessinaient devant eux les sombres contreforts des montagnes vers lesquelles ils s'avançaient rapidement.

Enfin ils s'engagèrent dans un ravin profondément encaissé entre deux collines boisées dont le sol, composé de larges pierres plates et de cailloux roulés, montrait que cet endroit était un de ces *desaguaderos* qui servent à l'écoulement des eaux dans la saison des pluies.

Ils étaient arrivés au Cañon del Buitre, ainsi nommé à cause des nombreux vautours qui perchent constamment au sommet des collines qui l'environnent.

Le défilé était désert.

Valentin avait sa hutte non loin de là.

Dès que les trois hommes eurent mis pied à terre, Curumilla s'empara des chevaux et les emmena au jacal.

— Suivez-moi, dit Valentin à don Miguel.

L'haciendero obéit.

Les deux hommes commencèrent alors à escalader les flancs escarpés de la colline droite.

La montée était rude, nul chemin n'était tracé ; mais les deux chasseurs, habitués depuis longtemps à se frayer un passage dans les lieux les plus impraticables, semblaient à peine s'apercevoir de la difficulté de cette ascension, qui eût été impossible pour des hommes moins rompus à la vie du désert.

— Cet endroit est réellement délicieux, disait Valentin avec cette bonhomie complaisante d'un propriétaire qui vante son domaine ; s'il faisait jour, don Miguel, vous jouiriez d'ici d'un point de vue magnifique ; à quelques centaines de pas du lieu où nous sommes, là-bas, sur cette colline à droite, se trouvent les ruines d'un ancien camp aztèque fort bien conservé, figurez-vous que cette colline, taillée à main d'homme, que vous ne pouvez voir à cause de l'obscurité, a la forme d'une pyramide tronquée, sa base est triangulaire, les escarpements sont revêtus de maçonnerie, et elle est divisée en plusieurs terrasses. La plate-forme a environ quatre-vingt-dix mètres de long sur soixante-quinze de large, aux trois côtés elle est garnie d'un parapet et flanquée d'un bastion au nord. Vous voyez que c'est une véritable forteresse construite dans toutes les règles de l'art militaire. Sur la plate-forme se trouvent les restes d'une espèce de petit *teocali*, haut de vingt pieds environ, dont le revêtement est fait de larges pierres couvertes d'hiéroglyphes sculptés en relief, qui représentent des armes, des monstres, des lapins, des crocodiles, que sais-je encore? des hommes assis à l'orientale avec des espèces de lunettes sur les yeux ; cela n'est-il pas réellement curieux? Ce petit monument, qui n'a pas d'escalier, servait sans doute de dernier refuge aux assiégés, lorsqu'ils étaient serrés de trop près par l'ennemi.

— C'est étonnant, répondit don Miguel, que je n'aie jamais entendu parler de ces ruines.

— Qui les connaît? personne. Du reste, elles ressemblent beaucoup à celles du même genre que l'on trouve à *Jochicalco*.

— Où me conduisez-vous donc, mon ami? Savez-vous que le chemin n'est pas des plus agréables et commence à me fatiguer?

— Encore un peu de patience, dans dix minutes nous arriverons. Je vous conduis dans une grotte naturelle que j'ai découverte il y a peu de temps. Cette grotte est admirable ; il est probable qu'elle a toujours été ignorée des Espagnols, bien que je sache pertinemment que les Indiens la connaissent depuis un temps immémorial. Les Apaches s'imaginent qu'elle sert de palais au génie des montagnes ; dans tous les cas, j'ai tellement été séduit par sa beauté, que j'ai provisoirement abandonné mon jacal ; j'en ai fait ma demeure. Son étendue est immense ; je suis convaincu, bien que je n'aie jamais cherché à m'en assurer, qu'elle s'étend à plus de dix lieues sous terre. Je ne vous parle pas des stalactites et des stalagmites qui pendent à la voûte et forment les dessins les plus bizarres et les plus curieux, imitant à s'y méprendre une foule d'objets ; mais la chose qui m'a le plus frappé est celle-ci : cette grotte se divise en un nombre infini de compartiments, quelques-uns de ces compartiments renferment des lacs dans lesquels nagent à profusion des poissons aveugles.

— Des poissons aveugles? vous plaisantez, mon ami, s'écria don Miguel en s'arrêtant.

— Je me trompe, aveugles n'est pas le mot que j'aurais dû employer, ces poissons n'ont pas d'yeux.

— Comment! ils sont privés d'yeux?

— Complètement, ce qui ne les empêche pas d'être de haut goût et fort savoureux.

— Voilà qui est étrange.

— N'est-ce pas? mais tenez, nous sommes arrivés

En effet, ils se trouvaient en face d'une ouverture sombre et béante, de dix pieds de hauteur environ sur huit de large.

— Permettez-moi de vous faire les honneurs de chez moi, dit Valentin.

— Faites, faites, mon ami.

Les deux hommes pénétrèrent dans la grotte ; le chasseur battit le briquet et alluma une torche de bois-chandelle.

Le tableau féerique qui surgit tout à coup devant don Miguel lui arracha un cri d'admiration.

C'était partout un tohu-bohu, un pêle-mêle, un chaos indescriptible ; là une chapelle gothique, avec ses colonnes sveltes et élancées ; plus loin, des cipes, des obélisques, des cônes, des troncs d'arbres recouverts de mousses et de feuilles d'acanthes ; les stalactites creuses de forme cylindrique, rapprochées et rangées auprès l'une de l'autre comme les tuyaux d'un buffet d'orgue, rendaient au moindre attouchement des sons métalliques variés qui complétaient l'illusion.

Puis, dans les profondeurs incommensurables des salles immenses de cette caverne, retentissaient parfois des bruits formidables qui, répercutés par les échos, roulaient sur les parois de la grotte comme les éclats de la foudre.

— Oh ! c'est beau ! c'est beau ! s'écria don Miguel saisi de crainte et de respect à cette vue.

— N'est-ce pas, répondit Valentin, que l'homme se trouve bien petit et bien misérable devant ces sublimes créations de la nature, que Dieu a semées là comme en se jouant ? Oh ! mon ami, c'est seulement au désert que l'on comprend la grandeur et l'omnipotence infinie de l'Être suprême, car à chaque pas l'homme se trouve face à face avec celui qui l'a mis sur cette terre, et rencontre la marque de son doigt puissant gravé d'une manière indélébile sur tout ce qui s'offre à sa vue !

— Oui, fit don Miguel devenu tout à coup rêveur, c'est seulement au désert qu'on apprend à connaître, à aimer et à craindre Dieu, car il est partout !

— Venez, dit Valentin.

Il guida son ami vers une salle de vingt mètres carrés au plus, mais dont la voûte avait près de cent mètres de haut.

Dans cette salle, un feu était allumé ; les deux hommes se laissèrent aller sur le sol et attendirent.

Ils réfléchissaient profondément.

Au bout de quelques instants, un bruit de pas se fit entendre ; le Mexicain leva vivement la tête.

Valentin n'avait pas bougé, il avait reconnu le pas de son ami.

En effet, au bout d'un instant, le chef indien parut.

— Eh bien ? lui demanda Valentin.

— Rien encore, répondit laconiquement Curumilla.

— Ils tardent beaucoup, il me semble, observa don Miguel.

— Non, reprit le chef, il n'est à peine que onze heures et demie, nous sommes en avance.

— Mais nous trouveront-ils ici ?
— Ils savent que c'est dans cette salle que nous devons les attendre.
Après ces quelques mots, chacun retomba dans ses réflexions.
Le silence n'était troublé que par les bruits mystérieux de la grotte qui retentissaient presque à intervalles égaux, avec un fracas terrible.
Un laps de temps assez long s'écoula.
Tout à coup, sans qu'aucun bruit sensible pour don Miguel l'eût prévenu, Valentin releva la tête par un mouvement brusque :
— Les voilà, dit-il.
— Vous vous trompez, mon ami, répondit don Miguel, je n'ai rien entendu.
Le chasseur sourit.
— Si, comme moi, fit-il, vous aviez passé dix ans dans le désert à interroger les bruits mystérieux de la nuit, votre oreille serait habituée à ces vagues rumeurs, à ces soupirs de la nature qui, pour vous, n'ont pas de sens en ce moment, mais qui, pour moi, ont toutes une signification et pour ainsi dire une voix dont je comprends toutes les notes ; vous ne diriez pas que je me trompe ; interrogez le chef, vous verrez ce qu'il vous répondra.
— Deux hommes gravissent la colline en ce moment, dit sentencieusement Curumilla, il y a un blanc et un Indien.
— Comment pouvez-vous reconnaître cette différence ?
— Bien facilement, répondit en souriant Valentin : l'Indien est chaussé de mocsens qui touchent le sol sans produire d'autre bruit qu'une espèce de frottement, le pas est sûr, fait par un homme habitué à marcher dans le désert, à ne poser le pied que solidement, sans hésiter ; le blanc a des bottes avec de hauts talons qui, chaque fois qu'il les pose, rendent un son clair et retentissant, les éperons attachés après les bottes produisent un cliquetis métallique continuel, le pas est timide, maladroit, à chaque instant une pierre ou une motte de terre s'écroule sous le pied posé en hésitant, qui ne trouve que difficilement un point d'appui solide ; il est facile de reconnaître que l'homme qui marche ainsi a l'habitude du cheval et ne sait pas se servir de ses pieds. Tenez, les voilà qui pénètrent dans la grotte, vous entendrez bientôt le signal.
En ce moment le cri du coyote retentit à trois reprises différentes, à intervalles égaux.
Valentin répondit par un cri semblable.
— Eh bien ! m'étais-je trompé ? dit-il.
— Je ne sais que penser, mon ami : ce qui m'étonne surtout, c'est que vous ayez entendu nos amis si longtemps d'avance.
— Le terrain de cette grotte est un excellent conducteur du son, répondit simplement le chasseur, voilà tout le mystère.
— Diable ! ne put s'empêcher de dire don Miguel ; vous ne négligez rien, il me semble.
— Pour vivre au désert il ne faut rien négliger, les plus petites choses ont leur importance, une observation faite avec soin peut souvent sauver la vie à un homme.

Pendant ces quelques mots, échangés entre les deux amis, un bruit de pas s'était fait entendre, se rapprochant de plus en plus.

Deux hommes parurent.

L'un était la Plume-d'Aigle, le sachem des Coras.

Le second le général Ibañez.

Le général Ibañez était un homme de trente-quatre à trente-cinq ans, d'une taille élevée et bien prise, d'une figure intelligente.

Ses manières étaient gracieuses et nobles. Il salua amicalement l'haciendero et Valentin, serra la main de Curumilla et se laissa tomber auprès du feu.

— Ouf! dit-il, je n'en puis plus, messieurs; je viens de faire à cheval une course à me briser les os; la pauvre bête est fourbue, et pour me remettre j'ai fait une ascension pendant laquelle j'ai cru vingt fois que je resterais en route, ce qui serait immanquablement arrivé si notre ami la Plume-d'Aigle n'était venu charitablement à mon secours; il faut avouer que ces Indiens grimpent comme de véritables chats, c'est une justice à leur rendre; nous autres, *gente de razon* [1], nous ne valons rien pour faire un tel métier.

— Enfin, vous voilà, mon ami, répondit don Miguel, Dieu soit loué! j'avais hâte de vous voir.

— De mon côté, je vous avoue que mon impatience était tout aussi vive, surtout depuis que j'ai appris la trahison de ce misérable Cèdre-Rouge. Cet imbécile de Wood me l'avait adressé en me le recommandant si chaleureusement que, malgré toute ma prudence, je me suis laissé empaumer par lui : peu s'en est fallu que je ne lui livrasse tous nos secrets; malheureusement le peu que je lui en ai dit suffit cent fois pour nous faire fusiller comme des conspirateurs vulgaires et sans portée.

— Ne vous désolez pas, mon ami; d'après ce que m'a dit aujourd'hui Valentin, peut-être avons-nous un moyen de déjouer les trames de l'infâme espion qui nous a dénoncés.

— Dieu le veuille! Mais rien ne m'ôtera de la pensée que Wood est pour quelque chose dans ce qui nous arrive. Je me suis toujours méfié de cet Américain froid comme un glaçon, aigre comme une carafe de limonade, et méthodique comme un vieux quaker. Que voulez-vous attendre de bon de ces hommes qui convoitent la possession de notre territoire, et qui, ne pouvant nous le prendre d'un seul coup, nous le ravissent par lambeaux et par parcelles?

— Qui sait, mon ami, peut-être avez-vous raison. Malheureusement, ce qui est fait est fait, nos récriminations rétrospectives ne remédieront à rien.

— C'est vrai; mais vous le savez, l'homme est ainsi partout et toujours; lorsqu'il fait une sottise, il est heureux de trouver un bouc émissaire qu'il puisse charger des iniquités qu'il se reproche à lui-même : c'est un peu mon cas en ce moment.

— Ne vous donnez pas plus de fautes que vous n'en avez, mon ami, je suis garant de votre loyauté et de la pureté de vos sentiments; quoi qu'il arrive,

---

[1]. Littéralement homme de raison, expression *gracieuse* dont se servent les blancs pour se distinguer des Indiens, qu'ils affectent de considérer comme des bêtes brutes et auxquels ils n'accordent même pas d'âme.

soyez persuadé que je saurai toujours vous rendre justice et au besoin prendre votre défense envers et contre tous.

— Merci, don Miguel, ce que vous dites là me fait plaisir et me réconcilie avec moi-même ; j'avais besoin de cette assurance que vous me donnez pour reprendre un peu de courage et ne pas me laisser complètement abattre par le coup imprévu qui nous frappe et menace de renverser à jamais nos espérances au moment même où nous pensions les voir réalisées.

— Allons, allons, messieurs, interrompit Valentin, l'heure se passe ; le temps presse, ne le perdons pas davantage, occupons-nous à trouver le moyen de réparer l'échec que nous avons éprouvé. Si vous me le permettez je vais soumettre à votre approbation un projet qui, je le crois, réunit toutes les chances de succès désirables et tournera en notre faveur la trahison même dont vous avez été victimes.

— Parlez, parlez, mon ami, s'écrièrent les deux hommes en se préparant à écouter.

Valentin prit la parole.

XVIII

LE PÈRE SÉRAPHIN

— Messieurs, dit-il, voici ce que je propose : la trahison du Cèdre-Rouge, en livrant au gouvernement le secret de votre conspiration, vous place dans une position critique dont vous ne pouvez sortir que par un moyen violent. Vous êtes entre la vie et la mort ; vous n'avez pas d'autre alternative que la victoire ou la défaite ; le feu est aux poudres, le terrain est miné sous vos pas, une explosion est imminente... Eh bien, relevez le gant que vous jette la trahison, acceptez franchement la position qui vous est faite : n'attendez pas qu'on vous attaque, commencez la lutte ; souvenez-vous de cet axiome vulgaire, mais d'une exactitude rigoureuse en politique et surtout en révolution : Celui qui frappe le premier frappe deux fois. Vos ennemis seront effrayés de votre audace, abasourdis de cette levée de boucliers à laquelle, maintenant surtout, ils sont loin de s'attendre, car ils se figurent tenir entre leurs mains tous les fils de la conspiration, erreur qui les fait ajouter foi aux délations d'un espion vulgaire, et qui les perdra si vous manœuvrez avec adresse, avec promptitude surtout. Tout dépend du premier choc : il faut qu'il soit terrible et les terrifie ; sans cela, vous êtes perdus.

— Tout cela est vrai ; mais le temps nous manque, observa le général Ibañez.

— Le temps ne manque jamais quand on sait bien l'employer, répondit péremptoirement Valentin ; je vous le répète, il faut prévenir vos adversaires.

En ce moment, un bruit de pas retentit sous les voûtes de la caverne.

Pendant ces quelques mots échangés entre les deux amis, deux hommes parurent.

Le plus grand silence régna instantanément dans la salle où se trouvaient les cinq conjurés.

Machinalement chacun chercha ses armes.

Les pas se rapprochèrent rapidement, un homme parut à l'entrée de la salle.

A sa vue, les assistants poussèrent un cri de joie et se levèrent en criant avec respect : « Le père Séraphin ! »

Cet homme s'avança en souriant, salua gracieusement, et répondit d'une voix douce et mélodieuse dont le timbre sonore et pur avait un accent qui allait à l'âme :

— Reprenez place, messieurs, je vous en prie, je serais désespéré de vous causer un dérangement quelconque. Permettez-moi seulement de me reposer quelques instants à vos côtés.

On se hâta de lui faire place.

Disons un peu de mots ce que c'était que ce personnage, dont l'arrivée imprévue causait tant de plaisir aux personnes réunies dans la grotte.

Le père Séraphin était un homme de vingt-quatre ans au plus, bien que les fatigues qu'il supportait, les durs travaux qu'il s'était imposés et qu'il remplissait avec une abnégation d'apôtre, eussent laissé des traces nombreuses sur son visage aux traits fins et réguliers, à l'expression douce, ferme et empreinte d'une mélancolie sublime, rendue plus touchante encore par le rayon d'une ineffable bonté qui s'échappait de ses grands yeux bleus et pensifs. Cependant toute sa personne respirait un parfum de jeunesse et de santé qui dévoilait son âge, sur lequel un observateur superficiel aurait facilement pu se tromper.

Le père Séraphin était Français ; il appartenait à l'ordre des Lazaristes.

Depuis cinq ans déjà il parcourait, missionnaire infatigable, sans autre arme que le bâton destiné à soutenir sa marche, les solitudes inexplorées du Texas et du Nouveau-Mexique, prêchant l'Évangile aux Indiens, sans souci des privations terribles, des souffrances sans nom qu'il endurait incessamment et de la mort toujours suspendue au-dessus de sa tête.

Le père Séraphin était un de ces nombreux soldats, martyrs ignorés de l'armée de la foi qui, se faisant un bouclier de l'Évangile, répandent au péril de leur vie la parole de Dieu dans ces contrées barbares, et meurent héroïquement, tombant bravement sur leur champ de bataille, usés par les pénibles exigences de leur sublime mission, vieux à trente ans, mais ayant conquis quelques âmes à la vérité et répandu la lumière parmi les masses ignorantes.

L'abnégation et le dévouement de ces hommes modestes, mais si grands par le cœur, sont trop dédaignés et trop inconnus en France, où pourtant se recrute le plus grand nombre de ces martyrs ; leurs sacrifices passent inaperçus, car, grâce à la fausse connaissance que l'on a des pays d'outre-mer, on est loin de se douter des luttes continuelles qu'ils ont à soutenir contre un climat mortel aux Européens d'une part, et à leurs prosélytes d'une autre.

Et qui le croirait ? les plus acharnés adversaires qu'ils rencontrent dans l'accomplissement de leur mission ne se trouvent pas parmi les Indiens, qui presque toujours les accueillent sinon avec joie du moins avec respect, mais, bien au contraire, parmi les hommes auxquels leurs travaux profitent et qui devraient les aider et les protéger de tout leur pouvoir.

Il n'est sorte de vexation et d'humiliation que ne leur fassent endurer les agents mexicains ou des États de l'Union américaine, pour tâcher de les dégoûter et de les contraindre à abandonner l'arène où ils combattent si noblement.

Et à ce propos, nous observerons en passant qu'il n'existe peut-être pas de peuple au monde aussi intolérant que les Nord-Américains : c'est aux catholiques surtout qu'ils en veulent; ils les persécutent de toutes les façons, bassement, lâchement, suivant leur coutume; car lorsqu'ils se trouvent, comme cela arrive souvent, en face d'hommes qui ne sont pas d'humeur à laisser impunément insulter et rabaisser en eux la nation à laquelle ils tiennent à honneur d'appartenir, alors ces Américains si farouches deviennent plats et lâches autant qu'ils s'étaient d'abord montrés brutaux et insolents.

Si nous ne craignions de nous laisser entraîner dans de trop longues digressions, nous pourrions rapporter ici de curieuses anecdotes à ce sujet.

Le père Séraphin s'était attiré l'amitié et le respect de tous ceux avec lesquels le hasard l'avait mis en rapport.

Charmé de rencontrer un compatriote au milieu de ces vastes solitudes si éloignées de cette France qu'il n'espérait plus revoir, il s'était étroitement lié avec Valentin, auquel il avait voué une profonde et sincère amitié.

Pour ces mêmes motifs, le chasseur, qui admirait la grandeur du caractère de ce prêtre si plein de véritable religion, s'était senti entraîné vers lui par un penchant irrésistible.

Souvent ils avaient fait de longues courses ensemble, le chasseur guidant, à travers les déserts désolés de l'Apacheria, son ami vers les tribus indiennes.

Dès que le père Séraphin eut pris place auprès du foyer, la Plume-d'Aigle et Curumilla se hâtèrent de lui rendre tous les petits services qu'ils crurent lui devoir être agréables, et lui présentèrent quelques morceaux de venaison rôtie avec des tortillas de maïs.

Le missionnaire se prêta avec une joie douce au manège des deux chefs et accepta ce qu'ils lui donnèrent.

— Il y a bien longtemps que nous ne vous avons vu, mon père, dit l'haciendero; vous nous négligez ; ma fille me demandait encore de vos nouvelles il y a deux jours, elle a hâte de vous voir.

— Doña Clara est un ange qui n'a pas besoin de moi, répondit doucement le missionnaire; j'ai passé près de deux mois au milieu de la tribu comanche de la Tortue, ces pauvres Indiens réclament tous mes soins, ils ont soif de la parole divine.

— Êtes-vous content de votre voyage?

— Assez, ces hommes ne sont pas tels qu'on nous les représente; leurs instincts sont nobles ; comme leur nature primitive n'est pas faussée par le contact de la civilisation viciée qui les entoure, ils comprennent facilement ce qu'on leur explique.

— Comptez-vous rester quelque temps parmi nous?

— Oui, ce dernier voyage m'a extrêmement fatigué, ma santé est dans un état déplorable, il me faut absolument quelques jours de repos afin de pouvoir reprendre les forces nécessaires pour continuer mon ministère.

— Eh bien, mon père, venez avec moi à l'hacienda, vous resterez avec nous et vous nous rendrez bien heureux, mon fils, ma fille et moi.

— J'allais vous le demander, don Miguel ; je suis heureux que vous veniez ainsi au-devant de ma pensée; si j'accepte votre offre obligeante, c'est que je sais que je ne vous incommoderai pas.

— Bien au contraire, nous serons charmés de vous posséder au milieu de nous.

— Ah! je connais la bonté de votre cœur.

— Ne me faites pas meilleur que je ne suis, mon père; il y a un peu d'égoïsme dans mon fait.

— Comment cela?

— Dame, en travaillant à l'éducation des Indiens vous rendez un immense service à la race à laquelle je tiens à honneur d'appartenir, car je suis Indien aussi, moi.

— C'est vrai, répondit en riant le prêtre; allons, je vous absous du péché d'égoïsme en faveur de l'intention qui vous le fait commettre.

— Père, dit alors Valentin, le gibier est-il abondant dans le désert en ce moment?

— Oui, il y en a beaucoup; les bisons sont descendus en foule des montagnes; les elks, les daims et les antilopes foisonnent.

Valentin se frotta les mains.

— La saison sera bonne, dit-il.

— Oui, pour vous; quant à moi, je n'ai pas à me plaindre, les Indiens ont été remplis d'égards pour moi.

— Tant mieux, je tremble toujours quand je vous sais au milieu de ces diables rouges; je ne dis pas cela pour les Comanches, qui sont des guerriers que j'estime et qui vous ont toujours témoigné le plus grand respect, mais j'ai une peur affreuse que ces scélérats d'Apaches ne finissent par vous jouer un vilain tour.

— Pourquoi avoir ces idées, mon ami?

— Elles sont justes; vous ne pouvez vous imaginer combien ces voleurs apaches sont traîtres, lâches et cruels; je les connais, moi, j'ai de leurs marques; mais soyez tranquille : si jamais ils se portaient à quelque extrémité sur vous, je sais la route de leurs villages; il n'existe pas de coin au désert que je n'aie sondé jusque dans ses derniers détours. Ce n'est pas pour rien que l'on m'a surnommé *le Chercheur de pistes*; je vous jure que je ne leur laisserai pas une chevelure.

— Valentin, vous savez que je n'aime pas vous entendre parler ainsi; les Indiens sont de pauvres ignorants qui ne savent pas ce qu'ils font, il faut leur pardonner le mal qu'ils commettent.

— C'est bon! c'est bon! grommela le chasseur, vous avez vos idées là-dessus, moi j'ai les miennes.

— Oui, reprit en souriant le missionnaire, mais je crois les miennes meilleures.

— C'est possible; vous savez que je ne sais comment vous faites, mais vous parvenez toujours à me prouver que j'ai tort.

Tout le monde se mit à rire de cette boutade.

— Et les Indiens, que font-ils en ce moment? reprit Valentin, se battent-ils toujours?

— Non, j'ai réussi à amener Habautzelze, — l'Unicorne, le principal chef des Comanches, — et Stanapah, — la Main-pleine-de-sang, le chef des Apaches, — à une entrevue dans laquelle la paix a été jurée.

— Hum ! fit Valentin d'un ton incrédule, cette paix ne sera pas longue, l'Unicorne a trop de raisons d'en vouloir aux Apaches.

— Rien ne donne à supposer, quant à présent, que vos prévisions se réalisent bientôt.

— Pourquoi cela ?

— Parce que lorsque j'ai quitté l'Unicorne, il se préparait à une grande chasse aux bisons, à laquelle cinq cents guerriers d'élite doivent prendre part.

— Ah ! ah ! et où aura lieu cette chasse, le savez-vous, père ?

— Certainement, l'Unicorne m'a même recommandé, quand je l'ai quitté ce matin, de vous y inviter, car je lui avais dit que je vous verrais.

— J'accepte de grand cœur, une chasse aux bisons a toujours eu beaucoup de charme pour moi.

— Du reste, vous n'aurez pas loin à aller pour trouver l'Unicorne, il est tout au plus à dix lieues d'ici.

— C'est donc aux environs que se fera la chasse ?

— Certes, le rendez-vous est dans la plaine de la Pierre-Jaune.

— Je ne manquerai pas de m'y trouver, père ; ah ! je suis heureux, plus que vous ne pouvez le supposer, de l'heureuse nouvelle que vous me donnez.

— Tant mieux, mon ami. Maintenant, messieurs, je vous prie de m'excuser ; je me sens tellement brisé de fatigue que, si vous le permettez, je vais prendre quelques heures de repos.

— Je suis un imbécile de ne pas y avoir songé, s'écria Valentin en se frappant le front avec dépit ; pardonnez-moi, père.

— J'y ai songé pour mon frère, dit Curumilla ; si mon père veut me suivre, tout est prêt.

Le missionnaire le remercia en souriant, se leva, salua les personnes présentes, et, appuyé sur la Plume-d'Aigle, il suivit Curumilla dans un autre compartiment de la grotte.

Le père Séraphin trouva un lit de feuilles sèches recouvertes de peaux d'ours, et un feu arrangé de façon à brûler toute la nuit.

Les deux Indiens se retirèrent après avoir salué respectueusement le prêtre et s'être assurés qu'il n'avait plus besoin de rien.

Après s'être agenouillé sur le sol de la grotte, le père Séraphin fit sa prière, puis il s'étendit sur son lit de feuilles, croisa les bras sur la poitrine et s'endormit de ce sommeil d'enfant dont ne jouissent que les justes.

Cependant, après son départ, Valentin s'était penché vers ses deux amis.

— Tout est sauvé, leur dit-il à voix basse.

— Comment ? expliquez-vous, répondirent-ils avec empressement.

— Écoutez-moi : vous finirez la nuit ici ; au point du jour, tous deux, vous partirez pour l'hacienda de la Noria, en compagnie du père Séraphin.

— Bon ! après ?

— Le général Ibañez se rendra, de votre part, auprès du gouverneur, l'in vitera à une grande chasse aux chevaux sauvages ; cette chasse aura lieu dans trois jours.

— Je ne comprends pas où vous voulez en venir.

— Cela n'est pas nécessaire en ce moment : laissez-vous guider par moi, surtout arrangez-vous de façon à ce que toutes les autorités de la ville acceptent votre invitation et assistent à la chasse.

— Ceci est mon affaire.

— Très bien ; vous, général, vous rassemblerez le plus d'hommes que vous pourrez, de façon à ce qu'ils puissent vous seconder au premier signal ; seulement, cachez-les de telle sorte que nul ne soupçonne leur présence.

— Fort bien, répondit don Miguel, cela sera fait comme vous nous le recommandez ; mois vous, pendant ce temps-là, où serez-vous ?

— Moi ?

— Oui.

— Vous le savez bien, répondit-il avec un sourire d'une expression indéfinissable, je chasserai le bison avec mon ami l'Unicorne, le grand chef des Comanches.

Brisant brusquement l'entretien, le chasseur s'enveloppa dans sa robe de bison, s'étendit devant le feu, ferma les yeux et s'endormit ou feignit de s'endormir.

Après quelques minutes d'hésitation, ses amis imitèrent son exemple.

Et la grotte redevint calme et silencieuse comme au jour de la création.

XIX

L'UNICORNE

Avant de se livrer au repos, le père Séraphin avait, le soir précédent, dit deux mots à l'oreille des Indiens.

Le soleil commençait à peine à s'élever un peu au-dessus de l'extrême ligne bleue de l'horizon, que le missionnaire ouvrit les yeux, fit une courte prière, et se dirigea vers la salle où ses compagnons étaient restés.

Les quatre hommes dormaient encore, enveloppés dans leurs couvertures et leurs peaux de bisons.

— Réveillez-vous, mes frères, dit le père Séraphin, le jour vient de paraître.

Les quatre hommes furent debout en un instant.

— Mes frères, reprit le jeune missionnaire d'une voix douce et pénétrante, j'ai pensé que nous devions, avant de nous séparer, remercier Dieu en commun pour les bienfaits dont il ne cesse de nous combler ; pour fêter notre heureuse réunion d'hier soir, j'ai donc résolu de célébrer ce matin une messe d'actions de grâces, à laquelle je serai heureux de vous voir assister avec le recueillement et la pureté de cœur que ce devoir commande.

A cette proposition, les quatre hommes se récrièrent avec joie :

— Je vous aiderai à préparer l'autel, père, dit Valentin ; votre idée est excellente.

— L'autel est tout prêt, mes amis, veuillez me suivre.

Le père Séraphin les conduisit alors en dehors de la grotte.

Là, au milieu d'une petite esplanade qui se trouvait devant la caverne, un autel avait été dressé par Curumilla et la Plume-d'Aigle sur un tertre de gazon.

Cet autel était simple : un crucifix de cuivre placé au centre du tertre, recouvert d'un drap d'une éblouissante blancheur ; de chaque côté du crucifix deux chandeliers d'étain, dans lesquels brûlaient des chandelles de suif jaune.

La Bible, à droite, au milieu le ciboire, et c'était tout.

Le chasseur et les deux Mexicains s'agenouillèrent pieusement, et le père Séraphin commença à offrir le saint sacrifice, servi avec recueillement par les deux chefs indiens.

La matinée était magnifique ; des milliers d'oiseaux, cachés sous la feuillée, saluaient par leurs chants harmonieux la naissance du jour ; une folle brise murmurait sourdement à travers les branches des arbres et rafraîchissait l'air ; au loin, autant que la vue pouvait s'étendre, ondulait la prairie avec ses océans de hautes herbes, incessamment agitées par les pas pressés des bêtes fauves qui regagnaient leurs repaires ; et sur le flanc nu de cette colline, à l'entrée de cette grotte, une des merveilles du Nouveau-Monde, sous l'œil seul de Dieu, servi par deux pauvres sauvages et n'ayant pour auditoire que trois hommes à demi civilisés, un prêtre, simple comme un apôtre, célébrait la messe sur un autel de gazon.

Ce spectacle, si naïvement primitif, avait quelque chose d'imposant et de sublime qui inspirait le respect et faisait rêver aux anciens jours, alors que l'Église persécutée se réfugiait au désert pour se trouver face à face avec Dieu.

Aussi l'émotion qu'éprouvèrent les témoins de cet acte si saintement religieux fut-elle sincère ; un rayon de bonheur descendit dans leur âme, et ce fut avec une véritable effusion qu'ils remercièrent le digne prêtre de la surprise qu'il leur avait ménagée.

Le père Séraphin était tout heureux du résultat qu'il avait obtenu ; devant la foi vraiment profonde de ses amis, il sentit s'accroître son courage pour continuer la rude et noble tâche qu'il s'était imposée.

La messe dura trois quarts d'heure environ. Dès qu'elle fut finie, le missionnaire remit les pauvres vases sacrés dans le petit sac qu'il portait toujours avec lui et l'on rentra dans la grotte pour déjeuner.

Une heure plus tard, don Miguel Zarate, le général Ibañez et le missionnaire prirent congé de Valentin et, montés sur les chevaux que Curumilla leur avait amenés à l'entrée du ravin, ils s'éloignèrent au galop dans la direction du Paso del Norte, dont ils étaient éloignés de vingt lieues environ.

Valentin et les deux chefs indiens restèrent seuls.

— Je vais quitter mon frère, dit la Plume-d'Aigle.

— Pourquoi ne restez-vous pas avec nous, chef ?

— Mon frère pâle n'a plus besoin de la Plume-d'Aigle ; le chef entend les cris des hommes et des femmes de sa tribu qui ont été lâchement assassinés et qui demandent vengeance.

— Où va mon frère? demanda le chasseur, qui connaissait trop le caractère des Indiens pour chercher à faire changer la détermination du guerrier, bien qu'il fût fâché de son départ.

— Les Coras habitent des villages sur les rives du Colorado, la Plume-d'Aigle retourne vers les siens; il demandera des guerriers pour venger ses frères qui sont morts.

Valentin s'inclina.

— Que le Grand Esprit protège mon père! dit-il; la route est longue jusqu'aux villages de sa tribu; le chef quitte des amis qui l'aiment.

— La Plume-d'Aigle le sait, il se souviendra, répondit le chef avec un accent profond.

Et après avoir pressé les mains que lui tendaient les deux chasseurs, il s'élança sur son cheval et disparut bientôt dans les méandres du cañon.

Valentin le regarda s'éloigner avec un regard triste et mélancolique.

— Le reverrai-je jamais? murmura-t-il; il est Indien, il suit sa vengeance, c'est sa nature; il y obéit, Dieu le jugera! Chacun doit suivre sa destinée.

Après cet aparté, le chasseur jeta son rifle sur l'épaule et partit à son tour, suivi par Curumilla.

Valentin et son compagnon étaient à pied; ils préféraient cette manière de voyager, qui leur semblait plus sûre et tout aussi prompte que sur un cheval.

Les deux hommes, d'après la coutume indienne, marchaient l'un derrière l'autre sans prononcer une parole.

Vers midi, la chaleur devint si forte qu'ils furent contraints de s'arrêter pour prendre quelques instants de repos.

Enfin, les rayons du soleil perdirent de leur force, la brise du soir se leva et les chasseurs purent reprendre leur route; ils atteignirent bientôt les bords du Rio-Puerco (Rivière Sale), qu'ils se mirent à remonter en marchant le plus près possible de la rive, dans les *sentes* tracées de temps immémorial par les bêtes fauves qui viennent se désaltérer.

L'homme auquel les splendides paysages américains sont inconnus aura peine à se figurer l'imposante et sauvage majesté de la prairie que parcouraient les chasseurs.

La rivière, parsemée d'îles couvertes de cotonniers des bois, coulait silencieuse et rapide entre des rives peu élevées et garnies d'herbes si hautes qu'elles suivaient l'impulsion du vent au loin; dans la vaste plaine étaient disséminées d'innombrables collines dont le sommet, coupé à peu près à la même hauteur, présente une surface plate; jusqu'à une grande distance vers le nord, le sol était semé de larges dalles de grès, semblables à des pierres tumulaires.

A quelques centaines de pas du fleuve, s'élevait un tertre conique supportant à son sommet un obélisque de granit de cent vingt pieds de haut. Les Indiens, épris, comme tous les peuples primitifs, du fantastique et du bizarre, se réunissent souvent en cet endroit; c'est là que se font les hétacombes à *Kitchi-Manitou.*

Un cavalier indien apparut tout à coup à quelques pas des chasseurs.

Un grand nombre de crânes de bisons, amoncelés au pied de la colonne et disposés en cercles, en courbes et autres figures géométriques, attestent leur piété pour ce Dieu de la chasse, dont l'esprit protecteur plane, disent-ils, du haut du monolithe.

Çà et là poussaient et s'épanouissaient par larges touffes la pomme de terre indienne, l'oignon sauvage, la tomate des prairies, et ces millions de fleurs et d'arbres étranges qui composent la *flore* américaine ; le reste du paysage était couvert de hautes herbes qui ondulaient continuellement sous le pied léger des gracieuses antilopes ou des asshatasaux longues-cornes qui, au bruit causé par les pas des voyageurs, bondissaient effarés d'un roc à un autre.

Et bien loin enfin, bien loin, à l'horizon, se confondant avec l'azur du ciel, apparaissaient les pics dénudés des hautes montagnes qui servent de forteresses inexpugnables aux Indiens ; leurs sommets couverts de neiges éternelles encadraient ce tableau immense et imposant, empreint d'une sombre et mystérieuse grandeur.

A l'heure où le *maukawis*, — espèce de caille, — faisait entendre son dernier chant pour saluer le coucher du soleil, qui, à demi plongé dans la pourpre du soir, jaspait encore le ciel de longues bandes rouges, les voyageurs aperçurent les tentes des Comanches pittoresquement groupées sur les flancs d'une colline verdoyante.

Les Comanches avaient en quelques heures improvisé un véritable village avec leurs tentes en peau de bison alignées, formant des rues et des places.

Arrivés à cinq cents pas environ du village, un cavalier indien apparut tout à coup à quelques pas des chasseurs.

Ceux-ci, sans témoigner la moindre surprise, s'arrêtèrent en déployant leurs robes de bison, qu'ils firent flotter en signe de paix.

Le cavalier poussa un cri retentissant.

A ce signal, car c'en était évidemment un, une troupe de guerriers comanches déboucha au galop du village et roula comme une avalanche le long des flancs de la colline, arrivant à toute bride sur les deux chasseurs toujours immobiles, en brandissant leurs armes et jetant leur cri de guerre.

Les chasseurs attendaient, nonchalamment appuyés sur leurs fusils.

Certes, pour qui n'eût pas été au fait des mœurs singulières de la prairie, cette façon de s'aborder eût paru une hostilité déclarée ; il n'en était rien pourtant : car, arrivés à portée des chasseurs, les Comanches commencèrent à faire danser et caracoler leurs chevaux avec cette grâce et cette habileté qui caractérisent les Indiens, et, se déployant à droite et à gauche, ils formèrent un vaste cercle au centre duquel se trouvèrent enfermés les deux chasseurs, toujours impassibles.

Alors un cavalier se détacha de la troupe, mit pied à terre et s'approcha rapidement des nouveaux venus ; ceux-ci se hâtèrent d'aller à sa rencontre. Tous trois avaient le bras étendu, la main ouverte, la paume en avant en signe de paix.

L'Indien qui s'avançait ainsi à la rencontre des chasseurs était *Haboutzelze*, c'est-à-dire l'Unicorne, le grand chef des Comanches.

Signe distinctif de sa race, il avait la peau d'une teinte rouge, plus claire que le cuivre neuf le plus pâle.

C'était un homme de trente ans au plus, aux traits mâles et expressifs ; sa physionomie était d'une intelligence remarquable et particulièrement empreinte de cette majesté naturelle que l'on rencontre chez les sauvages enfants des prairies ; sa taille était élevée, bien prise, élancée, et ses membres fortement musclés dénotaient une vigueur et une souplesse contre lesquelles peu d'hommes auraient pu lutter avec avantage.

Il était complètement peint et armé en guerre; ses cheveux noirs étaient relevés sur sa tête en forme de casque et retombaient sur son dos comme une crinière; une profusion de colliers de *Wampum*, de griffes d'ours gris et de dents de bison ornaient sa poitrine, sur laquelle était peinte avec une finesse rare une tortue bleue, signe distinctif de la tribu à laquelle il appartenait, et grande comme la main.

Le reste du costume se composait du *mitasse* attaché aux hanches par une ceinture de cuir et arrivant jusqu'aux chevilles, d'une chemise de peau de daim à longues manches pendantes et dont les coutures, ainsi que celles du mitasse, étaient frangées de cuir découpé et de plumes; un ample manteau de bison femelle blanc, formant de naïfs dessins, s'accrochait à ses épaules par une agrafe d'or pur et tombait jusqu'à terre; il avait pour chaussures d'élégants *mocksens* de couleurs différentes, constellés de perles fausses et de piquants de porc-épic, au talon desquels traînaient de nombreuses queues de loup; un léger bouclier rond, couvert en bison et garni de chevelures humaines, pendait à son côté gauche, auprès de son carquois en peau de panthère rempli de flèches.

Ses armes étaient celles des Indiens comanches, c'est-à-dire le couteau à scalper, le tomahawk, l'arc et le rifle américain; mais un long fouet, dont le manche court, peint en rouge, était garni de chevelures humaines, indiquait la qualité de chef.

Lorsque les trois hommes furent auprès les uns des autres, ils se saluèrent en portant la main droite à leur front; ensuite Valentin et l'Unicorne croisèrent les bras en passant la main droite sur l'épaule gauche, et inclinant la tête en même temps, ils se baisèrent sur la bouche, suivant la mode des prairies.

L'Unicorne salua ensuite Curumilla de la même façon.

Cette cérémonie préliminaire terminée, le chef comanche prit la parole :

— Mes frères sont les bienvenus dans le village de ma tribu, dit-il; je les attendais avec impatience; j'avais chargé le chef de la prière des Visages-Pâles de les inviter en mon nom.

— Il s'est acquitté de sa mission dès hier soir; je remercie mon frère d'avoir pensé à moi.

— Les deux grands chasseurs étrangers sont les amis de l'Unicorne, son cœur était triste de ne pas les voir près de lui pour la chasse au bison que préparent les jeunes gens.

— Nous voilà; nous nous sommes mis en route ce matin au lever du soleil.

— Que mes frères me suivent, ils se reposeront auprès du feu du conseil.

Les chasseurs s'inclinèrent affirmativement.

On leur donna à chacun un cheval, et, sur un signe de l'Unicorne, qui s'était placé entre eux deux, la troupe repartit au galop et retourna au village, où elle entra au bruit assourdissant des tambours, du *chichikoue*, des cris de joie des femmes et des enfants qui saluaient leur retour, et des aboiements furieux des chiens.

Lorsque les chefs furent assis autour du feu du conseil, la pipe fut allumée et présentée cérémonieusement aux deux étrangers, qui fumèrent silencieusement pendant quelques minutes.

Lorsque la pipe eut fait plusieurs fois le tour de l'assemblée, l'Unicorne s'adressa à Valentin :

— Koutenepi est un grand chasseur, lui dit-il ; souvent il a chassé le bison dans les plaines de la rivière Sale ; le chef lui dira les préparatifs qu'il a faits, afin que le chasseur lui donne son avis.

— C'est inutile, chef, répondit Valentin ; le bison est l'ami des Peaux-Rouges, les Comanches connaissent toutes ses allures ; je voudrais adresser une question à mon frère.

— Le chasseur peut parler, mes oreilles sont ouvertes.

— Combien de temps le chef restera-t-il sur le lieu de chasse avec ses jeunes gens ?

— Huit jours à peu près ; les bisons sont méfiants ; mes jeunes gens les cernent, mais ils ne pourront pas les rabattre de notre côté avant quatre ou cinq jours.

Valentin fit un mouvement de joie.

— Bon, dit-il.

« Mon frère en est sûr ?

— Très sûr.

— Combien de guerriers sont restés auprès du chef ?

— Quatre cents environ ; les autres sont disséminés dans la plaine pour signaler l'approche du bison.

— Bien ; si mon frère le veut, je lui ferai, d'ici trois jours, faire une belle chasse.

— Ah ! s'écria le chef, mon frère a-t-il donc fait lever du gibier ?

— Oui, répondit Valentin en riant ; que mon frère s'en rapporte à moi, et je lui promets de riches dépouilles.

— Bon. De quel gibier parle mon frère ?

— Des *gachupines*[1] ; dans deux jours ils se réuniront en assez grand nombre, non loin d'ici.

— Ooah ! fit le Comanche, dont les yeux brillèrent à cette nouvelle, mes jeunes gens les chasseront ; que mon frère s'explique.

Valentin secoua la tête.

— Mes paroles sont pour les oreilles d'un chef, dit-il.

Sans répondre, l'Unicorne fit un signe ; les Indiens se levèrent silencieusement et sortirent de la tente.

Le chasseur, Curumilla et l'Unicorne restèrent seuls auprès du feu.

Valentin expliqua alors au chef comanche, dans les plus grands détails, le projet qu'il avait conçu, projet pour l'exécution duquel l'aide des guerriers indiens lui était indispensable.

L'Unicorne l'écouta avec attention sans l'interrompre ; lorsque Valentin eut terminé :

---

1. Porteurs de souliers, nom donné aux Espagnols par les Indiens à l'époque de la conquête.

— Que pense mon frère ? demanda-t-il en fixant un regard interrogateur sur le visage impassible du chef.

— Ooah ! répondit celui-ci, le chasseur pâle est très rusé, l'Unicorne fera ce qu'il désire.

Cette assurance remplit de joie le cœur de Valentin.

XX

CHASSE AUX CHEVAUX SAUVAGES

Don Miguel de Zarate et ses deux amis n'arrivèrent que tard à l'hacienda de la Noria.

Ils furent reçus à l'entrée de l'habitation par don Pablo et doña Clara, qui manifestèrent une grande joie à la vue du missionnaire français pour lequel ils professaient une grande estime et une sincère amitié.

Malgré tous ses soins, Fray Ambrosio avait toujours vu ses avances repoussées par les jeunes gens, auxquels il inspirait instinctivement cette crainte mêlée de dégoût que l'on éprouve à l'aspect d'un reptile.

Doña Clara, qui était très pieuse, portait si loin cette répulsion qu'elle ne confessait ses fautes et n'approchait de la sainte table que lorsque le père Séraphin, ce qui était excessivement rare, venait passer quelques jours à l'hacienda.

Fray Ambrosio était trop adroit pour paraître s'apercevoir de l'effet que sa présence produisait sur les enfants de l'hacendero ; il feignait d'attribuer à la timidité et à l'indifférence en matière religieuse ce qui n'était en réalité qu'un mépris fortement prononcé pour sa personne.

Mais, au fond de son cœur, une sourde haine fermentait contre les jeunes gens, et surtout contre le missionnaire, que plusieurs fois déjà il avait cherché à faire périr dans des guets-apens adroitement préparés.

Le père Séraphin en était toujours sorti sain et sauf par un hasard providentiel ; mais, malgré les avances obséquieuses du chapelain et les offres de services dont il ne cessait de l'accabler chaque fois que tous deux se rencontraient, le missionnaire avait percé à jour le moine mexicain ; il avait deviné quelle épouvantable corruption se cachait sous son apparente bonhomie et sa feinte piété, et tout en conservant au fond de son cœur la certitude qu'il avait acquise, il se tenait sur ses gardes et surveillait avec soin cet homme, qu'il soupçonnait de machiner sans cesse contre lui quelque ténébreuse trahison.

Don Miguel laissa ses enfants avec le missionnaire, dont ils s'emparèrent immédiatement et qu'ils entraînèrent avec eux en l'accablant de caresses et de preuves d'amitié.

L'hacendero se retira dans son cabinet avec le général Ibañez.

Les deux hommes dressèrent alors une liste des personnes qu'ils voulaient inviter, c'est-à-dire, sans savoir encore comment ferait Valentin, des personnes dont ils avaient intérêt à se débarrasser.

Puis le général monta à cheval, et partit afin de faire en personne ses invitations.

De son côté don Miguel expédia une dizaine de peones et de vaqueros, qui devaient se mettre à la recherche des chevaux sauvages et les pousser insensiblement vers l'endroit choisi pour la chasse.

Le général Ibañez réussit pleinement, les invitations furent reçues avec joie.

Le lendemain soir les invités commencèrent à arriver à l'hacienda.

Don Miguel les reçut avec les marques du plus profond respect et une hospitalité fastueuse.

Le gouverneur, le général Isturitz, don Luciano Perez, et sept ou huit personnes d'un rang secondaire, furent bientôt réunis à l'hacienda.

Au lever du soleil, une troupe nombreuse, composée de quarante personnes, quitta l'hacienda et se dirigea, suivie d'une foule de vaqueros bien montés, vers le rendez-vous de chasse.

C'était une vaste plaine sur le bord du Rio del Norte, où les chevaux sauvages avaient l'habitude de paître en cette saison.

La caravane produisait l'effet le plus singulier et le plus pittoresque avec les brillants costumes des personnes qui la composaient et leurs chevaux étincelants d'or et d'argent.

Partis de l'hacienda vers quatre heures du matin, on arriva à huit heures à peu près à un bouquet d'arbres où, par les soins de don Miguel, des tentes avaient été dressées et des tables préparées afin de se rafraîchir et de déjeuner avant la chasse.

Les cavaliers qui marchaient depuis quatre heures, déjà exposés aux rayons du soleil et à la poussière, poussèrent un cri de joie à la vue des tentes.

Chacun mit pied à terre, les dames furent invitées à en faire autant; car parmi les invités figuraient plusieurs dames, au nombre desquelles se trouvaient la femme du gouverneur, celle du général Isturitz et doña Clara, et l'on s'assit gaiement autour des tables.

Vers la fin du déjeuner arriva don Pablo de Zarate, qui, la veille au soir, était allé rejoindre les vaqueros.

Il venait annoncer que les chevaux avaient été dépistés; qu'une forte manade paissait en ce moment dans la plaine des Coyotes, surveillée par les vaqueros, et qu'il fallait se hâter si l'on voulait faire une bonne chasse.

Cette nouvelle augmenta l'ardeur des chasseurs. Les dames furent laissées au camp sous la garde d'une dizaine de peones bien armés, et toute la caravane s'élança au galop dans la direction indiquée par don Pablo.

La plaine des Coyotes s'étendait à perte de vue le long du fleuve.

Çà et là s'élevaient quelques collines boisées qui variaient le paysage rendu monotone par les hautes herbes dans lesquelles les cavaliers disparaissaient presque jusqu'à la ceinture.

Lorsque la caravane arriva sur la lisière de la plaine, don Miguel fit faire halte afin de tenir conseil et d'entendre le rapport du chef des vaqueros.

La race de chevaux sauvages qui, aujourd'hui, peuplent les déserts de l'Amérique et en particulier du Mexique, descend de la cavalerie de Cortez : c'est donc une race pure, car à l'époque de la conquête les Espagnols ne se servaient que de chevaux arabes.

Ces chevaux ont multiplié d'une façon réellement immense ; il n'est pas rare de rencontrer des manades de vingt et même trente mille têtes.

Leur taille est petite, mais ils sont doués d'une vigueur et d'une énergie dont il est impossible, si on ne les a pas vus, de se faire une idée juste.

Ils accomplissent sans fatigue des courses d'une longueur prodigieuse. Leur pelage est le même que celui des autres chevaux ; seulement, pendant l'hiver, il allonge extrêmement et devient frisé comme la laine des moutons ; au printemps, cette espèce de fourrure tombe.

Les chevaux américains sont faciles à dresser ; en général, dès qu'ils se voient pris ils s'accoutument presque aussitôt à la selle.

Les Mexicains traitent fort durement leurs montures, les font marcher tout le jour sans boire ni manger, et ne leur donnent leur provende de maïs et d'eau qu'en arrivant au campement ; puis ils les laissent errer toute la nuit en liberté sous la surveillance de la *nèna*, jument poulinière dont les chevaux suivent le grelot et qu'ils n'abandonnent jamais.

Ce n'est pas par cruauté que les Mexicains agissent ainsi avec leurs chevaux, car les cavaliers aiment beaucoup leurs montures, qui à un moment donné, peuvent leur sauver la vie ; mais il paraît que ce système de traitement, qui serait impraticable en Europe, réussit parfaitement aux chevaux, qui s'en trouvent beaucoup mieux que si l'on avait pour eux des soins plus doux.

Le chef des vaqueros fit son rapport.

Une manade de dix mille têtes environ se trouvait à deux lieues dans la plaine, paissant tranquillement, mêlée à quelques bisons et quelques elks.

Les chasseurs gravirent une colline du sommet de laquelle il leur fut facile d'apercevoir à l'horizon une foule innombrable d'animaux, groupés de la façon la plus pittoresque et ne semblant nullement se douter du danger qui les menaçait.

Pour faire la chasse aux chevaux sauvages, il faut, comme les Mexicains, être de véritables centaures.

J'ai vu accomplir aux *ginètes* de ce pays des prouesses hippiques miraculeuses devant lesquelles pâliraient nos Européens.

D'après le rapport du vaquero, don Miguel et ses invités tinrent conseil.

Voici ce qui fut résolu :

On forma ce qu'on nomme au Mexique le grand cercle des chevaux sauvages, c'est-à-dire que les plus habiles cavaliers s'échelonnèrent dans toutes les directions, à une certaine distance les uns des autres, de manière à former un immense cercle.

Les chevaux sauvages sont extrêmement méfiants ; leur instinct est si grand, leur odorat si subtil, que le plus léger souffle de la brise suffit pour leur apporter les émanations de leurs ennemis et les faire détaler avec une vitesse vertigineuse.

Il faut donc agir avec la plus grande prudence et user de beaucoup de précautions si on veut les surprendre.

Lorsque tous les préparatifs furent faits, les chasseurs échelonnés, chacun mit pied à terre, et traînant sa monture après soi, se glissa dans les hautes herbes afin de resserrer le cercle de plus en plus.

Cette manœuvre durait depuis quelque temps déjà, l'on s'était sensiblement rapproché, lorsque la manade commença à donner quelques signes d'inquiétude.

Les chevaux, qui jusque-là avaient brouté tranquillement, relevèrent la tête, dressèrent les oreilles et hennirent en aspirant l'air.

Puis tout à coup ils se réunirent, formèrent une troupe compacte, et partirent au petit trot dans la direction d'un bois de cotonniers qui se trouvait sur les rives du fleuve.

La chasse allait commencer.

Sur un signe de don Miguel, six vaqueros bien montés s'élancèrent à toute bride au-devant de la manade, en faisant siffler leur lassos au-dessus de leur tête.

Les chevaux, effrayés de l'apparition des cavaliers, rebroussèrent chemin en toute hâte, en poussant des hennissements de terreur, ou s'enfuirent dans une autre direction.

Mais chaque fois qu'ils tentaient de franchir la limite du cercle formé par les chasseurs, des cavaliers s'élançaient au milieu d'eux et les obligeaient à rétrograder.

Il faut avoir assisté à une pareille course, avoir vu cette chasse dans les prairies, pour se faire une idée du spectacle magnifique qu'offrent toutes ces nobles bêtes, l'œil en feu, la bouche écumante, la tête fièrement relevée et la crinière flottante au vent, qui bondissent et galopent effarées au milieu du cercle fatal que les chasseurs ont tracé autour d'elles.

Il y a dans une telle vue quelque chose d'enivrant qui entraîne les plus flegmatiques et les rend fous d'enthousiasme et de plaisir.

Lorsque cette manœuvre eut duré assez longtemps, et que les chevaux commencèrent à se laisser aveugler par la fureur, à un signal donné par don Miguel, le cercle se rompit à une certaine place. Les chevaux s'engouffrèrent avec un roulement semblable au tonnerre dans cette issue qui venait de s'ouvrir devant eux, brisant du poitrail tout ce qui s'opposait à leur passage.

Mais c'était là que les attendaient les chasseurs.

Les chevaux, dans leur course effarée, galopaient sans songer que la route qu'ils suivaient se rétrécissait incessamment devant eux, et aboutissait à une captivité inévitable.

Expliquons ce dénoûment de la chasse. La manade avait été habilement dirigée par les chasseurs vers l'entrée d'un cañon ou ravin, qui se trouvait entre deux collines assez élevées. Au bout de ce ravin, les vaqueros avaient formé, avec des pieux de 15 pieds de haut, plantés en terre et fortement liés entre eux par des cordes d'écorce tordue, un immense corral ou enclos où les chevaux se précipitèrent en foule sans y songer, et même sans le voir.

En moins de rien le corral fut rempli.

La troupe repartit au galop et retourna au village.

Alors les chasseurs s'élancèrent résolument au-devant de la manade qu'ils coupèrent, au risque de leur vie, pendant que d'autres fermaient l'enclos.

Près de 1,500 chevaux sauvages magnifiques avaient été pris ainsi d'un seul coup.

Les nobles animaux se ruaient avec des hennissements de colère contre les murs de l'enclos, cherchant avec leurs dents à arracher les pieux, et tourbillonnant dans une course furibonde.

Enfin, peu à peu, ils reconnurent l'inutilité de leurs efforts, se couchèrent et demeurèrent immobiles.

Ils étaient vaincus et avouaient leur impuissance.

Cependant une lutte suprême s'engageait dans le ravin entre les chasseurs et le reste de la manade.

Les chevaux resserrés dans cet étroit espace faisaient des efforts prodigieux pour s'ouvrir un passage et fuir de nouveau.

Ils hennissaient, ruaient et broyaient avec rage tout ce qui arrivait à leur portée, enfin ils parvinrent à reprendre la première direction qu'ils avaient suivie et s'élancèrent dans la plaine avec la rapidité d'une avalanche.

Plusieurs vaqueros avaient été démontés et foulés sous les pieds des chevaux, deux entre autres avaient reçu des blessures tellement graves que l'on dut les relever et les emporter sans connaissance.

Avec toute la fougue de la jeunesse, don Pablo de Zarate s'était laissé emporter par son ardeur jusqu'au milieu de la manade; tout à coup son cheval reçut une ruade qui lui brisa la jambe de devant hors montoir, et roula sur le sol en entraînant avec lui son cavalier.

Les chasseurs poussèrent un cri de terreur et d'angoisse; au milieu de cette foule de chevaux affolés, le jeune homme était perdu, car il serait immanquablement foulé et broyé sous les pieds des chevaux.

Mais il se releva avec la rapidité de l'éclair, et, prompt comme la pensée, saisissant la crinière du premier cheval venu, il s'élança sur son dos où il se tint à genoux.

Les chevaux étaient tellement pressés les uns près des autres, que toute autre position était impossible.

Alors il se passa une chose étrange, une lutte inouïe entre le cheval et le cavalier.

La noble bête, furieuse de sentir sa croupe déshonorée par le poids qu'elle portait, sautait, se dressait, se cabrait, ruait en hennissant; mais tout était inutile : don Pablo restait ferme.

Tant qu'il fut dans le ravin, le cheval pressé contre ses compagnons ne put pas faire tout ce qu'il aurait voulu pour se débarrasser du fardeau qu'il portait; mais aussitôt qu'il se trouva dans la plaine, il releva la tête, fit coup sur coup plusieurs bonds de côté et s'élança tout à coup en avant avec une rapidité qui coupait la respiration au jeune homme.

Don Pablo s'était mis à cheval; tout en comprimant fortement avec les genoux les flancs haletants de sa monture, il dénoua sa cravate et se prépara à jouer la dernière scène de ce drame qui menaçait de finir pour lui d'une façon tragique.

Le cheval avait changé de tactique : il courait en droite ligne vers le fleuve, résolu à se noyer avec son cavalier plutôt que de se laisser vaincre.

Les chasseurs suivaient avec un intérêt mêlé d'épouvante les péripéties émouvantes de cette course furibonde, lorsque tout à coup le cheval changea encore d'avis et se dressa, afin de se renverser en arrière avec son cavalier.

Les chasseurs poussèrent un cri d'angoisse. Don Pablo se cramponna fortement au cou de l'animal, et, au moment où il allait se renverser, il lui enveloppa, avec une adresse inouïe, les yeux de sa cravate.

Le cheval, subitement aveuglé, retomba sur ses pieds et resta tremblant de terreur. Alors le jeune homme mit pied à terre, approcha son visage de la tête du cheval et lui insuffla de l'air dans les naseaux, en lui grattant doucement le front. Cette opération dura dix minutes au plus, le cheval soufflait et renâclait sans oser bouger de place.

Le Mexicain s'élança de nouveau sur le dos de l'animal, puis il lui enleva le mouchoir qui l'aveuglait ; le cheval resta comme hébété. Don Pablo l'avait dompté [1].

Chacun se précipita vers le jeune homme, qui souriait avec orgueil, afin de le féliciter d'un si beau triomphe.

Don Pablo mit pied à terre, confia son cheval à un vaquero, qui lui passa immédiatement une bride, et s'avança vers son père, qui l'embrassa avec effusion.

Pendant près d'une heure don Miguel avait désespéré de la vie de son fils.

XXI

LA SURPRISE

Dès que l'émotion causée par la prouesse de don Pablo fut calmée, on songea au retour.

Le soleil baissait rapidement à l'horizon. La journée tout entière s'était écoulée dans les péripéties émouvantes de la chasse.

L'hacienda de la Noria était éloignée de près de dix lieues ; il était urgent de se mettre en route le plus tôt possible, si l'on ne voulait pas être exposé à camper à la belle étoile.

Les hommes auraient facilement pris leur parti de ce léger désagrément, qui, dans un climat comme celui du Nouveau-Mexique et à cette époque de l'année, n'a rien de bien pénible, mais il y avait des dames dans la compagnie ; laissées une ou deux lieues en arrière, elles devaient être inquiètes de l'absence des chasseurs, absence qui, comme cela arrive souvent lorsqu'il s'agit de chasse, s'était prolongée bien au delà de toutes les prévisions.

Don Miguel de Zarate donna à ses vaqueros des ordres pour que les chevaux pris pendant la journée fussent marqués à son chiffre, et les chasseurs reprirent en riant et causant entre eux le chemin des tentes, où les dames étaient restées.

1. Cette façon de dompter les chevaux est bien connue des Indiens ; nous livrons ce fait sans commentaires à la sagacité des lecteurs.

Les vaqueros qui avaient servi de traqueurs pendant la chasse restèrent pour garder les chevaux.

Dans ces pays, où il n'y a pas de crépuscule, la nuit succède presque sans transition au jour. Aussitôt que le soleil fut couché, les chasseurs se trouvèrent dans une obscurité complète, car au fur et à mesure que le soleil déclinait à l'horizon, l'ombre envahissait le ciel dans des proportions égales, et au moment où l'astre du jour disparut, la nuit fut complète.

Le désert, jusqu'alors silencieux, sembla s'éveiller tout à coup; les oiseaux, engourdis par la chaleur, commencèrent un formidable concert auquel, par intervalles, se joignirent, dans les profondeurs inexplorées des forêts, les glapissements des *carcajous* et les aboiements des coyotes qui se mêlaient aux rugissements rauques des bêtes fauves sorties de leurs repaires pour venir se désaltérer dans les eaux du fleuve.

Puis, peu à peu, les cris, les chants et les hurlements cessèrent, et l'on n'entendit plus que les pas pressés des chevaux des chasseurs sur les cailloux de la route.

Un silence solennel semblait peser sur cette nature abrupte et primitive; par intervalles, les cimes vertes des arbres et des hautes herbes s'inclinaient lentement avec un bruissement prolongé de feuilles et de branches, comme si un souffle mystérieux pesait sur elles et les obligeait à se courber.

Il y avait quelque chose de saisissant et de terrible à la fois dans l'aspect imposant que présentait la prairie à cette heure de nuit, sous ce ciel éblouissant d'étoiles brillantes qui scintillaient comme des émeraudes, en face de cette immensité sublime qui ne laissait entendre qu'une voix, celle de Dieu!

L'homme jeune et enthousiaste auquel il est donné d'assister à un pareil spectacle sent un frisson parcourir tout son corps; il éprouve un sentiment de bien-être indéfinissable et une volupté inouïe à plonger son regard de tous les côtés dans ce désert, dont les profondeurs inexplorées lui cachent tant de secrets inexplicables et lui montrent dans toute sa grandeur et son omnipotence la majesté divine.

Bien des fois, pendant nos courses aventureuses sur le continent américain, marchant au hasard pendant ces belles nuits si pleines de charmes que rien ne peut faire comprendre à ceux qui ne les ont pas ressenties, nous nous sommes laissé aller aux douces sensations que nous éprouvions; nous isolant et nous absorbant en nous-même, nous tombions dans un état de béatitude dont rien n'avait le pouvoir de nous tirer.

Les chasseurs, si rieurs et si causeurs au départ, avaient subi cette influence toute-puissante du désert, et s'avançaient rapides et silencieux, n'échangeant qu'à de longs intervalles de brèves paroles entre eux.

Cependant le calme le plus complet continuait à régner dans le désert.

Grâce à l'étonnante transparente de l'atmosphère, la vue pouvait s'étendre au loin : rien de suspect ne se laissait voir.

Les lucioles et les mouches à feu volaient insoucieuses sur la cime des herbes; déjà apparaissaient à une demi-lieue au plus en avant les lueurs tremblotantes des feux allumés devant les tentes vers lesquelles se dirigeaient les chasseurs.

A un signal de don Miguel, la troupe, qui jusqu'alors n'avait marché qu'au trot, prit un galop assez allongé; chacun avait hâte de sortir de ce lieu qui, dans les ténèbres, avait pris un aspect sinistre.

Ils arrivèrent ainsi jusqu'à une centaine de pas des feux dont les lueurs rougeâtres se reflétaient au loin sur les arbres, lorsque tout à coup un hurlement horrible traversa l'espace, et de derrière chaque buisson, chaque hallier, s'élança un cavalier indien, brandissant ses armes et faisant caracoler son cheval autour des blancs en poussant son cri de guerre.

Les Mexicains, surpris à l'improviste, furent entourés avant même qu'ils fussent assez revenus de leur stupeur pour songer à faire usage de leurs armes.

D'un coup d'œil don Miguel jugea la position, elle était critique.

Les chasseurs n'étaient tout au plus qu'une vingtaine.

Le nombre des guerriers comanches qui les cernaient se montait à trois cents.

Les Comanches et les Apaches sont les plus implacables ennemis de la race blanche. Dans leurs invasions périodiques sur les frontières, ils ne font presque jamais de prisonniers, ils tuent sans pitié tous ceux qui tombent en leur pouvoir.

Cependant les Mexicains s'étaient ralliés. Certains du sort qui les attendait, ils étaient résolus à vendre chèrement leur vie.

Il y eut un instant d'attente suprême avant le combat qui allait s'engager.

Soudain un cavalier indien fit bondir son cheval hors des rangs de ses guerriers et s'avança à trois pas de la petite troupe mexicaine.

Arrivé là, il s'arrêta et déploya sa robe de bison en signe de paix.

Le gouverneur de la province fit le geste d'un homme qui se prépare à répondre à une interpellation.

— Laissez-moi me charger de la négociation, lui dit don Miguel; je connais les Indiens mieux que vous, peut-être parviendrai-je à nous sortir du mauvais pas dans lequel nous sommes.

— Faites, répondit le gouverneur.

Le général Ibañez était le seul qui fût resté calme et impassible lors de la surprise : il ne fit pas un mouvement pour saisir ses armes; au contraire, il se croisa nonchalamment les bras sur la poitrine et jeta un regard railleur à ses compagnons en sifflotant une seguidilla entre ses dents.

Don Pablo s'était placé aux côtés de son père, prêt à le défendre au péril de sa vie.

Le chef indien prit la parole :

— Que les Faces-Pâles écoutent, dit-il, un sachem va parler.

— Nous n'avons pas le temps de prêter l'oreille aux paroles insidieuses que vous vous préparez à nous dire, chef, répondit don Miguel d'une voix hautaine; retirez-vous; ne vous obstinez pas à nous barrer le passage, sinon il y aura du sang répandu.

— Les Visages-Pâles l'auront voulu, reprit le Comanche d'une voix douce. Les Indiens ne veulent pas de mal aux guerriers pâles.

— Pourquoi cette attaque subite, alors? Le chef est fou, nous ne nous laissons pas tromper si facilement qu'il paraît le supposer ; nous savons fort bien qu'il en veut à nos chevelures.

— Non, l'Unicorne désire faire un traité avec les Visages-Pâles.

— Voyons, chef, expliquez-vous ; peut-être vos intentions sont-elles en effet telles que vous le dites ; je ne veux pas avoir à me reprocher de m'être obstiné à ne pas vous écouter.

L'Indien sourit.

— Bon, dit-il, le grand chef blanc devient raisonnable ; qu'il écoute donc les paroles que prononcera l'Unicorne.

— Allez, chef, mes compagnons et moi nous écoutons.

— Les Visages-Pâles sont des chiens voleurs, dit le chef d'une voix rude ; ils font aux Peaux-Rouges une guerre continuelle, achetant leurs chevelures comme si c'étaient des fourrures de bêtes fauves, mais les Comanches sont des guerriers magnanimes qui dédaignent de se venger ; les femmes des blancs sont en leur pouvoir, ils les rendront.

A ces paroles, un frisson de terreur parcourut les rangs des chasseurs ; le courage leur manqua ; ils n'eurent plus qu'un désir, celui de sauver celles qui étaient si misérablement tombées entre les mains de ces hommes sanguinaires.

— A quelles conditions les Comanches rendront-ils leurs prisonnières ? demanda don Miguel, dont le cœur se serra à la pensée de sa fille, qui, elle aussi, était prisonnière. Intérieurement, il maudit Valentin, dont le conseil fatal était seul cause de l'effroyable malheur qui le frappait en ce moment.

— Les Faces-Pâles, continua le chef, mettront pied à terre et se placeront sur une ligne ; l'Unicorne choisira parmi ses ennemis ceux qu'il lui conviendra d'emmener prisonniers ; les autres seront libres et toutes les femmes seront rendues.

— Ces conditions sont dures, chef ; ne pouvez-vous les modifier ? demanda l'haciendero.

— Un chef n'a qu'une parole : les Faces-Pâles consentent-ils ?

— Un instant, laissez-nous au moins quelques moments pour nous consulter.

— Bon, que les blancs se consultent, l'Unicorne leur accorde dix minutes, répondit l'Indien.

Et, faisant pirouetter son cheval, il rejoignit les siens.

Don Miguel se tourna vers ses amis :

— Eh bien, que pensez-vous de ce qui se passe ?

Les Mexicains étaient atterrés ; cependant ils étaient contraints de s'avouer que la conduite des Indiens était extraordinaire, et que jamais ils n'avaient fait preuve d'autant de mansuétude.

Maintenant que la réflexion avait fait place à la première surexcitation morale qui s'était emparée d'eux dans le premier moment, ils comprenaient qu'une lutte contre des ennemis si nombreux était insensée, qu'elle n'aboutirait qu'à rendre leur position plus mauvaise qu'elle l'était en réalité, que les conditions du chef, toutes dures qu'elles paraissaient, offraient au moins quelques chances de salut à une partie d'entre eux, et que les femmes seraient sauvées.

Cette dernière et toute-puissante considération les décida. Don Miguel n'eut pas de peine à les convaincre de la nécessité de se soumettre; bien qu'il leur en coûtât, ils descendirent de leurs chevaux et se rangèrent sur une ligne ainsi que le chef l'avait exigé d'eux.

Don Miguel et son fils se placèrent en tête.

L'Unicorne, avec ce courage froid qui caractérise les Indiens, s'avança alors seul vers les Mexicains qui avaient leurs armes et auraient pu peut-être, poussés par le désespoir et au risque d'être tous massacrés, le sacrifier à leur vengeance.

Le chef avait, lui aussi, mis pied à terre. Les mains derrière le dos, les sourcils froncés, il commença son inspection terrible.

Bien des cœurs se serraient à son approche, car c'était une question de vie ou de mort qui se décidait pour les malheureux; seule la perspective des tortures atroces qui menaçaient leurs femmes avaient pu les faire consentir à cette humiliante et dégradante condition.

L'Unicorne fut généreux.

De tous les Mexicains, il n'en conserva que huit, les autres eurent la permission de monter à cheval et de sortir du cercle fatal qui les enserrait.

Seulement, par un hasard étrange ou par une préméditation dont la cause leur échappait, ces huit prisonniers, au nombre desquels se trouvaient le gouverneur, le général Isturitz et le juge criminel don Luciano Perez, se trouvaient être les personnages les plus importants de la compagnie et justement les chefs du gouvernement de la province.

Ce ne fut pas sans étonnement que don Miguel en fit l'observation.

Du reste, les Comanches exécutèrent fidèlement les conditions qu'eux-mêmes avaient posées; les dames mexicaines furent immédiatement rendues à la liberté.

Elles avaient été traitées avec les plus grands égards par les Indiens, qui avaient surpris leur camp et s'étaient emparés d'elles à peu près de la même façon qu'ils avaient surpris les chasseurs, c'est-à-dire que le camp avait été envahi de tous les côtés à la fois.

Chose digne de remarque dans une embuscade indienne, pas une goutte de sang n'avait été versée.

Après les instants donnés au bonheur de revoir sa fille saine et sauve, don Miguel résolut de faire une dernière tentative auprès de l'Unicorne en faveur des malheureux restés en son pouvoir.

Le chef l'écouta avec déférence, le laissa parler sans l'interrompre; puis il lui répondit avec un sourire d'une expression que l'haciendero chercha vainement à s'expliquer:

— Mon père a du sang indien dans les veines; les Peaux-Rouges l'aiment; jamais ils ne lui feront un mal, si minime qu'il soit. L'Unicorne voudrait pouvoir lui rendre immédiatement les prisonniers dont il ne se soucie que fort peu, mais cela est impossible; mon père lui-même regretterait bientôt la condescendance de l'Unicorne à sa volonté; mais, afin de prouver à mon père combien le chef tient à cœur de faire une chose qui lui soit agréable, les prisonniers ne seront pas maltraités, ils en seront quittes pour quelques jours d'ennui : l'Unicorne consent à les mettre à rançon au lieu de les garder en esclavage ; mon père peut leur annoncer lui-même cette bonne nouvelle.

— Merci, chef, répondit don Miguel ; la noblesse de votre caractère me touche le cœur ; je ne l'oublierai pas. Soyez persuadé que, dans n'importe quelle circonstance, je serai heureux de vous prouver combien je vous en suis reconnaissant.

Le chef s'inclina gracieusement et se retira, afin de laisser à l'haciendero la liberté de communiquer avec ses compagnons.

Ceux-ci étaient tristement assis sur le sol, mornes et abattus ; don Miguel leur rapporta la conversation qu'il avait eue avec l'Unicorne et la promesse de celui-ci à leur égard.

Cette nouvelle leur rendit tout leur courage ; ce fut avec les paroles les plus affectueuses et les marques de la joie la plus vive qu'ils remercièrent l'haciendero de la démarche qu'il avait tentée en leur faveur.

En effet, grâce à la promesse de les mettre à rançon au bout de huit jours, et de les bien traiter pendant qu'ils seraient prisonniers, leur captivité n'avait plus rien d'effrayant, ce n'était plus qu'une de ces mille contrariétés auxquelles on est exposé par le hasard, mais dont les proportions s'étaient si bien amoindries à leurs yeux, qu'avec cette insouciance qui forme le fond du caractère mexicain, qui est peut-être le peuple le plus léger qui existe, ils furent les premiers à rire de leur malheur.

Cependant don Miguel avait hâte de s'éloigner ; il prit congé de ses amis et rejoignit le chef. Celui-ci lui renouvela l'assurance que les prisonniers seraient libres dans huit jours, s'ils consentaient à payer chacun une rançon dont la valeur n'excéderait pas mille piastres, ce qui était une misère ; il assura ensuite l'haciendero qu'il était libre de se retirer quand bon lui semblerait et qu'il ne s'opposait nullement à son départ.

Don Miguel ne se fit pas répéter l'invitation ; ses amis et lui montèrent immédiatement à cheval ainsi que les dames, qui furent placées au centre du détachement, et, après avoir pris congé de l'Unicorne, les Mexicains enfoncèrent les éperons dans le ventre de leurs chevaux et partirent au galop, heureux d'en être quittes à si bon compte.

Bientôt les feux du camp disparurent bien loin en arrière ; le général Ibañez s'approcha alors de son ami, et se penchant à son oreille :

— Don Miguel, lui dit-il à voix basse, est-ce que les Comanches seraient nos alliés ? il me semble qu'ils nous ont ce soir donné un rude coup d'épaule pour le succès de notre entreprise.

Cette pensée, comme un rayon lumineux, avait déjà traversé plusieurs fois le cerveau de l'haciendero.

— Je ne sais, répondit-il avec un fin sourire ; mais, dans tous les cas, mon cher général, ce sont de bien adroits ennemis.

La petite troupe continua à s'avancer rapidement vers l'hacienda qui n'était plus très éloignée et que l'on avait l'espoir d'atteindre avant le lever du soleil.

Les événements que nous avons rapportés s'étaient passés en moins d'une heure.

LE CHERCHEUR DE PISTES

Valentin bondit comme une panthère, saisit le cheval par la bride et l'arrêta net.

XXII

LA RENCONTRE

— Pardieu! disait le général Ibañez, il faut avouer que ces diables rouges nous ont rendu, sans s'en douter, un immense service; on aurait dit, le diable m'emporte! qu'ils agissaient avec connaissance de cause. Cet Unicorne, ainsi que se nomme leur chef, est un homme précieux en certaines circonstances; je tiens à cultiver sa connaissance, on ne sait pas ce qui peut arriver; il est souvent bon d'avoir pour ami un gaillard aussi intelligent que celui-là.

— Vous plaisantez toujours, général; quand donc serez-vous sérieux une bonne fois? répondit en souriant don Miguel.

— Mon ami, que voulez-vous, nous jouons en ce moment notre tête dans une partie désespérée, gardons pour nous au moins la gaieté; si nous sommes vaincus, il sera temps d'être triste et de faire d'amères réflexions sur l'instabilité des choses humaines.

— Oui, votre philosophie ne manque pas d'une certaine pointe de fatalisme qui la relève à mes yeux; je suis heureux de vous voir dans ces bonnes dispositions, surtout au moment où nous nous préparons à jouer notre dernière partie.

— Tout n'est pas désespéré encore, et j'ai un secret pressentiment que tout au contraire, est pour le mieux; notre ami le Chercheur de pistes est, j'en suis convaincu, pour quelque chose, sinon pour tout, dans ce qui nous arrive.

— Le croyez-vous? demanda vivement don Miguel.

— Non seulement je le crois, mais encore j'en suis sûr. Comme moi, mon ami, vous connaissez les *Indios bravos*, vous savez la haine implacable qu'ils nous ont vouée; la guerre qu'ils nous font est atroce; pour que tout à coup, sans raison plausible, ils se soient métamorphosés de loups en agneaux, il faut qu'une raison bien forte les ait contraints à agir ainsi : l'on n'abjure pas en quelques minutes une haine qui dure depuis des siècles. Les Comanches, les choix qu'ils ont faits parmi nous le prouve, connaissent l'importance des prisonniers dont ils se sont emparés; comment se fait-il qu'ils consentent aussi facilement à s'en défaire pour une rançon insignifiante? Il y a là pour moi un problème insoluble.

— Bien facile à expliquer pourtant, dit une voix railleuse qui partit de derrière les buissons.

Les deux Mexicains tressaillirent et arrêtèrent subitement leurs chevaux.

Un homme s'élança d'un taillis et parut tout à coup au milieu du sentier que suivait la petite troupe des chasseurs.

Ceux-ci, croyant à une nouvelle attaque et à une trahison des Comanches, saisirent leurs armes.

— Arrêtez! s'écria vivement don Miguel! cet homme est seul, laissez-moi lui parler.

Chacun attendit, la main sur ses armes.

— Holà! continua don Miguel en s'adressant à l'inconnu qui restait immobile au milieu du sentier, nonchalamment appuyé sur son fusil, qui êtes-vous, mon maître?

— Ne me reconnaissez-vous pas, don Miguel, et faut-il absolument que je vous dise mon nom? répondit en riant l'inconnu.

— Le Chercheur de pistes! s'écria don Miguel.

— Lui-même, reprit Valentin. Diable! vous êtes long à reconnaître vos amis.

— Vous nous pardonnerez lorsque vous saurez ce qui nous est arrivé et combien nous devons nous tenir sur nos gardes.

— Parbleu ! fit Valentin en riant et en réglant son pas sur le trot des chevaux, croyez-vous m'apprendre quelque chose de nouveau ? ne vous êtes-vous donc pas douté réellement d'où partait le coup ?

— Eh quoi ! s'écria don Miguel avec étonnement, ce serait vous...

— Qui donc, si ce n'est moi ? Pensez-vous que les Espagnols soient assez amis des Indiens pour qu'ils agissent entre eux, quand ils se trouvent face à face dans le désert, avec de si grands ménagements ?

— J'en étais sûr ! appuya le général Ibañez, je l'avais deviné au premier moment.

— Mon Dieu, rien de plus simple : votre position, grâce à la trahison du Cèdre-Rouge, était des plus critiques ; j'ai voulu vous donner le temps de vous retourner en supprimant pour quelques jours les obstacles qui s'opposaient à la réussite de vos projets ; j'ai réussi, je crois.

— On ne peut mieux, s'écria le général.

— Oh ! fit don Miguel d'un ton de reproche, pourquoi vous êtes-vous caché de moi ?

— Par une raison bien simple, mon ami : j'ai voulu en cette circonstance que votre volonté et votre conscience fussent libres.

— Mais...

— Laissez-moi finir : si je vous avais fait part de mon projet, il est certain que vous vous y seriez opposé. Vous êtes un homme d'honneur, don Miguel, votre cœur est profondément loyal.

— Mon ami...

— Répondez-moi : si je vous avais expliqué le plan que j'avais conçu, qu'auriez-vous fait ?

— Mais...

— Répondez franchement, sans tergiverser.

— Eh bien, j'aurais refusé.

— J'en étais sûr. Pourquoi auriez-vous refusé ? parce que vous n'auriez jamais consenti à violer les droits de l'hospitalité et à livrer les ennemis que vous abritiez sous votre toit, tout en sachant pertinemment que ces hommes, en vous quittant, auraient considéré comme un devoir de s'emparer de vous, et que même à vos côtés, mangeant à votre table, ils surveillaient vos moindres actions ; n'est-ce pas cela ?

— C'est vrai : mon honneur de gentilhomme se serait révolté ; je n'aurais pu laisser accomplir devant mes yeux une si horrible trahison.

— Là ! vous voyez bien que j'ai sagement agi en ne vous disant rien ; de cette façon, votre honneur est à couvert, votre conscience tranquille, et je vous ai, de la façon la plus simple, débarrassé pour quelques jours de vos ennemis.

— C'est vrai ; cependant...

— Quoi ? les prisonniers ont-ils eu à se plaindre de la manière dont on les a traités ?

— Nullement ; au contraire, les Comanches et l'Unicorne en particulier ont été parfaits pour eux.

— Tout est pour le mieux alors; vous devez vous féliciter du succès inespéré que vous avez obtenu ; il s'agit maintenant d'en profiter sans retard.
— C'est ce que je compte faire.
— Il faut agir de suite.
— Je ne demande pas mieux ; tout est prêt, nos hommes sont préveus, au premier signal ils se lèveront.
— Ce signal, il faut immédiatement le donner.
— Le temps de laisser ma fille à l'hacienda, puis, accompagné de mes amis, je marcherai sur le Paso, tandis que le général Ibañez, à la tête d'une seconde troupe, s'emparera de Santa-Fé.
— Ce projet est bien conçu. Pouvez-vous compter sur les personnes qui vous suivent ?
— Oui toutes sont ou mes parents ou mes amis.
— De mieux en mieux. N'allons pas plus loin : nous voici à cheval sur la route de Paso et celle de votre hacienda ; laissez souffler quelques instants vos chevaux pendant que je vous communiquerai un projet que j'ai conçu et qui, je le crois, vous sourira
La petite troupe s'arrêta.
Les cavaliers mirent pied à terre et s'étendirent sur le gazon.
Tous connaissaient la conspiration ourdie par don Miguel et à des degrés différents étaient ses complices.
Cette halte ne les étonna donc pas, car ils soupçonnèrent que le moment d'agir n'était pas éloigné et que leur chef voulait sans doute prendre ses dernières mesures avant de lever le masque et de proclamer l'indépendance du Nouveau-Mexique.
En les invitant à la chasse aux chevaux sauvages, don Miguel ne leur avait pas laissé ignorer la trahison du Cèdre-Rouge et la nécessité dans laquelle il se trouvait de frapper un grand coup s'il ne voulait pas que tout fût perdu sans retour.
Valentin emmena l'haciendero et le général à une légère distance.
Lorsqu'ils se trouvèrent hors de la portée de la voix, le chasseur explora avec soin les environs, puis, au bout de quelques minutes, il rejoignit ses amis, que sa manière d'agir intriguait fortement.
— Caballeros, leur dit-il, que comptez-vous faire ? Dans votre position, les minutes sont des siècles ; êtes-vous prêts à faire votre *pronunciamento* ?
— Oui, répondirent-ils.
— Voici ce que je vous propose : vous, don Miguel, vous allez immédiatement vous diriger sur le Paso ; à une demi-lieue de la ville vous trouverez Curumilla avec une vingtaine des meilleurs rifles de la frontière ; ces hommes, sur lesquels vous pouvez compter, sont des chasseurs canadiens et indiens qui me sont dévoués, ils vous formeront un noyeau de troupe suffisant pour vous emparer sans coup férir du Paso, qui n'est défendu que par une garnison de quarante soldats. Ce projet vous sourit-il?
— Oui, je vais immédiatement le mettre à exécution... Mais ma fille.
— Je m'en charge; vous me laisserez aussi votre fils don Pablo, je les

conduirai tous deux à l'hacienda. Quant aux autres dames, arrivées à la ville, elles rentreront tout simplement chez elles, ce qui, je le crois, n'offre aucune difficulté.

— Aucune.
— Bien! ainsi voilà qui est convenu.
— Parfaitement.
— Quant à vous, général, vos hommes ont été par mes soins échelonnés par troupes de dix et vingt hommes sur la route de Santa-Fé, jusqu'à deux lieues de la ville, en sorte que vous n'aurez qu'à les amener; vous vous trouverez ainsi, en moins de trois heures, à la tête de cinq cents hommes résolus et bien armés.

— Eh! Valentin, mon ami, répondit en riant le général, savez-vous qu'il y a en vous l'étoffe d'un chef de parti, et que je suis presque jaloux de vous?
— Oh! vous auriez tort, général; car je vous assure que je suis bien désintéressé dans la question.
— Eh! mon ami, je le sais; vous êtes un chasseur libre du désert, auquel nos mesquines idées importent fort peu.
— C'est vrai; mais j'ai voué à don Miguel et à sa famille une amitié qui ne finira qu'avec ma vie. Je tremble pour lui et pour ses enfants, lorsque je songe aux périls sans nombre qui l'entourent, et je cherche à lui venir en aide autant que mon expérience et mon activité me le permettent. Voilà tout le secret de ma conduite.
— Cette profession de foi était au moins inutile, mon ami; je vous connais trop, et depuis trop longtemps, pour douter de vos intentions. Aussi, vous le voyez, j'ai en vous une si grande confiance, que j'accepte vos idées sans même les discuter, tant je suis convaincu de la pureté de vos intentions.
— Merci, don Miguel; vous m'avez bien jugé. Voyons, messieurs, à cheval, et partons. C'est ici que nous devons nous séparer : vous, don Miguel, pour vous diriger par le sentier de droite sur le Paso; vous, général, par celui de gauche sur Santa-Fé; moi, avec don Pablo et sa sœur, je continuerai à marcher devant moi jusqu'à l'hacienda de la Noria.
— A cheval, donc! s'écria résolument l'haciendero, et Dieu défende le droit!
— Oui, ajouta le général; car, à compter de ce moment, la révolution est commencée.

Les trois hommes revinrent vers leurs amis.

Don Miguel dit quelques mots à sa fille et à son fils, qui s'approchèrent de Valentin, qu'ils reconnurent avec joie.

En un instant toute la troupe fut en selle.
— Le sort en est jeté! s'écria Valentin; Dieu vous garde, messieurs!
— En route! commanda don Miguel.
— En route! répéta le général Ibañez en s'élançant dans une direction opposée.

Valentin suivit du regard ses amis qui s'éloignaient; bientôt leurs silhouettes noires se confondirent avec les ténèbres, puis le pas de leurs chevaux s'éteignit dans la nuit.

Valentin poussa un soupir, et relevant la tête :

— Dieu les protégera, murmura-t-il ; se tournant ensuite vers les deux jeunes gens : Marchons, mes enfants, dit-il.

Ils se mirent en route.

Pendant quelques instants ils gardèrent le silence.

Valentin était trop préoccupé pour adresser la parole à ses compagnons ; cependant doña Clara et don Pablo, dont la curiosité était excitée au plus haut degré, brûlaient de l'interroger.

Enfin la jeune fille, auprès de laquelle marchait le chasseur, de ce pas gymnastique qui suivait sans peine le trot d'un cheval, se pencha vers lui :

— Mon ami, lui dit-elle de sa voix douce, que se passe-t-il donc? Pourquoi mon père nous a-t-il quittés au lieu de venir avec nous à l'habitation?

— Oui, ajouta don Pablo ; il semblait agité en se séparant de nous, sa voix était sévère, sa parole brève : que se passe-t-il donc, ami? pourquoi mon père n'a-t-il pas consenti à ce que je l'accompagne?

Valentin hésita à répondre.

— Je vous en prie, ami, reprit doña Clara, ne nous laissez pas dans cette inquiétude mortelle ; l'annonce d'un malheur nous ferait, certes, moins de mal que cette perplexité dans laquelle nous nous trouvons.

— Pourquoi voulez-vous m'obliger à parler, mes enfants? répondit le chasseur d'une voix triste ; ce secret que vous me demandez ne m'appartient pas. Si votre père ne vous a pas fait part de ses projets, c'est que sans doute de grandes raisons s'y opposent. Ne me contraignez pas à vous attrister davantage en vous apprenant des choses que vous ne devez pas savoir.

— Mais je ne suis pas un enfant, moi, s'écria don Pablo avec impatience ; il me semble que mon père n'aurait pas dû manquer ainsi de confiance en moi.

— N'accusez pas votre père, mon ami, répondit Valentin gravement, sans doute il ne pouvait pas agir autrement.

— Valentin! Valentin! je ne me payerai pas de ces mauvaises raisons, s'écria le jeune homme : au nom de notre amitié, je veux que vous m'expliquiez!...

— Silence! interrompit tout à coup le chasseur, j'entends des bruits suspects autour de nous.

Les trois voyageurs s'arrêtèrent en prêtant l'oreille.

Tout était calme.

L'hacienda de la Noria s'élevait à cinq cents pas au plus de l'endroit où se trouvaient les trois personnes.

Ni don Pablo ni doña Clara n'entendirent rien.

Valentin leur fit signe de rester immobiles ; il se coucha à terre et appliqua son oreille sur le sol.

— Suivez-moi, dit-il, il se passe ici quelque chose qui m'inquiète et que je ne puis définir.

Les jeunes gens le suivirent sans hésiter.

A peine avaient-ils fait quelques pas que Valentin s'arrêta :

— Vos armes sont-elles chargées? demanda-t-il brusquement à don Pablo.

— Oui, répondit celui-ci.

— Bien ; peut-être bientôt faudra-t-il vous en servir.

Tout à coup le galop d'un cheval lancé à toute bride retentit à peu de distance.

— Attention! murmura Valentin.

Cependant le cavalier, quel qu'il fût, avançait rapidement dans la direction des voyageurs; bientôt il se trouva près d'eux.

Soudain Valentin bondit comme une panthère, saisit le cheval par la bride et l'arrêta net.

— Qui êtes-vous, et où allez-vous? s'écria-t-il en appuyant le canon d'un pistolet sur la poitrine de l'inconnu.

— Dieu soit loué! s'écria celui-ci sans répondre à la question qui lui était faite, peut-être pourrai-je vous sauver! Fuyez! fuyez! hâtez-vous!

— Le père Séraphin! s'écria Valentin avec stupeur en baissant son pistolet; qu'est-il arrivé, mon Dieu?

— Fuyez! fuyez! répéta le missionnaire, qui semblait en proie à la plus profonde terreur.

XXIII

L'ENLÈVEMENT

Le Cèdre-Rouge et Fray Ambrosio n'étaient pas restés inactifs depuis leur dernière entrevue jusqu'au jour où don Miguel était parti pour la grande chasse aux chevaux sauvages.

Ces deux personnages si bien faits pour s'entendre avaient manœuvré avec une adresse extrême.

Fray Ambrosio, dont tous les instincts cupides avaient été tenus en éveil depuis qu'il avait si bien volé au pauvre Joaquin le secret du placer, s'était hâté de récolter une formidable collection de bandits, comme il en foisonne sur les frontières indiennes.

En quelques jours, il s'était trouvé à la tête d'une troupe de cent vingt aventuriers, hommes de sac et de corde, dont il se croyait d'autant plus sûr que le but réel de l'expédition ne leur avait pas été révélé, et qu'ils croyaient simplement être engagés pour faire une *partie de guerre* et aller à la *chasse aux chevelures*.

Ces hommes, qui tous connaissaient de réputation le Cèdre-Rouge, brûlaient de partir, tant ils étaient sûrs avec un tel chef de faire une productive expédition.

Deux hommes seuls faisaient tache dans cette troupe entièrement composée de drôles de toute sorte, et dont le moins compromis avait au moins trois ou quatre meurtres sur la conscience. Ces deux hommes étaient les chasseurs canadiens Harry et Dick, qui se trouvaient, pour des raisons que le lecteur a devinées sans doute, fourvoyés à leur grand regret au milieu de ces bandits.

Pourtant nous devons dire, pour rendre complètement justice aux soldats de Fray Ambrosio, que c'étaient tous de rudes chasseurs, habitués de longue main à la vie du désert, qui en connaissaient tous les périls et n'en redoutaient nullement les dangers.

Fray Ambrosio, qui craignait pour ses soldats l'influence du mezcal et du pulque, les avait fait camper à l'entrée du désert, à une distance assez grande du Paso del Norte, afin qu'ils ne pussent pas facilement s'y rendre.

Les aventuriers passaient joyeusement le temps à jouer, non pas leur argent, ils n'en avaient pas, mais les chevelures que plus tard ils comptaient enlever aux Indiens, et qui chacune leur représentait une somme assez ronde.

Cependant Fray Ambrosio, dès que son expédition avait été complètement organisée, n'avait plus eu qu'un désir, celui de se mettre en route au plus vite.

Mais pendant deux jours le Cèdre-Rouge fut introuvable.

Enfin, Fray Ambrosio parvint à le découvrir au moment où il rentrait dans son jacal.

— Qu'êtes-vous donc devenu? lui demanda-t-il.

— Que vous importe, répondit brutalement le squatter, ai-je donc des comptes à vous rendre?

— Je ne dis pas cela; cependant, liés comme nous le sommes en ce moment, il serait bon que je pusse savoir où vous prendre quand j'ai besoin de vous.

— Après?... j'ai fait mes affaires comme vous avez fait les vôtres.

— Bon, êtes-vous content?

— Très content, répondit-il avec un sourire sinistre; vous apprendrez bientôt le résultat de mes courses et de mes démarches.

— Tant mieux; si vous êtes content, moi aussi je le suis.

— Ah! ah!

— Oui, tout est prêt pour le départ.

— Partons!

— Je ne demande pas mieux.

— Demain si vous voulez.

— Ou cette nuit.

— C'est cela : vous êtes comme moi, vous n'aimez pas voyager de jour à cause de la chaleur du soleil.

Les deux complices sourirent de cette délicate plaisanterie.

— Mais avant de partir, continua le squatter en redevenant sérieux, nous avons encore quelque chose à faire ici.

— Quoi donc? demanda Fray Ambrosio avec candeur.

— C'est étonnant comme vous avez la mémoire courte; prenez-y garde, ce défaut pourrait quelque jour vous jouer un vilain tour.

— Merci. Je tâcherai de m'en corriger.

— Oui, le plus tôt possible sera le mieux; en attendant, je vais vous rafraîchir la mémoire.

— Je vous serai obligé.

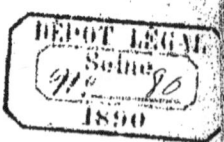

Les chevaux à demi sauvages glissaient dans la nuit avec une vitesse qui tenait du prodige.

— Et doña Clara, croyez-vous donc que nous allons la laisser en arrière ?
— Hum ! Ainsi, vous y tenez toujours ?
— Pardieu, plus que jamais.
— C'est qu'elle n'est pas facile à enlever en ce moment.
— Bah ! pourquoi donc cela ?

— D'abord, elle n'est pas à l'hacienda.
— Ceci est une raison.
— N'est-ce pas?
— Oui, mais elle est quelque part, hein? fit le squatter avec un rire goguenard.
— Elle est avec son père à la chasse aux chevaux sauvages.
— La chasse est finie, les chasseurs sont en route pour revenir.
— Vous êtes bien instruit.
— C'est mon métier. Voyons, voulez-vous toujours me servir?
— Il le faut bien.
— Voilà comme je vous aime. Il ne doit pas y avoir grand monde à l'hacienda?
— Une dizaine d'individus tout au plus.
— De mieux en mieux. Écoutez-moi : il est quatre heures de l'après-midi, j'ai une course à faire; rendez-vous à l'hacienda, je m'y trouverai ce soir à neuf heures avec vingt hommes résolus; vous m'ouvrirez la petite porte du *corral*, et laissez-moi agir ensuite, je réponds de tout.
— Enfin, puisque vous le voulez... fit en souriant Fray Ambrosio.
— Allons-nous recommencer encore? dit d'un ton menaçant le squatter en se levant.
— Non, non, c'est inutile, s'écria le moine, je vous attendrai.
— Bon ! Adieu, à ce soir!
— A ce soir!
Sur ce, les deux complices se séparèrent.
Tout arriva comme ils l'avaient arrangé entre eux.
A neuf heures du soir, le Cèdre-Rouge se trouva à la petite porte, qui lui fut ouverte par Fray Ambrosio, et le squatter s'introduisit dans l'hacienda avec ses trois fils et une troupe de bandits.
Les peones, surpris dans leur sommeil, furent garrottés avant même de savoir ce dont il s'agissait.
— Maintenant, dit le Cèdre-Rouge, nous voici maîtres de la place; la jeune fille peut venir quand elle le voudra.
— Eh! fit le moine, tout n'est pas fini encore; don Miguel est un homme résolu; il est bien accompagné, il ne laissera pas ainsi enlever sa fille sous ses yeux sans la défendre.
— Don Miguel ne viendra pas, répondit le squatter avec un sourire sardonique.
— Comment le savez-vous?
— Cela ne vous regarde pas.
— Nous verrons.
Mais les bandits avaient oublié le père Séraphin.
Le missionnaire, réveillé par le bruit insolite qu'il entendait dans l'hacienda, s'était levé en toute hâte; il avait entendu les quelques mots échangés entre les deux complices; ces quelques mots suffirent pour lui faire deviner l'épouvantable trahison qu'ils méditaient.
N'écoutant que son cœur, le missionnaire se glissa dans le corral, sella un

cheval, et, ouvrant une porte de dégagement dont il portait la clef sur lui afin de rentrer et de sortir de l'hacienda lorsque son ministère l'exigeait, il s'élança à fond de train dans la direction qu'il supposait que les chasseurs devaient prendre pour revenir à l'hacienda.

Malheureusement le père Séraphin n'avait pu accomplir sa fuite sans que l'oreille exercée du squatter et de ses bandits qui, en ce moment, buvaient à longs traits dans une salle basse les liqueurs de l'hacendero, entendit des bruits suspects et inquiétants.

— Malédiction! s'écria le Cèdre-Rouge en se précipitant, le rifle à la main, vers une fenêtre qu'il brisa d'un coup de poing, nous sommes trahis!

Les bandits se jetèrent en désordre dans le corral où leurs chevaux étaient attachés et se mirent en selle.

En ce moment une ombre passa avec rapidité dans la campagne en face du squatter.

Le Cèdre-Rouge épaula rapidement son rifle et fit feu.

Puis il se pencha en dehors.

Un cri étouffé arriva jusqu'à lui.

Mais celui sur lequel avait tiré le bandit courait toujours.

— C'est égal, murmura le squatter, ce bel oiseau a du plomb dans l'aile. Alerte! alerte! en chasse! en chasse!

Et tous les bandits, roulant comme un ouragan, se précipitèrent à la poursuite du fugitif.

Le père Séraphin était tombé évanoui dans les bras de Valentin.

— Mon Dieu! s'écria le chasseur avec désespoir, qu'est-il donc arrivé?

Il porta doucement le missionnaire dans un fossé qui bordait la route et l'étendit au fond.

Le père Séraphin avait l'épaule fracassée, le sang sortait à flots de sa blessure.

Le chasseur jeta un regard autour de lui.

En ce moment on entendit une rumeur sourde semblable au roulement d'un tonnerre lointain.

— Il s'agit de nous faire tuer bravement, don Pablo, dit-il d'une voix brève.

— Soyez tranquille, répondit froidement le jeune homme.

Doña Clara était pâle et défaite, elle tremblait.

— Venez, dit Valentin.

Et, d'un mouvement brusque comme la pensée, il s'élança sur le cheval du missionnaire.

Les trois fugitifs partirent à fond de train.

Cette fuite dura un quart d'heure.

Valentin s'arrêta.

Il mit pied à terre, fit signe aux jeunes gens de l'attendre, s'étendit sur le sol et commença à ramper sur les mains et sur les genoux, glissant comme un serpent au milieu des hautes herbes qui le cachaient, s'arrêtant par intervalles pour regarder autour de lui et prêter une oreille attentive aux bruits du désert.

Tout à coup il s'élança vers ses compagnons, saisit les chevaux par la bride et les entraîna rapidement derrière un tertre, où tous trois restèrent blottis sans voix et sans haleine.

Un bruit formidable de chevaux se fit entendre ; une vingtaine de silhouettes noires passèrent comme une trombe à dix pas de leur cachette sans les voir à cause des ténèbres.

Valentin respira avec force.

— Tout espoir n'est pas perdu, murmura-t-il.

Il attendit avec anxiété pendant dix minutes.

Ceux qui les poursuivaient s'éloignaient de plus en plus ; bientôt le bruit de leurs pas cessa de troubler le silence de la nuit.

— A cheval ! dit Valentin.

Ils se remirent en selle et repartirent, non pas dans la direction de l'hacienda, mais dans celle du Paso.

— Lâchez la bride ! lâchez la bride ! disait le chasseur ; encore ! encore ! Nous n'allons pas.

Tout à coup un hennissement sonore traversa l'espace, et, porté sur l'aile du vent, arriva jusqu'aux fugitifs.

— Nous sommes perdus ! murmura Valentin, ils nous ont dépistés.

C'était en effet ce qui était arrivé.

Le Cèdre-Rouge était un trop vieux routier de la prairie pour être longtemps mis en défaut ; il avait reconnu son erreur et revenait, bien certain cette fois de tenir la piste.

Alors commença une de ces courses fabuleuses comme les habitants seuls des prairies peuvent en voir, courses qui enivrent et donnent ce vertige que nul obstacle n'est assez fort pour arrêter ou ralentir, car le but, c'est la réussite ou la mort.

Les chevaux à demi sauvages des bandits, semblant s'identifier avec les passions des maîtres féroces qui les montaient, glissaient dans la nuit avec la rapidité du coursier fantôme de la ballade allemande, franchissaient les précipices et volaient avec une vitesse qui tenait du prodige.

Parfois un cavalier roulait avec son cheval du haut d'un rocher et tombait dans un abîme en poussant un cri de détresse et ses compagnons passaient sur son corps, emportés comme par un tourbillon, répondant par un hourra de colère à ce cri d'agonie, dernier et lugubre appel d'un frère.

Cette poursuite durait depuis deux heures déjà, sans que les fugitifs eussent perdu un pouce de terrain ; leurs chevaux, blancs d'écume, poussaient de sourds râlements de fatigue et d'épuisement en soufflant par leurs naseaux une fumée épaisse.

Doña Clara, les cheveux dénoués et flottant au vent, le visage animé, l'œil étincelant, les lèvres serrées, excitait incessamment sa monture du geste et de la voix.

— Tout est fini ! dit le chasseur, sauvez-vous ! Je vais me faire tuer ici pendant que vous courrez dix minutes encore, et vous serez sauvés. Je tiendrai bien ce temps-là, allez !

— Non, répondit noblement don Pablo, nous nous sauverons où nous périrons ensemble.

— Oui, dit la jeune fille.

Valentin haussa les épaules.

— Vous êtes fou! dit-il.

Tout à coup il tressaillit; ceux qui les poursuivaient approchaient rapidement.

— Écoutez, dit-il, laissez-vous prendre tous deux; moi, ils ne me poursuivront pas, ce n'est pas à moi qu'ils en veulent; je vous jure que si je reste libre, dût-on vous cacher au fond des entrailles de la terre, je vous délivrerai.

Sans répondre, don Pablo mit pied à terre.

Valentin s'élança sur son cheval.

— Espérez, cria-t-il d'une voix stridente, et il disparut.

Aussitôt qu'il fut seul avec sa sœur, don Pablo la fit descendre de cheval, l'assit au pied d'un arbre, se plaça devant elle un pistolet de chaque main et attendit.

Il n'attendit pas longtemps.

Presque immédiatement il fut cerné par les bandits.

— Rendez-vous! cria le Cèdre-Rouge d'une voix haletante.

Don Pablo sourit dédaigneusement.

— Voilà ma réponse, dit-il.

Et de deux coups de pistolet il jeta deux bandits sur le sol.

Puis il lâcha ses armes inutiles et croisa ses bras sur sa poitrine en disant :

— Faites à présent ce que vous voudrez, je suis vengé!

Le Cèdre-Rouge bondit de fureur.

— Tuez ce chien! s'écria-t-il.

Schaw se précipita vers le jeune homme, l'enlaça de ses bras nerveux, et approchant la bouche de son oreille :

— Ne résistez pas, dit-il, laissez-vous tomber comme mort.

Don Pablo suivit machinalement son conseil.

— C'est fait, dit Schaw. Pauvre diable, il n'avait pas la vie dure.

Il repassa son couteau à sa ceinture, prit le soi-disant cadavre par les épaules et le traîna dans un fossé.

A la vue du corps de son frère qu'elle croyait mort, doña Clara poussa un cri de désespoir et s'évanouit.

Le Cèdre-Rouge plaça la jeune fille en travers sur le devant de sa selle, et toute la troupe, repartant au galop, s'enfonça dans les ténèbres où bientôt elle disparut.

Don Pablo se releva lentement, il jeta un regard triste autour de lui.

— Ma pauvre sœur! murmura-t-il.

Alors il aperçut son cheval auprès de lui.

— Valentin seul peut la sauver, dit-il.

Il monta sur son cheval et se dirigea vers le Paso, en s'adressant cette question, à laquelle il lui était impossible de répondre : Mais pourquoi donc cet homme ne m'a-t-il pas tué?

A quelques pas du village, il aperçut deux hommes arrêtés sur la route et causant entre eux avec la plus grande animation.

Ces hommes s'avancèrent à grands pas vers lui, le jeune homme poussa un cri de surprise en les reconnaissant.

C'étaient Valentin et Curumilla!

XXIV

LA RÉVOLTE

Don Miguel Zarate avait marché rapidement vers le Paso ; une heure après avoir quitté Valentin, il aperçut scintiller dans le lointain les lumières qui brillaient aux fenêtres du village.

Le plus grand calme régnait aux environs, seulement parfois on entendait les hurlements des chiens aboyant à la lune, ou les miaulements saccadés des chats sauvages cachés dans la futaie.

A cent pas environ de la ville, un homme se dressa subitement devant la petite troupe.

— Qui vive ! cria-t-il.
— *Mejico y independencia !* répondit l'haciendero.
— *Qué gente ?* reprit l'inconnu.
— Don Miguel Zarate.

A cette parole, une vingtaine d'hommes cachés dans les buissons se levèrent subitement, et, jetant leurs rifles sur l'épaule, s'avancèrent à la rencontre des cavaliers.

Ces hommes étaient les chasseurs commandés par Curumilla qui, d'après les ordres de Valentin, attendaient l'haciendero et sa troupe pour se joindre à eux.

— Eh bien ! demanda don Miguel au chef indien, quoi de nouveau ?
Curumilla secoua la tête.
— Rien, dit-il.
— Alors nous pouvons avancer ?
— Oui.
— Qu'avez-vous, chef ? auriez-vous vu quelque chose d'inquiétant ?
— Non, et pourtant j'ai le pressentiment d'une trahison.
— Comment cela ?
— Je ne saurais le dire : en apparence, tout est comme à l'ordinaire ; cependant il y a quelque chose qui ne me semble pas habituel. Voyez, il est à peine dix heures ; ordinairement, à cette heure, toutes les ventas regorgent de joueurs et de buveurs, les rues sont remplies de promeneurs ; cette nuit, rien ; tout est fermé, la ville paraît abandonnée ; cette tranquillité est factice ; je suis inquiet, car *j'entends le silence !* Prenez garde.

Don Miguel fut frappé malgré lui des observations du chef.

Depuis longtemps il connaissait Curumilla ; il avait été à même de le voir dans les circonstances les plus périlleuses déployer un sang-froid et un mépris de la mort au-dessus de tous éloges ; les inquiétudes et les appréhensions d'un tel homme méritaient donc qu'on y attachât une certaine importance.

L'haciendero fit arrêter sa troupe, réunit tous ses amis et tint conseil.

Tous furent d'avis qu'avant de s'avancer davantage on envoyât en éclaireur un homme adroit qui parcourrait toute la ville et verrait par lui-même si les craintes du chef indien étaient fondées.

Un des chasseurs s'offrit.

Les conjurés s'embusquèrent de chaque côté de la route et attendirent, couchés dans les buissons, le retour de leur messager.

Celui-ci était un sang-mêlé, nommé Simon Muñez, auquel les Indiens avaient donné le surnom de *Face-de-Chien*, à cause de sa ressemblance extraordinaire avec cet animal. Ce nom était resté au chasseur, qui, bon gré, mal gré, avait été obligé de l'accepter.

Cet homme était petit, trapu, mais d'une force extraordinaire.

Disons de suite que c'était un émissaire de Cèdre-Rouge, et qu'il ne s'était mêlé aux chasseurs que pour les trahir.

Lorsqu'il eut quitté les conjurés, il s'avança en sifflotant vers le village. A peine avait-il fait une dizaine de pas dans l'intérieur de la première rue qu'il avait enfilée, qu'une porte s'ouvrit et qu'un homme parut.

Cet homme fit un pas en avant, et s'adressant au chasseur :

— Vous sifflez bien tard, l'ami! lui dit-il.

— Je siffle pour réveiller ceux qui dorment, répondit le sang-mêlé.

— Entrez, dit l'homme.

Face-de-Chien entra; la porte se referma sur lui.

Il resta une demi-heure dans cette maison, puis il sortit et reprit à grands pas la route qu'il venait de parcourir.

Le Cèdre-Rouge, qui voulait avant tout se venger de don Miguel Zarate, avait découvert, grâce à Fray Ambrosio, le nouveau plan des conjurés. Sans perdre de temps, il avait pris ses mesures en conséquence et s'était si bien arrangé que, bien que le gouverneur, le général et le juge criminel fussent prisonniers, don Miguel devait cependant succomber dans la lutte qu'il se préparait à provoquer.

Fray Ambrosio, à toutes ses autres qualités, joignait celles d'écouter aux portes. Malgré la méfiance que commençait, d'après les recommandations de Valentin, à lui témoigner son patron, il avait surpris une conversation de don Miguel et du général Ibañez. Cette conversation, immédiatement transmise au Cèdre-Rouge, qui, suivant son habitude, avait paru n'y attacher aucune importance, avait cependant suffi au squatter pour dresser ses batteries et contre-miner la conspiration.

Face-de-Chien rejoignit les conjurés après une heure d'absence.

— Eh bien? lui demanda don Miguel.

— Tout est calme, répondit le sang-mêlé ; les habitants sont retirés dans leurs maisons; tout le monde dort.

— Vous n'avez rien aperçu de suspect?

— J'ai parcouru la ville d'un bout à l'autre; je n'ai rien vu.

— Nous pouvons avancer, alors?

— En toute sécurité; ce ne sera qu'une promenade.

Sur cette assurance, les conjurés reprirent courage.

Curumilla fut traité de visionnaire, et l'ordre fut donné de marcher en avant.

Cependant le récit de Face-de-Chien, loin de dissiper les doutes du chef indien, avait produit l'effet contraire et les avait considérablement accrus. Sans rien dire, il se plaça auprès du chasseur en se promettant *in petto* de le surveiller.

Le plan des conjurés était simple : marcher directement sur le cabildo (maison de ville), s'en emparer, et proclamer un gouvernement provisoire.

Dans les circonstances présentes, rien ne paraissait plus facile.

Don Miguel et sa troupe entrèrent dans le Paso sans que rien ne vînt éveiller leurs soupçons.

Partout le calme et le silence.

Le Paso del Norte ressemblait à cette ville des *Mille et une Nuits*, dont tous les habitants, frappés par la baguette d'un méchant enchanteur, dorment d'un sommeil éternel.

Les conjurés s'avançaient dans la ville le canon du fusil en avant, l'œil et l'oreille au guet, prêts à faire feu à la moindre alerte.

Mais rien ne bougeait.

Comme l'avait fait observer Curumilla, la ville était trop calme. Cette tranquillité cachait quelque chose d'extraordinaire, elle devait recéler la tempête.

Malgré lui, don Miguel éprouvait une appréhension secrète qu'il ne pouvait maîtriser.

A nos yeux européens, don Miguel Zarate paraîtra peut-être un triste conspirateur, un conspirateur sans prévoyance, sans grande suite dans les idées ; à notre point de vue, cela est possible ; mais dans un pays comme le Mexique, qui compte les révolutions par centaines, où les *pronunciamientos* se font, la plupart du temps, sans rime ni raison, parce qu'un colonel veut passer général ou un lieutenant capitaine, l'on n'y regarde pas d'aussi près, et l'haciendero avait, au contraire, fait preuve de tact, de prudence et de talent en réussissant à tramer une conspiration, qui, depuis des années qu'elle se préparait, n'avait encore rencontré qu'un traître.

Et puis maintenant il était trop tard pour reculer ; l'éveil était donné, le gouvernement était sur ses gardes ; il fallait marcher en avant quand même, dût-on succomber dans la lutte.

Toutes ces considérations avaient été mûrement pesées par don Miguel ; ce n'avait été que poussé dans ses derniers retranchements, convaincu qu'il n'existait pas pour lui de faux-fuyants ou d'atermoiement possible, qu'il avait donné le signal.

Ne valait-il pas mieux mille fois tomber bravement les armes à la main en soutenant une cause juste, qu'attendre d'être arrêtés sans avoir essayé de réussir ?

Don Miguel avait fait le sacrifice de sa vie ; on ne pouvait lui en demander davantage !

Cependant les conjurés avançaient toujours ; ils étaient presque parvenus au centre de la ville ; ils se trouvaient en ce moment dans une petite rue sale et étroite, nommée calle de San Isidro, qui aboutit à la place Mayor, lorsque tout à coup une lumière éblouissante éclaira les ténèbres ; des torches

LE CHERCHEUR DE PISTES 137

Son poignet fut saisi soudain par une main de fer et le bandit recula en trébuchant.

brillaient à toutes les fenêtres, subitement ouvertes, et don Miguel s'aperçut que les deux bouts de la ruelle dans laquelle il se trouvait étaient gardés par de forts détachements de cavalerie.

— Trahison! s'écrièrent les conjurés avec terreur. Curumilla bondit sur Face-de-Chien et lui enfonça son couteau entre les deux épaules.

Le sang-mêlé tomba comme une masse, foudroyé, sans pousser un cri.

Don Miguel jugea la position du premier coup d'œil; il vit que lui et sa troupe étaient perdus.

— Faisons-nous tuer! dit-il.

— Faisons-nous tuer! répondirent résolument les conjurés.

Curumilla, d'un coup de crosse, enfonça la porte d'une maison voisine du détachement et se précipita dans l'intérieur; les conjurés le suivirent.

Bientôt ils furent retranchés sur le toit : au Mexique, toutes les maisons ont les toits plats, en forme de terrasse.

Grâce à l'idée du chef indien, les conjurés se trouvaient en possession d'une forteresse improvisée, du haut de laquelle ils pouvaient longtemps se défendre et vendre chèrement leur vie.

De chaque bout de la rue les troupes s'avançaient; les toits de toutes les maisons s'étaient garnis de soldats.

La bataille allait s'engager entre ciel et terre : elle promettait d'être terrible. Le général qui commandait les troupes fit faire halte et s'avança seul devant la maison sur le sommet de laquelle les conjurés étaient retranchés.

Don Miguel releva les fusils de ses compagnons qui couchaient en joue cet officier supérieur.

— Attendez, leur dit-il; et, s'adressant au général : Que voulez-vous? cria-t-il.

— Vous faire des propositions.

— Parlez.

Le général s'approcha encore de quelques pas, afin que ceux auxquels il s'adressait ne perdissent pas une seule de ses paroles.

— Je vous propose la vie sauve et la liberté si vous consentez à livrer votre chef, dit-il.

— Jamais! s'écrièrent tout d'une voix les conjurés.

— C'est à moi de répondre, fit don Miguel, et se tournant vers le général : Quelle assurance me donnez-vous que ces conditions seront loyalement exécutées?

— Ma parole d'honneur de soldat, fit le général.

— Écoutez, reprit don Miguel, j'accepte; tous les hommes qui m'accompagnent quitteront la ville l'un après l'autre.

— Non, nous ne voulons pas, s'écrièrent les conjurés en brandissant leurs armes, mourons plutôt!

— Silence! dit l'haciendero d'une voix vibrante; moi seul ai le droit de parler ici, je suis votre chef; la vie de braves gens comme vous ne doit pas être inutilement sacrifiée. Partez, je le veux, je vous l'ordonne, je vous en prie, ajouta-t-il des larmes dans la voix; peut-être bientôt prendrez-vous votre revanche.

Les conjurés baissèrent tristement la tête.

— Eh bien? demanda le général.

— Mes amis acceptent, je resterai seul ici, le dernier. Si vous manquez à votre parole, je me tuerai.

— Je vous répète que vous avez ma parole, répondit le général.

Les conjurés vinrent l'un après l'autre embrasser don Miguel, puis ils descendirent dans la rue et s'éloignèrent sans être inquiétés.

Les choses se passent ainsi dans ce pays où les conspirations et les révolutions sont, pour ainsi dire, à l'ordre du jour ; on s'épargne autant que l'on peut, par la raison toute simple que le lendemain on risque de se trouver côte à côte, combattant pour la même cause.

Curumilla demeura le dernier.

— Tout n'est pas fini encore, dit-il à don Miguel. Koutonepi vous sauvera, père.

L'haciendero hocha tristement la tête.

— Chef, dit-il d'une voix émue, je lègue ma fille à Valentin, au père Séraphin et à vous. Veillez sur elle, la pauvre enfant bientôt n'aura plus de père.

Curumilla embrassa silencieusement don Miguel et se retira.

Bientôt il eut disparu dans la foule.

Le général avait loyalement tenu sa parole.

Don Miguel jeta ses armes et descendit.

— Je suis votre prisonnier, dit-il.

Le général s'inclina et lui fit signe de monter sur un cheval qu'un soldat avait amené.

— Où allons-nous donc ? demanda l'haciendero.

— A Santa-Fé, répondit le général, où vous serez jugé ainsi que le général Ibañez, qui sans doute sera bientôt prisonnier comme vous.

— Oh ! murmura don Miguel d'un ton pensif, qui donc nous a trahis encore ?

— Toujours le Cèdre-Rouge, fit le général.

L'haciendero baissa la tête sur sa poitrine et garda le silence.

Un quart d'heure plus tard le prisonnier sortait du Paso del Norte, escorté par un régiment de dragons.

Lorsque le dernier soldat eut disparu dans les méandres de la route, trois hommes sortirent des buissons qui les cachaient et se dressèrent comme trois fantômes au milieu de la plaine déserte.

— Mon Dieu ! mon Dieu ! s'écria don Pablo d'une voix déchirante ; mon père !... ma sœur !... qui me les rendra !...

— Moi ! dit Valentin d'une voix grave en lui posant la main sur l'épaule ; ne suis-je pas le *Chercheur de pistes !*...

DEUXIÈME PARTIE

LE PRÉSIDIO DE SANTA-FÉ

I

EL RANCHO DEL COYOTE

Un mois environ après les événements que nous avons rapportés dans la première partie de cette histoire, deux cavaliers bien montés et embossés avec soin dans leurs manteaux entrèrent au grand trot dans la ville de Santa-Fé, entre trois et quatre heures de la *tarde*.

Santa-Fé, capitale du Nouveau-Mexique, est une jolie ville bâtie au milieu d'une plaine riante et fertile.

Une de ses faces occupe l'ouverture du coude que forme une petite rivière; elle est ceinte naturellement par les murs en *adobes* des habitations dont elle est bordée; l'entrée de chaque rue est fermée par des pieux qui font palissade, et comme dans la plupart des *ciudades* (villes) de l'Amérique espagnole, les maisons, seulement élevées d'un étage à cause des tremblements de terre sont couvertes en terrasses de terre bien battue nommées *azoteas*, ce qui est un abri suffisant dans ce beau pays où le ciel est toujours pur.

Au temps de la domination castillane, Santa-Fé jouissait d'une certaine importance, grâce à sa position stratégique qui lui permettait de se défendre facilement contre les incursions des Indiens; mais depuis l'émancipation du Mexique, cette ville, de même que tous les autres centres de population de ce malheureux pays, a vu sa splendeur s'évanouir à jamais, et, malgré la fertilité de son sol et la magnificence de son climat, elle est entrée dans une ère de décadence telle, que le jour est prochain où ce ne sera plus qu'une ruine inhabitée; en un mot, cette cité qui, il y a cinquante ans, avait plus de 10,000 habitants, en possède aujourd'hui 3,000 à peine, rongés par les fièvres et les plus honteuses misères.

Cependant, depuis quelques semaines Santa-Fé semblait comme par magie être sortie de la léthargie dans laquelle elle est habituellement plongée; une certaine animation régnait dans ses rues ordinairement désertes; enfin une vie nouvelle circulait dans les veines de cette population, à laquelle cependant tout devait paraître indifférent.

C'est que pendant ces quelques semaines un événement d'une portée immense s'était passé dans cette ville.

A la suite de la conspiration à la tête de laquelle se trouvaient don Miguel Zarate et le général Ibañez, les deux *cabecillas* (chefs) avaient été transférés à Santa-Fé.

Les Mexicains, fort lents d'ordinaire quand il s'agit de rendre la justice, sont le peuple le plus expéditif du monde pour tout ce qui a trait à une conspiration.

Don Miguel et le général n'avaient pas longtemps langui en prison ; un conseil de guerre composé à la hâte s'était réuni sous la présidence du gouverneur, et les conspirateurs avaient été condamnés, à l'unanimité, à être passés par les armes.

L'haciendero avait par son nom, par sa position et surtout à cause de sa fortune, de nombreux partisans dans la province.

L'annonce du verdict rendu par le conseil de guerre avait causé une stupeur profonde qui s'était presque immédiatement changée en colère parmi les riches propriétaires et les Indiens du Nouveau-Mexique.

Une sourde agitation régnait dans la contrée, et le gouverneur, qui intérieurement se sentait trop faible pour faire tête à l'orage qui le menaçait et regrettait d'avoir poussé les choses aussi loin, temporisait et tâchait de conjurer les périls de sa position en attendant qu'un régiment de dragons qu'il avait demandé au gouvernement fût arrivé et assurât par sa présence force à la loi ; les condamnés, que le gouverneur n'avait pas jusqu'à ce moment osé mettre en *capilla*, étaient encore provisoirement détenus à la prison.

Les deux cavaliers dont nous avons parlé traversèrent sans s'arrêter les rues de la ville, déserte à cette heure où chacun fait la *siesta* renfermé dans l'intérieur de sa maison, et se dirigèrent vers un rancho de peu d'apparence, bâti sur le bord de la rivière, à l'extrémité opposée au côté par lequel ils étaient arrivés.

— Eh bien, dit un des cavaliers en s'adressant à son compagnon, n'avais-je pas raison? Vous le voyez, tout le monde dort; personne n'est là pour nous espionner; nous arriverons juste au bon moment.

— Bah ! répondit l'autre d'un ton bourru, vous croyez cela, vous? Dans les villes, il y a toujours quelqu'un aux aguets pour voir ce qui ne le regarde pas et en rendre compte à sa manière.

— C'est possible, murmura le premier en haussant les épaules avec dédain; dans tous les cas, je m'en soucie comme d'un cheval boiteux.

— Et moi ! reprit vivement l'autre, vous figurez-vous, par hasard, que je m'occupe plus que vous de ce que l'on dira? Mais, tenez, je crois que nous sommes au rancho d'Andrès Carote ? ce doit être cette hideuse masure, si je ne me trompe.

— En effet, c'est ici que nous avons affaire ; pourvu que ce drôle n'ait pas oublié le rendez-vous que je lui ai donné. Attendez, señor padre, je vais lui faire le signal convenu.

— Ce n'est pas la peine, Cèdre-Rouge. Vous savez bien que je suis toujours aux ordres de Votre Seigneurie, quand il lui plaît de m'en donner, répondit une voix railleuse partant de l'intérieur du rancho, dont la porte s'ouvrit immédiatement pour livrer passage aux nouveaux venus, et laissa voir dans son entre-bâillement la haute stature et la figure intelligente et sardonique d'Andrès Garote lui-même.

— *Ave Maria purisima !* dirent les voyageurs en descendant de cheval et en entrant dans le rancho.

— *Sin pecado concebida !* répondit Andrès en prenant la bride des chevaux qu'il conduisit dans le corral, où il les dessella et les mit à même une botte d'alfalfa.

C'étaient bien le Cèdre-Rouge et Fray Ambrosio qui arrivaient à Santa-Fé.

Les voyageurs, fatigués d'une longue route, s'assirent sur des *butaques* adossées au mur, et attendirent le retour de leur hôte en essuyant leurs fronts baignés de sueur, et en tordant entre leurs doigts une cigarette de maïs.

La salle dans laquelle ils se trouvaient n'avait rien de bien attrayant : c'était une grande chambre percée de deux fenêtres garnies de forts barreaux de fer dont les vitres crasseuses ne laissaient pénétrer qu'un jour douteux qui lui donnait un aspect lugubre ; ses murs nus et enfumés étaient couverts par places d'images grossièrement enluminées représentant divers sujets de sainteté.

Le mobilier ne se composait que de trois ou quatre tables boiteuses, autant de bancs et quelques butaques dont le cuir troué et racorni annonçait leur long usage.

Quant au plancher, c'était tout simplement le sol battu, mais rendu raboteux par la boue incessamment apportée par les pieds des visiteurs.

Une porte soigneusement fermée conduisait à une chambre intérieure dans laquelle couchait le ranchero ; une autre porte faisait face à la première, et par celle-là Andrès ne tarda pas à rentrer dès qu'il eut donné la provende aux chevaux.

— Je ne vous attendais pas encore, dit-il en entrant, mais soyez les bienvenus. Quoi de nouveau ?

— Ma foi, je ne sais rien autre que l'affaire qui nous amène ; elle est assez sérieuse, je suppose, pour que nous ne nous occupions pas d'autre chose, dit le Cèdre-Rouge.

— *Caspita !* quelle vivacité, *compadre !* s'écria Andrès; mais avant de causer, j'espère que vous vous rafraîchirez au moins : il n'y a rien de tel qu'un *trago de mezcal* ou de pulque pour éclaircir les idées, hein ?

— Avec cela, interrompit Fray Ambrosio, qu'il fait une chaleur de tous les diables et que j'ai la langue collée au palais, tant j'ai avalé de poussière.

— *Cuerpo de Dios !* dit Andrès en allant chercher parmi plusieurs outres, rangées avec symétrie sur un espèce de comptoir, une bouteille qu'il posa devant les voyageurs; faites attention à cela, *señor padre*, cela est sérieux, on risque d'en mourir, caraï !

— Donnez-moi donc le remède alors, bavard, répondit le moine en tendant son verre.

Le mezcal, versé à pleins bords, fut absorbé d'un trait par les trois hommes, qui reposèrent leurs verres sur la table avec un *hum* de satisfaction et ce claquement de langue particulier aux buveurs lorsqu'ils dégustent quelque chose qui leur gratte agréablement le gosier.

— Et maintenant, causons sérieusement, voulez-vous? dit le Cèdre-Rouge.

— A vos ordres! *señores caballeros*, répondit Andrès; cependant, si vous préfériez tailler un monté, vous savez que j'ai des cartes à votre disposition.

— Plus tard, señor Andrès, plus tard, chaque chose aura son temps; réglons d'abord nos petites affaires, observa judicieusement Fray Ambrosio.

Andrès Garote baissa la tête avec résignation, en renfonçant dans sa poche le jeu qu'il en avait déjà tiré à demi; les trois hommes s'accommodèrent le plus confortablement possible, et le Cèdre-Rouge, après avoir jeté un regard soupçonneux autour de lui, prit la parole.

— Vous savez, caballeros, dit-il, comment, lorsque nous pensions n'avoir plus qu'à nous diriger vers l'Apacheria, la désertion subite de presque tous nos gambusinos est venue tout à coup nous arrêter. La position était des plus critiques pour nous, l'enlèvement de doña Clara nous obligeait à prendre des précautions extrêmes.

— C'est vrai, observa Andrès Garote avec conviction.

— Bien que certaines personnes influentes nous protègent sous le manteau, nous devons, autant que possible, nous tenir dans l'ombre, continua le Cèdre-Rouge; j'ai donc cherché à remédier à ce que le cas avait de plus grave: d'abord la jeune fille a été cachée dans une retraite inaccessible, puis je me suis mis en quête de compagnons pour remplacer ceux qui nous ont si brusquement abandonnés.

— Eh bien! demandèrent vivement les deux hommes.

— En ce moment, dit impassiblement le Cèdre-Rouge, où les *placeres* de la Californie enlèvent tous les hommes du métier, ce n'était pas, certes, chose facile que de réunir une centaine d'hommes comme ceux qu'il nous faut, d'autant plus que nous aurons maille à partir avec les *Indios bravos* sur notre route. Je ne me souciais pas d'enrôler des novices, qui, à la vue des premiers sauvages Apaches ou Comanches, se sauveraient avec épouvante en nous abandonnant au milieu des prairies. Ce que je voulais, c'étaient des hommes résolus, que nulle fatigue ne dégoûterait, et qui, une fois attachés à notre entreprise, la suivraient jusqu'au bout: j'ai donc depuis un mois parcouru tous les anciens *presidios* de la frontière; le diable m'est assez bien venu en aide; aujourd'hui le mal est réparé, la troupe est complète.

— J'espère, Cèdre-Rouge, demanda Fray Ambrosio, que vous n'avez pas parlé de placer à vos hommes?

— Me prenez-vous pour un niais? Non, padre, répondit brusquement le squatter, non! non! Cent mille raisons nous engagent à être prudents et à tenir l'expédition secrète: d'abord, je ne veux pas faire la fortune du gouvernement en faisant la nôtre; une indiscrétion nous perdrait, aujourd'hui que le monde entier ne rêve que placers et mines, et que l'Europe nous envoie une foule de vagabonds maigres et affamés, avides de s'engraisser à nos dépens.

— Puissamment raisonné, fit Andrès.

— Non! non! rapportez-vous-en à moi: j'ai réuni la plus belle collection de *picaros* qui jamais se soient associés pour une expédition, tous gaillards de sac et de corde, ruinés par le monté, qui ne demandent que plaie et bosse, et sur lesquels je puis compter parfaitement, tout en ayant grand soin de ne pas leur dire un mot qui les puisse renseigner sur l'endroit où nous comptons les conduire; car, alors, je sais aussi bien que vous qu'ils nous abandonneraient sans le moindre scrupule, ou, ce qui est encore plus probable, ils nous assassineraient pour s'emparer plus à l'aise des immenses trésors que nous convoitons.

— Ceci est on ne peut plus juste, répondit Fray Ambrosio; je suis entièrement de votre avis, Cèdre-Rouge. Maintenant, qu'avez-vous résolu?

— Nous n'avons pas un instant à perdre, répliqua le squatter; ce soir même, ou demain sans faute, nous nous mettrons en route. Qui sait si déjà nous n'avons pas trop retardé notre départ? Peut-être quelqu'un de ces vagabonds d'Europe a-t-il découvert notre placer : ces misérables ont un flair particulier pour trouver l'or.

Fray Ambrosio jeta un regard soupçonneux sur son associé.

— Hum! murmura-t-il, ce serait fort malheureux, car, jusqu'ici, l'affaire a été bien menée.

— Aussi, se hâta de reprendre le Cèdre-Rouge, n'est-ce qu'un doute que j'émets, et pas autre chose.

— Voyons, Cèdre-Rouge, dit le moine, vous venez de détailler vous-même tous les embarras de notre position, les difficultés sans nombre que nous aurons à surmonter pour atteindre notre but; à quoi bon compliquer encore ce que notre situation a de grave, et nous créer comme à plaisir de nouveaux ennuis?

— Je ne vous comprends pas, señor padre, veuillez, je vous prie, vous expliquer plus clairement.

— Je veux parler de la jeune fille que vous avez enlevée.

— Ah! ah! fit le Cèdre-Rouge en ricanant, c'est donc là que le bât vous blesse, compagnon? J'en suis fâché; mais je ne répondrai pas à la question que vous m'adressez. Si j'ai enlevé cette femme, c'est que j'avais pour le faire de pressantes raisons; ces raisons existent toujours, voilà tout ce que je puis vous dire. Tant mieux si ces explications vous suffisent; sinon vous en prendrez votre parti, car vous n'en aurez pas d'autres.

— Cependant, il me semble que, dans les conditions où nous sommes vis-à-vis l'un de l'autre...

— Que peut avoir de commun l'enlèvement de doña Clara avec la découverte d'un placer au fond de l'Apacheria? Allons, vous êtes fou, Fray Ambrosio; le mezcal vous a porté à la tête.

— Mais... dit en insistant le moine.

— Brisons là, s'écria Cèdre-Rouge en frappant brutalement la table de son poing fermé. Je ne veux pas entendre un mot de plus sur ce sujet.

En ce moment, deux coups vigoureux retentirent sur la porte soigneusement verrouillée.

Les trois hommes tressaillirent.

Le Cèdre-Rouge s'interrompit.

— Faut-il ouvrir? demanda Andrès.

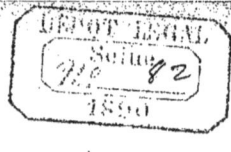

Fray Ambrosio s'élança sur lui, cherchant à lui enfoncer son couteau dans la poitrine.

— Oui, répondit Fray Ambrosio; hésiter ou refuser pourrait donner l'éveil, nous devons tout prévoir.

Le Cèdre-Rouge consentit d'un hochement de tête, et le ranchero se dirigea de mauvaise grâce vers la porte, contre laquelle on continuait à frapper comme si l'on voulait la jeter bas.

II

LA CUCHILLADA

Dès que la porte fut ouverte, deux hommes apparurent sur le seuil.
Le premier était Curumilla.
Le second, embossé dans un large manteau, les ailes du feutre rabattues sur les yeux, entra dans la salle en faisant au guerrier indien signe de le suivre.
Celui-là était évidemment un Mexicain.
— *Santas tardes!* dit-il en portant la main à son chapeau, sans cependant se découvrir.
— *Dios las de á Ud. buena*, répondit le ranchero ; que faut-il servir à Vos Seigneuries ?
— Une bouteille de mezcal, répondit l'étranger.
Les nouveaux venus s'installèrent devant une table placée au fond de la salle, dans un endroit où le jour arrivait tellement affaibli qu'il y faisait presque obscur.
Lorsqu'ils furent servis, ils se versèrent chacun un verre de liqueur qu'ils burent, et appuyant la tête sur la main, le Mexicain sembla se plonger dans de sérieuses réflexions, sans s'occuper le moins du monde des personnes qui se trouvaient auprès de lui.
Curumilla croisa les bras sur sa poitrine, ferma à demi les yeux et demeura immobile.
Cependant l'arrivée des deux hommes, surtout la présence de l'inconnu, avait glacé subitement la faconde des trois personnages ; mornes et silencieux, ils pressentaient instinctivement que les nouveaux arrivés étaient des ennemis, et attendaient avec anxiété ce qui allait se passer.
Enfin le Cèdre-Rouge, sans doute plus impatient que ses compagnons et voulant de suite savoir à quoi s'en tenir, se leva, remplit son verre, et se tournant vers les étrangers immobiles en apparence :
— *Señores caballeros*, dit-il en imitant cette exquise politesse que possèdent au suprême degré tous les Mexicains, j'ai l'honneur de boire à votre santé.
A cette invitation, Curumilla demeura insensible comme une statue de granit ; l'homme qui l'accompagnait leva lentement la tête, fixa un instant son regard sur son interlocuteur et lui répondit d'une voix haute et ferme :
— C'est inutile, señor, car je ne boirai pas à la vôtre. Ce que je vous dis, à vous, ajouta-t-il en appuyant sur ces mots, vos amis peuvent également le prendre pour eux si bon leur semble.
Fray Ambrosio se leva avec violence.
— Qu'est-ce à dire ? s'écria-t-il d'un ton provocateur. Auriez-vous la prétention de m'insulter ?

— Il y a des gens que l'on ne peut avoir la prétention d'insulter, reprit l'inconnu d'une voix incisive. Du reste, retenez bien ceci, señor padre ou soi-disant tel, je ne veux avoir avec vous aucun rapport.
— Parce que?
— Parce que cela ne me plaît pas, voilà tout. Maintenant, messieurs, ne vous occupez plus de moi, je vous prie, continuez votre conversation : elle était à mon arrivée des plus intéressantes; vous parliez, je crois, d'une expédition que vous préparez; il était même question, si je ne me trompe, à l'instant où je suis entré, d'une jeune fille que votre digne ami ou associé, je ne sais lequel, a enlevée, de compte à demi avec vous. Que je ne vous dérange pas. Je serai charmé, au contraire, de savoir ce que vous avez l'intention de faire de cette malheureuse jeune femme.

Aucune expression ne saurait rendre le sentiment de stupeur et d'épouvante qui s'empara des trois associés à cette révélation foudroyante de leurs projets. Lorsqu'ils pensaient être parvenus, à force d'adresse et de ruse, à les dissimuler complètement, les voir ainsi dévoilés tout à coup dans toute leur étendue, par un homme qu'ils ne connaissaient pas, mais qui les connaissait, lui, et ne pouvait, en conséquence, être pour eux qu'un ennemi, cela les effraya à un tel point qu'un instant ils crurent avoir affaire au génie du mal. Les deux Mexicains firent simultanément le geste de se signer; le Nord-Américain poussa une sourde exclamation de colère.

Mais Cèdre-Rouge et Fray Ambrosio étaient des hommes trop endurcis dans le vice pour qu'un événement, si grave qu'il fût, les abattît longtemps. Le premier moment passé, ils se redressèrent, et l'étonnement faisant place à la fureur, le moine tira de sa botte vaquera un couteau à lame acérée et fut se placer devant la porte pour barrer le passage à l'inconnu, tandis que le Cèdre-Rouge, le sourcil froncé et le machete à la main, s'avançait résolument vers la table, derrière laquelle leur audacieux adversaire, debout et les bras croisés, semblait les défier d'un ironique sourire après les avoir si cruellement raillés.

— Qui que vous soyez, *by God!* dit le Cèdre-Rouge en s'arrêtant à deux pas de son adversaire, le hasard vous a rendu maître d'un secret qui tue, vous allez mourir !
— Croyez-vous, en effet, que ce soit au hasard que je doive de savoir vos secrets? répondit l'autre avec un accent railleur.
— Défendez-vous! hurla le Cèdre-Rouge avec rage, si vous ne voulez pas que je vous assassine : car, *con mil diablos!* je n'hésiterai pas, je vous en préviens.
— Je le sais, répondit tranquillement l'inconnu; je ne serais pas la première personne à laquelle cela serait arrivé : les mornes de la *Sierra Madre* et *el Bolson de Mapini* ont souvent entendu les cris d'agonie de vos victimes, lorsque les Indiens vous manquaient pour compléter votre contingent de chevelures.

A cette allusion à son affreux métier, le squatter sentit une pâleur livide envahir son visage, un tremblement agita tous ses membres, et il s'écria d'une voix étranglée :
— Vous mentez! je suis chasseur!

— De chevelures ! reprit immédiatement l'inconnu, à moins que depuis votre dernière expédition au village des Coras vous n'ayez renoncé à cet honorable et lucratif métier.

— Oh ! s'écria le squatter avec un geste de rage indicible, c'est un lâche celui qui, pour prononcer de telles paroles, se cache le visage.

L'inconnu haussa les épaules avec dédain, et faisant retomber d'un geste brusque et prompt comme la pensée les plis de son manteau :

— Reconnaissez-moi donc, Cèdre-Rouge, puisque jusqu'à cet instant votre conscience ne vous a pas crié mon nom.

— Oh ! s'écrièrent avec épouvante les trois hommes en reculant instinctivement, don Pablo de Zarate !

— Oui, reprit le jeune homme, don Pablo de Zarate, qui vient, Cèdre-Rouge, vous demander compte de sa sœur que vous avez enlevée.

Le Cèdre-Rouge était dans un état d'agitation extrême, les yeux démesurément ouverts, les traits contractés par la terreur ; il sentait une sueur froide perler à ses tempes à cette apparition terrible.

— Ah ! fit-il d'une voix sourde, les morts sortent-ils donc du tombeau !

— Oui ! s'écria le jeune homme d'une voix stridente, oui, ils sortent du tombeau pour vous ravir vos victimes !... Cèdre-Rouge, rendez-moi ma sœur !

Le squatter bondit comme une hyène sur le jeune homme en brandissant son machete.

— Chien ! hurla-t-il, je te tuerai une seconde fois s'il le faut !

Mais son poignet fut saisi soudain par une main de fer, et le bandit recula en trébuchant jusqu'au mur du rancho, où il fut contraint de s'appuyer pour ne pas rouler sur le sol.

Curumilla, qui jusque-là était demeuré spectateur impassible de la scène qui se passait devant lui, avait jugé que le moment d'intervenir était arrivé et l'avait brusquement rejeté en arrière.

Le squatter, les yeux injectés de sang, les lèvres serrées par la rage, jetait autour de lui des regards de bête fauve.

Fray Ambrosio et le ranchero, tenus en respect par le chef indien, n'osaient intervenir.

Don Pablo s'avança d'un pas lent et mesuré vers le bandit ; quand il fut à dix pas de lui, il s'arrêta, et le regardant fixement :

— Cèdre-Rouge, répéta-t-il d'une voix calme, rendez-moi ma sœur.

— Jamais !... répondit le squatter d'une voix étranglée par la rage.

Cependant le moine et le ranchero s'étaient rapprochés sournoisement près du jeune homme, épiant le moment propice de se jeter sur lui.

Les cinq hommes réunis dans cette salle offraient un étrange et sinistre aspect aux lueurs incertaines qui filtraient par les fenêtres, chacun d'eux la main sur ses armes, prêt à tuer ou à être tué, et n'attendant que l'occasion de se précipiter sur son ennemi.

Il y eut un instant de silence suprême. Certes, ces hommes étaient braves ; dans maintes circonstances ils avaient vu la mort sous toutes les formes, et pourtant le cœur leur battait à rompre leur poitrine, car ils savaient que le combat allait s'engager entre eux sans trêve ni merci.

Enfin don Pablo reprit la parole :

— Prenez garde ! Cèdre-Rouge, dit-il, je suis venu vers vous, seul et loyalement ; je vous ai redemandé ma sœur à deux reprises différentes, vous ne m'avez pas répondu; prenez garde !

— Ta sœur est une chienne que je vendrai aux Apaches ! hurla le squatter. Quand à toi, maudit, tu ne sortiras que mort; malédiction sur moi si ton cœur ne sert pas de gaine à mon couteau !

— Ce misérable est fou ! répondit le jeune homme avec mépris.

Il fit un pas en arrière et s'arrêta.

— Écoutez, reprit-il, je me retire, mais nous nous reverrons; et malheur à vous alors, car je serai sans pitié pour vous comme vous l'avez été pour moi ! Adieu !

— Oh ! vous ne partirez pas ainsi, mon maître ! s'écria le squatter qui avait repris son audace et sa jactance ; ne vous ai-je pas dit que je vous tuerais ?

Le jeune homme fixa sur lui un regard d'une expression indéfinissable, et, se croisant résolument les bras sur la poitrine :

— Essayez, dit-il d'une voix brève et saccadée par la colère qui bouillonnait au fond de son cœur.

Le Cèdre-Rouge poussa un cri de rage et se précipita sur don Pablo.

Celui-ci attendit impassible le choc qui le menaçait, mais dès que le squatter fut à sa portée, il se débarrassa vivement de son manteau, et l'élevant au-dessus de sa tête, il le jeta sur la tête de son ennemi, qui, aveuglé par les plis de l'épais vêtement, roula en hurlant sur le sol sans pouvoir se délivrer de l'étoffe maudite qui l'enveloppait comme d'un réseau inextricable.

D'un bond le jeune homme sauta par-dessus la table, et sans plus s'occuper du Cèdre-Rouge, il se dirigea vers la porte.

Mais Fray Ambrosio s'élança sur lui, cherchant à lui enfoncer son couteau dans la poitrine.

Sans se déconcerter, don Pablo saisit le poignet de son agresseur, et avec une force que celui-ci était loin de soupçonner, il lui tordit le bras de telle façon que ses doigts se détendirent, et il laissa échapper le couteau avec un cri de douleur.

Don Pablo le remassa, et serrant le moine à la gorge :

— Écoute, misérable, lui dit-il, je suis maître de ta vie : tu as trahi mon père qui avait eu pitié de toi et t'avait accueilli dans sa maison, tu déshonores la robe que tu portes par tes accointances avec les scélérats dont tu partages les crimes; je pourrais te tuer, je le devrais peut-être, mais ce serait voler le bourreau auquel tu appartiens, et faire tort au *garote* qui t'attend. Cet habit, dont tu es indigne, te sauve la vie ; seulement je veux te marquer pour que tu te souviennes toujours de moi.

Et appuyant la pointe du couteau sur la face blême du moine, il lui fit deux entailles en forme de croix, qui lui partagèrent le visage dans toute sa longueur, mais profondes à peine de quelques lignes.

— Au revoir! ajouta-t-il d'une voix effrayante, en jetant le couteau avec dégoût.

Andrès Garote n'avait pas osé faire un geste ; la terreur le clouait, immobile, sous l'œil implacable du guerrier indien.

Don Pablo et Curumilla s'élancèrent hors de la salle et disparurent.

Bientôt on entendit résonner sur les cailloux de la rue les sabots de deux chevaux qui s'éloignaient à fond de train de Santa-Fé.

Grâce aux soins du ranchero, le Cèdre-Rouge parvint à se débarrasser des plis du manteau qui l'étouffaient.

Lorsque les trois complices se retrouvèrent seuls, une expression de rage impuissante et de haine mortelle contracta leur visage.

— Oh! murmura le squatter en grinçant des dents et en levant le poing vers le ciel, je me vengerai!...

— Et moi! murmura Fray Ambrosie d'une voix sourde, en étanchant le sang qui souillait son visage.

— Hum! c'est égal, dit à part lui Andrès Garote, cette famille de Zarate est une belle famille; mais *caraï!* il faut avouer que don Pablo est un rude homme.

Le digne ranchero était le seul que le hasard avait assez favorisé dans cette rencontre pour qu'il s'en tirât sain et sauf.

III

LES CHASSEURS

A deux lieues au plus de Santa-Fé, dans une clairière située sur le bord de la petite rivière qui borde la ville, le soir du même jour un homme était assis devant un grand feu qu'il entretenait avec soin, tout en s'occupant activement des préparatifs de son souper.

Frugal repas, du reste, que ce souper! Il se composait d'une bosse de bison, de quelques patates et de tortillas de maïs cuites sous la cendre, le tout arrosé de pulque.

La nuit était sombre, de gros nuages noirs couraient lourdement dans l'espace, interceptant parfois les rayons blafards de la lune, qui ne répandait qu'une lueur incertaine sur le paysage noyé lui-même dans un flot de ces épaisses vapeurs qui, dans les pays équatoriaux, s'exhalent de la terre à la suite d'une chaude journée.

Le vent soufflait violemment au travers des arbres dont les branches s'entrechoquaient avec des râles plaintifs, et dans les profondeurs des bois les miaulements des chats sauvages se mêlaient aux glapissements des carcajous et aux hurlements des pumas et des jaguars.

Tout à coup le bruit d'une course précipitée s'entendit dans la forêt, et deux cavaliers firent irruption dans la clairière.

En les apercevant, le chasseur poussa une exclamation de joie et s'avança à leur rencontre.

Ces cavaliers étaient don Pablo de Zarate et Curumilla.

— Dieu soit loué ! s'écria le chasseur, vous voilà donc ; je commençais à être inquiet de votre longue absence.

— Vous le voyez, il ne m'est rien arrivé, répondit le jeune homme en serrant affectueusement les mains du chasseur.

Don Pablo était descendu de cheval et avait entravé sa monture et celle de Curumilla près de Valentin, que le lecteur a sans doute déjà reconnu.

Pendant ce temps-là le chef indien avait tout préparé pour le souper.

— Allons, allons, dit gaiement le chasseur, à table ! Vous devez avoir appétit, moi je meurs de faim ; en mangeant vous me raconterez ce qui s'est passé.

Les trois hommes se mirent à table, c'est-à-dire qu'ils s'assirent sur l'herbe devant le feu et attaquèrent vigoureusement leur maigre repas.

La vie du désert a cela de particulier que, quelle que soit la position où l'on se trouve, comme généralement les luttes qu'on a à soutenir sont plutôt physiques que morales, la nature ne perd jamais ses droits ; on sent le besoin d'entretenir ses forces pour être prêt à toutes les éventualités ; il n'y a pas d'inquiétude assez grande pour empêcher de manger et de dormir.

— Maintenant, demanda Valentin au bout d'un instant, qu'avez-vous fait ? Il me semble que vous êtes restés beaucoup plus longtemps que cela n'était nécessaire dans cette ville maudite.

— En effet, mon ami ; certaines raisons m'ont obligé à y rester plus que je n'aurais voulu d'abord.

— Procédons par ordre, si cela vous est égal ; c'est, je crois, le seul moyen de nous reconnaître...

— Agissez comme vous le voudrez, mon ami.

— Fort bien ; le chef et moi nous allumerons nos pipes indiennes ; vous, vous ferez votre cigarette. Nous nous mettrons le dos au feu afin de surveiller les environs, et de cette façon nous pourrons causer sans inquiétude : qu'en dites-vous, Pablo ?

— Vous avez toujours raison, mon ami ; votre gaieté inépuisable, votre loyale insouciance me rendent tout mon courage et font de moi un tout autre homme.

— Hum ! fit Valentin, je suis heureux de vous entendre parler ainsi. La position est grave, il est vrai, mais elle est loin d'être désespérée : le chef et moi nous nous sommes maintes fois trouvés dans des circonstances où notre vie ne tenait plus qu'à un fil, et pourtant nous en sommes toujours sortis à notre honneur ; n'est-ce pas, chef ?

— Oui, répondit laconiquement l'Indien en aspirant une énorme quantité de fumée qu'il exhala par la bouche et les narines.

— Mais ce n'est pas de cela qu'il s'agit en ce moment. J'ai juré de sauver votre père et votre sœur, Pablo, et je les sauverai, ou mon corps deviendra dans la prairie la pâture des bêtes fauves et des oiseaux de proie ; ainsi laissez-moi agir ; avez-vous vu le père Séraphin ?

— Je l'ai vu, oui. Notre pauvre ami est encore bien faible et bien pâle, sa blessure est à peine cicatrisée ; cependant, sans tenir compte de ses souffrances et puisant des forces dans son dévouement sans bornes pour l'humanité, il a fait tout ce dont nous étions convenus. Depuis huit jours il ne quitte mon père que pour courir auprès de ses juges ; il a vu le général, le gouverneur, l'évêque, tout le monde enfin, il n'a négligé aucune démarche ; malheureusement, jusqu'à présent, tous ses efforts sont demeurés infructueux.

— Patience ! dit le chasseur avec un sourire d'une expression singulière. Le père Séraphin croit savoir que mon père sera mis avant deux jours en capilla. Le gouverneur veut en finir, voilà l'expression dont il s'est servi ; nous n'avons pas un instant à perdre, m'a dit le père Séraphin.

— Deux jours sont bien longs, mon ami ; avant qu'ils soient écoulés, il peut se passer bien des choses.

— C'est vrai, mais il s'agit de la vie de mon père, et j'ai peur.

— Bien, don Pablo, j'aime vous entendre parler ainsi ; mais rassurez-vous, tout va bien, je vous le répète.

— Cependant, mon ami, je crois qu'il serait bon de prendre certaines précautions ; songez donc que c'est une question de vie ou de mort qui nous occupe et qu'il faut se hâter. Combien de fois, en pareilles circonstances, n'a-t-on pas vu échouer les projets les mieux conçus et les combinaisons les plus adroites ! Pensez-vous que vos mesures soient bien prises ? Ne craignez-vous pas qu'un hasard malheureux ne vienne tout à coup, au moment décisif, déranger tous vos plans ?

— Nous jouons en ce moment le jeu du diable, mon ami, répondit froidement Valentin ; nous avons pour nous le hasard, c'est-à-dire la force la plus grande qui existe, celle qui gouverne le monde.

Le jeune homme baissa la tête d'un air peu convaincu.

Le chasseur le considéra un instant avec un mélange d'intérêt et de douce pitié, puis il reprit d'une voix insinuante :

— Écoutez, don Pablo de Zarate, dit-il, je vous ai dit que je sauverais votre père, je le sauverai ; seulement je veux qu'il sorte de la prison dans laquelle il se trouve en ce moment, comme un homme de son caractère doit en sortir, en plein soleil, à la face de tous, aux applaudissements de la foule, et non pas en s'échappant furtivement pendant la nuit, au milieu des ténèbres, comme un vil criminel. Pardieu ! croyez-vous qu'il m'aurait été difficile de m'introduire dans la ville et de faire échapper votre père, en sciant un barreau de sa prison ou en corrompant le geôlier ? Je ne l'ai pas voulu ; don Miguel n'aurait pas accepté cette fuite lâche et honteuse : noblesse oblige, mon ami. Votre père sortira de prison, mais prié par le gouverneur lui-même et toutes les autorités de Santa-Fé de sortir. Ainsi, reprenez courage, et ne doutez plus d'un homme dont l'amitié et l'expérience doivent, au contraire, vous rassurer.

Le jeune homme avait écouté ces paroles avec un intérêt toujours croissant. Lorsque Valentin s'arrêta, il lui prit la main.

— Pardonnez-moi, mon ami, lui répondit-il. Je sais combien vous êtes

Un énorme caïman nageait vigoureusement pour happer les deux victimes.

dévoué à ma famille, mais je souffre : la douleur rend injuste, pardonnez-moi.

— Enfant, oublions cela. La ville était-elle tranquille aujourd'hui?

— Je ne saurais trop vous dire, j'étais tellement absorbé par mes pensées que je ne voyais rien autour de moi; pourtant il me semble que vers la place Mayor, aux environs du palais du gouverneur, il régnait une certaine agitation qui n'était pas naturelle.

Valentin sourit encore de ce rire étrange qui déjà une fois avait plissé les coins de ses lèvres fines.

— Bien, dit-il; et avez-vous, comme je l'avais recommandé, cherché à prendre quelques renseignements sur le Cèdre-Rouge?

— Oui, répondit-il avec un mouvement de joie, j'en ai, et de positifs.

— Ah! ah! comment cela?

— Je vais vous le dire.

Et don Pablo raconta dans tous ses détails la scène qui s'était passée dans le rancho.

Le chasseur écouta ce récit avec la plus grande attention.

Lorsqu'il fut terminé, il hocha la tête à plusieurs reprises d'un air mécontent.

— Tous les jeunes gens sont ainsi, murmura-t-il; toujours ils se laissent emporter par la passion hors des bornes de la prudence.

« Vous avez eu tort, don Pablo, extrêmement tort; le Cèdre-Rouge vous croyait mort, cela pouvait plus tard nous être d'une grande utilité. Vous ne connaissez pas le pouvoir immense dont dispose ce démon; tous les bandits de la frontière lui sont dévoués; votre incartade nous est on ne peut plus nuisible pour le salut de votre sœur.

— Cependant, mon ami...

— Vous avez agi comme un fou réveillant la haine endormie d'un tigre. Le Cèdre-Rouge s'acharnera à votre perte; je connais de longue date ce misérable : mais ce que vous avez fait de pis, ce n'est pas encore cela.

— Qu'est-ce donc?

— Comment, fou que vous êtes, au lieu de vous tenir coi, de surveiller vos ennemis sans rien dire, de voir dans leur jeu enfin, par une bravade impardonnable vous démasquez toutes vos batteries!

— Je ne vous comprends pas, mon ami.

— Fray Ambrosio est un coquin d'une autre espèce que le Cèdre-Rouge, c'est vrai; mais je le crois encore plus scélérat que le chasseur de chevelures : au moins celui-là est-il franchement coquin, on sait à quoi s'en tenir de suite avec lui; tout dans sa personne porte l'empreinte de son âme hideuse. Que vous ayez fait blanc de votre épée avec cette bête fauve qui pue le sang par tous les pores et ne respire que le meurtre, à la rigueur, je vous le pardonnerais; mais vous avez complètement manqué non seulement de prudence, mais encore de bon sens en agissant comme vous l'avez fait avec Fray Ambrosio. Cet homme est un hypocrite, il doit tout à votre famille, il est furieux de voir sa trahison découverte. Prenez garde, don Pablo, vous vous êtes fait, par un coup de tête, deux ennemis implacables, d'autant plus terribles maintenant qu'ils n'ont plus rien à ménager.

— C'est vrai, dit le jeune homme, j'ai agi comme un fou! Mais que voulez-vous? à la vue de ces deux hommes, lorsque j'ai appris de leur bouche même les crimes qu'ils ont commis et ceux qu'ils méditent encore contre nous, je n'ai plus été maître de moi, je suis entré dans le rancho, et alors vous savez le reste.

— Oui, oui, la cuchillada a été belle. Certes, le bandit ne l'a pas volée;

mais je crains que cette croix que vous lui avez si prestement dessinée sur le visage ne vous coûte cher un jour.

— Enfin, à la grâce de Dieu! Vous connaissez le proverbe : *Cosa que no tiene remedio, olvidarla es lo mejor* (ce qui est sans remède, il vaut mieux l'oublier). Pourvu que mon père échappe au sort qui le menace, je serai heureux. Quant à moi, je prendrai mes précautions.

— N'avez-vous rien appris encore?

— Si. Les gambusinos du Cèdre-Rouge sont campés à peu de distance de nous; je sais, à n'en pas douter, que leur chef a l'intention de partir demain au plus tard.

— Oh! oh! déjà! Il faut nous hâter de tendre notre embuscade, si nous voulons découvrir le chemin qu'ils suivront.

— Quand partons-nous?

— De suite.

Aussitôt les trois hommes firent leurs préparatifs, les chevaux furent sellés, les petites outres de peau de chevreau que tout cavalier, dans ce pays aride, porte continuellement à l'arçon de sa selle furent remplies d'eau.

Quelques minutes plus tard, les chasseurs montaient à cheval.

Au moment où ils allaient quitter la clairière, un craquement de feuilles se fit entendre, les branches s'écartèrent et un Indien parut.

C'était l'Unicorne, le grand sachem des Comanches.

A sa vue, les trois hommes descendirent de cheval et attendirent.

Valentin s'avança seul au-devant de l'Indien.

— Mon frère est le bienvenu, dit-il. Que désire-t-il de moi?

— Voir le visage d'un ami, répondit le chef d'une voix douce.

Alors les deux hommes se saluèrent selon l'étiquette de la prairie.

Après cette cérémonie, Valentin reprit la parole :

— Que mon père s'approche du feu et fume dans le calumet de ses amis blancs, dit-il.

— Ainsi ferai-je, répondit l'Unicorne.

Et, s'approchant du feu, il s'accroupit à la mode indienne, détacha son calumet de sa ceinture et fuma en silence.

Les chasseurs, voyant la tournure que prenait cette visite imprévue, avaient attaché leurs chevaux et étaient revenus s'asseoir autour du brasier.

Quelques minutes se passèrent ainsi sans que personne parlât, chacun attendant que le chef indien expliquât le motif de son arrivée.

Enfin l'Unicorne secoua la cendre de son calumet, le repassa à sa ceinture, et s'adressant à Valentin :

— Mon frère repart chasser les bisons? dit-il; il y en a beaucoup cette année dans les prairies du rio Gila.

— Oui, répondit le Français, nous nous remettons en chasse ; mon frère a-t-il l'intention de nous accompagner?

— Non. Mon cœur est triste.

— Que veut dire le chef? lui serait-il arrivé un malheur?

— Mon frère ne me comprend-il pas, ou bien me serais-je trompé? et mon frère n'aime-t-il réellement que les bisons dont il mange la chair et dont il vend la peau dans les tolderias?

— Que mon frère s'explique plus clairement, alors je tâcherai de lui répondre.

Il y eut un instant de silence. L'Indien semblait réfléchir profondément : ses narines se gonflaient, et parfois son œil noir lançait des éclairs.

Les chasseurs attendaient impassibles la suite de cet entretien dont ils ne saisissaient pas encore le but.

Enfin l'Unicorne releva la tête, rendit à son regard toute sa sérénité, et d'une voix basse et mélodieuse :

— Pourquoi feindre de ne pas me comprendre, Koutonepi (Vaillant)? dit-il : un guerrier ne doit pas avoir la langue fourchue; ce qu'un homme seul ne peut faire, deux peuvent le tenter et réussir; que mon frère parle, les oreilles d'un ami sont ouvertes.

— Mon frère a raison, je ne tromperai pas son attente : la chasse que je veux faire est sérieuse ; c'est une femme de ma couleur que je tente de sauver; mais que peut la volonté d'un homme seul?

— Koutonepi n'est pas seul; je vois à son côté les deux meilleurs rifles des frontières. Que me dit donc le chasseur blanc? Ne serait-il plus le grand guerrier que je connais? Douterait-il de l'amitié de son frère Haboutzelze, le grand sachem des Comanches?

— Je n'ai jamais douté de l'amitié de mon frère; je suis un fils adoptif de sa nation ; en ce moment même ne cherche-t-il pas à me rendre service?

— Ce service n'est que la moitié de ce que je veux faire; que mon frère dise un mot, et deux cents guerriers comanches se joindront à lui pour délivrer la vierge des Faces Pâles et prendre la chevelure de ses ravisseurs.

Valentin tressaillit de joie à cette offre loyale.

— Merci, chef, dit-il avec effusion ; j'accepte, je sais que votre parole est sacrée.

— Michabou nous protège, dit l'Indien; mon frère peut compter sur moi, un chef n'oublie pas un service ; je suis l'obligé du chasseur pâle, je lui livrerai les *ladrones gachupines* sans défense.

— Voici ma main, chef ; depuis longtemps vous avez mon cœur.

— Mon frère parle bien ; ce dont il m'avait chargé, je l'ai fait.

— Don Pablo! s'écria Valentin avec joie, maintenant je puis vous garantir le salut de votre père ; cette nuit, demain peut-être, il sera libre.

Le jeune homme se laissa aller dans les bras du chasseur et cacha sa tête sur sa loyale poitrine sans avoir la force de prononcer une parole.

Quelques minutes plus tard, les chasseurs quittaient la clairière pour se mettre à la recherche des gambusinos et dresser leur embuscade.

IV

LE RAYON DE SOLEIL

Nous ferons maintenant quelques pas en arrière, afin d'éclaircir certaines parties de la conversation de Valentin et de l'Unicorne dont le lecteur n'a pu saisir le sens.

Quelques mois à peine après leur arrivée dans l'Apacheria, le Français et Curumilla chassaient un jour le bison sur les bords du rio Gila.

C'était par une splendide journée du mois de juillet; les deux chasseurs, fatigués d'une longue course faite sous les rayons d'un soleil incandescent, qui leur tombaient d'aplomb sur la tête, s'étaient abrités dans un bouquet de bois de cèdres, et, nonchalamment étendus sur l'herbe, ils fumaient en attendant que la grande chaleur fût passée et que la brise du soir, en se levant, leur permît de continuer leur chasse.

Un quartier d'elk rôtissait pour leur dîner.

— Eh! penni, dit Valentin en s'adressant à son compagnon et se redressant sur le coude, le dîner me semble cuit à point : si nous mangions? voilà le soleil qui descend rapidement là-bas derrière la forêt vierge, et il nous faudra bientôt repartir.

— Mangeons, répondit brusquement Curumilla.

Le rôti fut placé sur une feuille entre les deux chasseurs, qui se mirent à manger de bon appétit, en se servant de gâteaux d'*hautle*.

A propos de ces gâteaux, qui sont fort bons, voici certains détails curieux.

Ces hautles sont faits avec des œufs réduits en farine d'une espèce de punaise d'eau qui se récolte par une sorte de culture réglée dans les lacs de Mexico.

On les trouve sur des feuilles de *toulé* (de jonc). Cette farine s'accommode de différentes manières.

C'est un plat aztèque par excellence. Déjà en 1625 on en vendait sur les marchés de la capitale du Mexique.

Les Indiens en font leur principal aliment. Ils en sont aussi friands que les Chinois de leurs nids d'hirondelles avec lesquels cette nourriture a de certains rapports de goût. Quoi qu'il en soit, le fait est certain. Valentin mordait à belles dents pour la seconde ou la troisième fois dans son gâteau d'hautle, lorsque tout à coup il s'arrêta subitement, le bras en l'air, la tête penchée en avant, comme si un bruit insolite avait soudain frappé son oreille.

Curumilla avait imité son ami. Tous deux écoutaient avec cette attention profonde que donne seule l'habitude de la prairie.

Tout bruit est suspect au désert. Toute rencontre est redoutée, surtout celle de l'homme.

Un laps de temps assez long s'écoula sans que le bruit qui avait ému les chasseurs se renouvelât.

Un instant ils crurent s'être trompés. Valentin mordit dans son hautle, mais il s'arrêta subitement.

Cette fois il avait distinctement entendu un bruit semblable à celui d'un soupir étouffé, mais si faible, si sourd, qu'il fallait l'oreille exercée du Chercheur de pistes pour l'avoir entendu.

Curumilla lui-même n'avait rien perçu ; il regardait son ami avec étonnement, ne sachant à quoi attribuer l'agitation dans laquelle il le voyait.

Valentin se leva précipitamment, saisit son rifle et s'élança du côté de la rivière ; son ami le suivit en toute hâte.

C'était de la rivière, en effet, qu'était parti le soupir plutôt deviné qu'entendu distinctement par Valentin.

Heureusement que la rivière n'était éloignée que de quelques pas.

Dès que les chasseurs eurent bondi par-dessus les fourrés qui les cachaient, ils se trouvèrent sur la rive.

Alors un affreux spectacle s'offrit subitement à leurs yeux effrayés.

Une longue poutre descendait au fil de l'eau en roulant sur elle-même, emportée par le courant assez fort en cet endroit.

Sur cette poutre était attachée une femme qui tenait un enfant dans ses bras crispés.

A chaque tour de la poutre, la malheureuse plongeait avec son enfant dans la rivière ; à dix pas au plus de la poutre, un énorme caïman nageait vigoureusement pour happer les deux victimes.

Valentin épaula son rifle.

Curumilla se laissa en même temps glisser dans l'eau, mordant entre ses dents la lame de son couteau, et il se dirigea vers la poutre.

Valentin resta quelques secondes immobile, comme s'il avait été changé en un bloc de marbre. Tout à coup il lâcha la détente, le coup partit répercuté au loin par les échos. Le caïman bondit sur lui-même, plongea en faisant bouillonner l'eau, mais il reparut presque immédiatement le ventre en l'air ; il était mort.

La balle de Valentin lui était entrée dans l'œil et l'avait foudroyé.

Cependant Curumilla avait en quelques brassées atteint la poutre.

Sans perdre de temps, il lui imprima une direction opposée à celle qu'elle suivait, et tout en la maintenant de façon à ce qu'elle ne pût pas tourner et submerger la malheureuse qu'elle portait, il l'échoua sur le sable de la rive.

En deux coups il trancha les liens qui attachaient la malheureuse, la saisit dans ses bras et la porta tout courant jusqu'auprès du feu du campement.

La pauvre femme ne donnait pas signe de vie.

Les deux chasseurs s'empressèrent autour d'elle.

C'était une Indienne. Elle paraissait avoir dix-sept à dix-huit ans au plus ; elle était belle.

Valentin ne parvint qu'à grand'peine à desserrer ses bras et à lui enlever son enfant.

La frêle créature, âgée d'un an à peine, par un miracle incompréhensible, grâce sans doute au dévouement de sa mère, avait été complètement préservée; elle sourit doucement au chasseur, lorsque celui-ci la posa délicatement sur un lit de feuilles sèches.

Curumilla entr'ouvrit avec la lame de son couteau la bouche de la femme, y introduisit le goulot de sa gourde et lui fit avaler quelques gouttes de mezcal.

Un temps assez long s'écoula sans que la noyée fît le moindre mouvement qui indiquât un retour prochain à la vie.

Les chasseurs ne se rebutèrent point en voyant l'insuccès de leurs soins, ils redoublèrent au contraire d'efforts.

Enfin un profond soupir s'exhala péniblement de la poitrine oppressée de la malade, et elle ouvrit les yeux en murmurant d'une voix faible comme un souffle ce seul mot :

— *Xocoyotl!* (Mon fils!)

Ce cri de l'âme, ce premier et suprême appel d'une mère sur le bord de la tombe, émut ces deux hommes au cœur de bronze.

Valentin saisit avec précaution l'enfant, qui s'était paisiblement endormi sur son lit de feuilles, et le présenta à sa mère en disant d'une voix douce :

— *Nantli joltinemi!* (Mère, il vit!) A ces paroles qui lui rendaient l'espérance, la malade se redressa comme poussée par un ressort, s'empara de son enfant et le couvrit de baisers en fondant en larmes.

Les chasseurs respectèrent cet épanchement de l'amour maternel; ils se retirèrent en laissant auprès de la femme des vivres et de l'eau.

Au coucher du soleil, les deux hommes revinrent.

La femme était accroupie près du feu; elle berçait son enfant en chantant à voix basse une chanson indienne.

La nuit s'écoula calme et tranquille; les deux chasseurs veillèrent tour à tour sur le sommeil de la femme qu'ils avaient sauvée et qui reposait paisiblement.

Au lever du soleil elle se réveilla, et, avec cette adresse et cette vivacité particulière aux femmes de sa race, elle ralluma le feu et prépara le déjeuner.

Les deux hommes la laissèrent faire en souriant, jetèrent leur rifle sur l'épaule, et partirent en quête de gibier.

Quand ils retournèrent au camp, le repas était prêt.

Après avoir mangé, Valentin alluma sa pipe indienne, s'assit au pied d'un arbre, et s'adressant à la jeune femme :

— Comment se nomme ma sœur? lui dit-il.

— *Tonameyotl* (le rayon de soleil), répondit-elle avec un joyeux sourire qui découvrit la double rangée de perles qui ornait sa bouche.

— Ma sœur porte un beau nom, répondit Valentin; elle appartient sans doute à la grande nation des Apaches?

— Les Apaches sont des chiens, répondit-elle d'une voix sourde avec un éclair de haine dans le regard, les femmes comanches leur tisseront des jupons. Les Apaches sont lâches comme des coyotes, ils ne combattent que cent contre un; les guerriers comanches sont comme la tempête.

— Ma sœur est la femme d'un thatoani (cacique)?
— Quel est le guerrier qui ne connaît pas l'Unicorne? répondit-elle avec orgueil.

Valentin s'inclina. Déjà plusieurs fois il avait entendu prononcer le nom de ce chef redoutable; Mexicains et Indiens, chasseurs, trappeurs et guerriers, tous avaient pour lui un respect mêlé de terreur.

— Rayon-de-Soleil est la femme de l'Unicorne, reprit l'Indienne.
— *Jectli* (bon), répondit Valentin; ma sœur me dira où se trouve l'*altepetl* de sa tribu, et je la conduirai près du chef.

La jeune femme sourit.

— J'ai dans le cœur un petit oiseau qui chante à chaque instant du jour, dit-elle de sa voix douce et mélodieuse; le *cuicuitzcatl* (hirondelle) ne peut vivre sans sa compagne, le chef est sur la piste du Rayon-de-Soleil.

— Nous attendrons donc le chef ici, répondit Valentin.

Le chasseur trouvait un plaisir extrême à causer avec cette naïve enfant.

— Comment ma sœur avait-elle été attachée ainsi sur un tronc d'arbre et livrée, pour y périr avec son enfant, au courant du Gila? c'est une vengeance atroce!

— Oui, répondit-elle, c'est la vengeance d'une chienne apache. *Aztatl* (le héron), la fille de Stanapat, le grand chef des Apaches, aimait l'Unicorne; son cœur bondissait au seul nom du grand guerrier comanche; mais le chef de ma nation n'a qu'un cœur, il appartient au Rayon-de-Soleil. Il y a deux jours, les guerriers de ma tribu sont partis pour une grande chasse aux bisons, les femmes seules restèrent au village. Pendant que je dormais dans ma hutte, quatre voleurs apaches, profitant de mon sommeil, se sont emparés de moi et de mon enfant, et m'ont remise entre les mains de la fille de Stanapat. « Tu aimes ton mari, me dit-elle en ricanant, tu souffres sans doute d'être séparée de lui; sois heureuse, je vais t'envoyer à lui par le chemin le plus court. Il chasse dans les prairies au bas de la rivière, dans deux heures tu seras dans ses bras, à moins, ajouta-t-elle en riant, que les caïmans ne t'arrêtent en route.
— Les femmes comanches méprisent la mort, lui répondis-je; pour un cheveu que tu m'arracheras, l'Unicorne prendra les *scalps* de toute ta tribu, agis à ta guise! » et je détournai la tête, résolue à ne plus lui répondre. Elle m'attacha elle-même sur la poutre, le visage dirigé vers le ciel, afin, me dit-elle que je pusse reconnaître mon chemin, puis elle me lança dans le fleuve en me criant:

« L'Unicorne est un lapin poltron que les femmes apaches méprisent; voilà comment je me venge! ». J'ai dit à mon frère le chasseur pâle les choses telles qu'elles se sont passées.

— Ma sœur est une *ciualt* (femme courageuse), répondit Valentin: elle est digne d'être la *tecihuauch* (épouse) d'un chef renommé.

La jeune mère sourit en embrassant son enfant, qu'elle présenta, par un mouvement plein de charme, au chasseur, qui lui mit un baiser sur le front.

En ce moment le chant du mawkawis, se fit entendre à peu de distance.

Les deux chasseurs levèrent la tête avec étonnement et cherchèrent autour d'eux.

Ce guerrier était l'Unicorne peint et armé en guerre.

— La caille chante bien tard, il me semble, murmura Valentin avec soupçon.

L'Indienne sourit en lui jetant un regard en dessous, mais elle ne répondit pas.

Tout à coup un léger craquement de branches sèches troubla le silence.

Valentin et Curumilla firent un mouvement pour se lever et saisir leurs rifles posés à terre auprès d'eux.

— Que mes frères ne bougent pas, dit vivement la jeune femme, c'est un ami.

Les chasseurs restèrent immobiles.

La jeune femme imita alors avec une rare perfection le chant de la hulotte bleue.

Alors les buissons s'écartèrent, et un guerrier indien, complètement peint et armé en guerre, bondit comme un chacal au-dessus des herbes et des plantes qui obstruaient le passage et s'arrêta en face des chasseurs.

Ce guerrier était l'Unicorne.

Il salua les deux hommes avec cette grâce innée dans la race indienne; puis il croisa les bras sur la poitrine et attendit, sans jeter un regard sur sa femme, sans même paraître l'avoir vue.

De son côté, l'Indienne ne fit pas un geste.

Pendant quelques secondes, un silence pénible plana sur les quatre personnages que le hasard avait réunis d'une façon si bizarre.

Enfin Valentin, voyant que le guerrier s'obstinait dans son mutisme, se décida à lui parler le premier.

— L'Unicorne est le bienvenu à notre camp, dit-il; qu'il prenne place au feu de ses frères, et partage avec eux les vivres qu'ils possèdent.

— Je prendrai place au foyer de mon frère le visage pâle, répondit-il, mais avant il faut qu'il réponde à une question que je veux lui adresser.

— Mon frère peut parler, mes oreilles sont ouvertes.

— Bien, répondit le chef; comment les chasseurs ont-ils avec eux la femme de l'Unicorne?

— Que Rayon-de-Soleil réponde elle-même à cette question, dit gravement Valentin.

Le chef se tourna vers sa femme.

— J'attends, fit-il.

L'Indienne répéta mot pour mot à son mari le récit qu'elle avait fait quelques instants auparavant.

L'Unicorne l'écouta sans témoigner ni surprise ni colère, son visage demeura impassible, seulement ses sourcils se froncèrent imperceptiblement.

Lorsque sa femme eut fini de parler, le chef comanche pencha la tête sur la poitrine et demeura un instant plongé dans de sérieuses réflexions.

Puis il releva la tête.

— Qui a sauvé le Rayon-de-Soleil du fleuve où elle allait périr? lui demanda-t-il.

Le visage de la jeune femme s'éclaira d'un charmant sourire.

— Ces chasseurs, dit-elle.

— Bon, répondit laconiquement le chef en jetant sur les deux hommes un regard empreint d'une expression de reconnaissance ineffable.

— Pouvions-nous la laisser périr? dit Valentin.

— Mes frères ont bien agi. L'Unicorne est un des premiers sachems de sa nation, sa langue n'est pas fourchue, il donne son cœur une fois et ne le reprend plus, le cœur de l'Unicorne est aux chasseurs.

Ces paroles si simples furent prononcées avec cette majesté et cette grandeur que les Indiens savent si bien, lorsqu'il leur plaît, mettre dans leurs paroles.

Les deux hommes s'inclinèrent en signe de remerciement.

Le chef continua :

— L'Unicorne retourne à son village avec sa femme, ses jeunes hommes l'attendent à vingt pas d'ici; il serait très heureux que les chasseurs voulussent bien l'accompagner jusque-là.

— Chef, répondit Valentin, nous sommes descendus dans la prairie pour chasser le bison.

— Eh bien, que fait cela? mes frères chasseront avec moi et mes jeunes gens; mais s'ils veulent me prouver qu'ils acceptent mon amitié, ils me suivront jusqu'à mon village.

— Le chef est à cheval, tandis que nous sommes à pied.

— J'ai des chevaux.

Résister davantage eût été commettre une grave impolitesse, les chasseurs acceptèrent l'invitation

Valentin, jeté par le hasard de ses courses aventureuses dans les prairies du rio Gila et del Norte, n'était pas fâché intérieurement de s'y faire des amis et d'avoir au besoin des alliés dont il pourrait réclamer l'appui.

La squaw s'était levée; elle s'approcha timidement de son mari et lui présenta son enfant en lui disant d'une voix douce et craintive :

— *Owai paysk Ik Igomogonisk* (embrassez ce guerrier).

Le chef prit la frêle créature dans ses bras nerveux et la baisa à plusieurs reprises avec un emportement de tendresse inouïe, puis il la rendit à sa mère.

Celle-ci l'enveloppa d'une petite couverture, puis elle l'attacha sur une planche en forme de corbeille, garnie de mousse sèche, posa un cerceau à l'endroit où reposait la tête afin de la préserver des rayons ardents du soleil et suspendit le tout sur son dos, au moyen d'un ceinturon de laine filée attaché à son front.

— Je suis prête! dit-elle.

— Partons, répondit le chef.

Les chasseurs le suivirent.

Ils furent bientôt dans la prairie.

V

L'ADOPTION

Une soixantaine de guerriers comanches étaient couchés sur l'herbe en attendant leur sachem, tandis que leurs chevaux, entravés à l'amble, broutaient l'herbe haute de la plaine et les jeunes pousses des arbres.

On reconnaissait au premier coup d'œil que ces hommes étaient des guerriers d'élite choisis avec soin pour une expédition dangereuse ; tous traînaient derrière leurs talons cinq et six queues de coup, marques d'honneur que les guerriers renommés ont seuls le droit de porter.

A la vue de leur chef, ils se levèrent avec empressement et se mirent en selle.

Tous savaient que la femme de leur sachem avait été enlevée et que le but de leur expédition était de la délivrer ; cependant, en la voyant, ils ne manifestèrent aucune surprise et la saluèrent comme s'ils ne l'avaient quittée que depuis quelques minutes à peine.

Le détachement de guerre avait avec lui plusieurs chevaux de rechange : le chef en fit donner à sa femme et à ses nouveaux amis ; puis, sur un signe de lui, toute la troupe s'ébranla et partit à fond de train.

Les Indiens ne connaissent pas d'autre allure que le galop.

Après deux heures environ de cette course désordonnée, on arriva à peu de distance du village dont les abords se faisaient sentir déjà depuis quelque temps, à cause de l'habitude qu'ont les Comanches de placer leurs morts sur des échafaudages où ils se pourrissent en dehors des villages ; ces échafaudages, composés de quatre pieux plantés en terre, se terminent en fourche ; auprès se trouvaient plusieurs grandes perches auxquelles étaient suspendues des peaux et autres offrandes faites par les Indiens au génie du bien.

A l'entrée du village, une foule de cavaliers étaient réunis et attendaient le retour du sachem ; dès qu'ils l'aperçurent, ils poussèrent un hourrah formidable et arrivèrent comme un ouragan en criant, tirant des coups de fusil et brandissant leurs armes.

La troupe de l'Unicorne imita cet exemple, et bientôt ce fut un chaos et un tohu-bohu sans nom.

Le sachem fit son entrée dans le village au milieu des cris, des aboiements des chiens, des coups de fusil ; enfin il fut accompagné jusqu'à la place par un vacarme indescriptible.

Arrivés là, les guerriers s'arrêtèrent. L'Unicorne fit mettre pied à terre aux chasseurs et les guida jusqu'à son *calli* (hutte), où il les fit entrer avec lui.

— Maintenant, leur dit-il, frères, vous êtes chez vous ; reposez en paix, buvez, mangez. Ce soir, je viendrai causer avec vous et vous faire une proposition que je souhaite vivement ne pas vous voir repousser.

Les deux chasseurs, fatigués de la longue course qu'ils venaient de faire, se laissèrent aller, avec un plaisir extrême, sur les lits de feuilles sèches qui les attendaient.

— Eh bien, demanda Valentin à Curumilla, penni, que dites-vous de ce qui nous arrive ?

— Cela peut être bon.

— N'est-ce pas ?

— Oui.

Sur ce, Curumila s'endormit ; Valentin ne tarda pas à suivre son exemple.

Ainsi qu'il le leur avait promis, vers le soir l'Unicorne entra dans le calli.

— Mes frères sont-ils reposés ? demanda-t-il.

— Oui, répondit Valentin.

— Sont-ils disposés à m'entendre ?

— Parlez, chef, nous vous écoutons.

Le sachem comanche s'accroupit alors auprès du foyer et resta quelques minutes la tête penchée en avant, les yeux fixés sur le sol, dans la position d'un homme qui réfléchit.

Les deux chasseurs attendaient impassibles qu'il se décidât à s'expliquer.

Enfin il releva la tête, étendit le bras en avant comme pour donner plus d'autorité aux paroles qu'il allait prononcer, et commença ainsi :

— Frère, vous et votre ami vous êtes deux braves guerriers, les prairies se réjouissent de votre arrivée parmi nous ; les daims et les bisons fuient à votre approche, car votre bras est fort et votre œil infaillible. L'Unicorne n'est qu'un pauvre Indien, mais c'est un grand guerrier parmi les Comanches et un chef redouté dans sa tribu ; vous avez sauvé sa femme, Rayon-de-Soleil, que les chiens apaches avaient attachée sur un bois flottant au courant du Gila, et que les hideux alligators se préparaient à dévorer. Depuis que sa femme, la joie de son foyer, et son fils, l'espoir de ses vieux jours, lui sont rendus, l'Unicorne cherche dans son cœur les moyens de vous prouver sa reconnaissance ; il a demandé au Chef de la vie ce qu'il pourrait faire pour vous attacher à lui. L'Unicorne est terrible dans les combats, il a le cœur de l'ours gris pour ses ennemis, il a le cœur de la gazelle pour ceux qu'il aime.

— Chef, répondit Valentin, les paroles que vous prononcez en ce moment nous payent amplement de ce que nous avons fait ; nous sommes heureux d'avoir sauvé la femme et le fils d'un célèbre guerrier : notre récompense est dans notre cœur, nous n'en voulons pas d'autre.

Le chef secoua la tête.

— Non, dit-il, les deux chasseurs ne sont plus des étrangers pour les Comanches, ils sont des frères pour notre tribu. Pendant leur sommeil, l'Unicorne a réuni autour du feu du conseil les chefs de sa nation, il leur a rapporté ce qui s'est passé : les chefs se sont rangés à l'avis de l'Unicorne ; ils l'ont chargé de faire connaître aux chasseurs la résolution qu'ils ont prise.

— Parlez donc, chef, répondit Valentin, et croyez que les désirs du conseil seront des ordres pour nous.

Un sourire de joie plissa les lèvres du chef.

— Bon ! dit-il. Voilà ce qui a été convenu entre les grands chefs : mes frères les chasseurs seront adoptés par la tribu, ils seront désormais fils de la grande nation comanche. Que disent mes frères ?

Un vif sentiment de plaisir fit tressaillir Valentin à cette proposition inattendue : être adopté par les Comanches était obtenir de fait le droit de chasse dans toute l'étendue des immenses prairies où cette nation puissante prédomine par son courage indomptable et le nombre de ses guerriers. Le chasseur échangea un regard avec son silencieux compagnon et se leva.

— J'accepte pour moi et pour mon ami, dit-il en tendant la main au chef, l'honneur que me font les Comanches de m'admettre au nombre des fils de leur nation belliqueuse. Nous saurons nous rendre dignes de cette faveur insigne.

L'Unicorne sourit.

— Demain, dit-il en se levant, mes frères seront adoptés par la nation.

Après avoir gracieusement salué les chasseurs, il prit congé d'eux et se retira.

Le lendemain, au point du jour, les chefs entrèrent dans le calli.

Valentin et Curumilla étaient prêts, ils connaissaient de longue date les épreuves qu'ils avaient à subir.

Les néophytes furent conduits dans la grande hutte de médecine, où un copieux repas était préparé.

Ce repas se composait de chair de chien bouillie dans la graisse d'ours, de camottes, de tortillas de maïs et de gâteaux de *hautle*.

Les chefs s'accroupirent en rond, les femmes les servirent.

Quand le repas fut terminé, chacun se leva ; l'Unicorne se plaça entre les deux chasseurs, appuya la main sur leur tête et entonna le grand chant de guerre.

Ce chant fut répété en chœur par les assistants, au bruit des sifflets de guerre, des tambours et des chichikoués.

Voici la traduction de ce chant :

« Maître de la vie, vois-nous d'un œil favorable.

« Nous recevons deux frères d'armes qui paraissent avoir du sens !

« Ils montrent de la vigueur dans leurs bras !

« Ils ne craignent point d'exposer leur corps aux coups de l'ennemi ! »

Il est impossible, si l'on n'a pas assisté à une scène semblable, de se faire une idée, même lointaine, du tapage effroyable que forment ces voix rauques mêlées à ces instruments criards et discordants qui détonnent à l'unisson ; il y a de quoi devenir sourd.

Lorsque le chant fut terminé, chacun prit place autour du feu du conseil.

Les chasseurs furent assis sur des robes de castor, et on leur présenta le grand calumet de guerre dont ils tirèrent quelques bouffées, et qui passa ensuite à la ronde.

L'Unicorne se leva alors et leur attacha à chacun un collier de *wampum* et un collier de griffes d'ours gris au cou.

On se leva ensuite.

Près de la loge de médecine les Indiens construisirent alors, en moins d'une heure, une hutte pour les chasseurs.

Dès que cette hutte fut terminée, les chasseurs quittèrent leurs vêtements et y entrèrent.

Les chefs apportèrent deux grandes pierres qui avaient été préalablement chauffées à un foyer ardent.

Ils placèrent auprès des tasses d'écorce pleines d'eau et des branches de cèdre pour les asperger, puis ils sortirent, bouchèrent la porte de la hutte et laissèrent seuls les néophytes.

Ceux-ci jetèrent de l'eau sur les pierres ; la vapeur qui s'éleva presque aussitôt leur procura une sueur abondante.

Aussitôt que la transpiration fut arrivée à son plus haut degré, les chasseurs partirent en courant de la hutte, passèrent au milieu des guerriers rangés en deux files sur leur passage et allèrent, comme c'est la coutume, se plonger dans la rivière.

On les sortit immédiatement de l'eau, on les enveloppa dans des couvertures et on les conduisit, toujours au bruit d'une musique infernale, au calli de l'Unicorne afin de subir la dernière épreuve, qui est aussi la plus douloureuse.

Les chasseurs s'étendirent sur le dos ; alors, avec un bâton pointu, enduit d'une eau dans laquelle on avait dissous de la poudre, l'Unicorne traça sur leurs poitrines la figure de l'animal qui servait de *talem* (protecteur) à la tribu.

Puis, avec dix arêtes attachées à un petit morceau de bois et trempées dans du vermillon, il procéda au piquage de ce dessin.

Lorsque parfois il se rencontrait des endroits trop rudes, l'Unicorne faisait une incision dans la chair avec une pierre à fusil ; les places qui ne furent pas marquées avec le vermillon furent frottées avec de la poudre, de sorte qu'il en résulta un tatouage bleu et rouge.

Pendant le cours de l'opération, les chants de guerre et les grincements du chichikoué ne cessèrent de se faire entendre afin d'étouffer les cris que les douleurs qu'ils souffraient auraient pu arracher aux patients.

Mais ceux-ci supportèrent tout sans qu'un froncement des sourcils ou une contraction des traits du visage témoignassent de leurs souffrances.

Quand le tatouage fut terminé, les plaies furent cautérisées avec du *bois pourri*, afin d'empêcher la suppuration.

Puis les blessures furent lavées avec de l'eau froide dans laquelle on avait fait infuser une herbe appelée *pockqueesegou*, plante qui ressemble au buis et que les Indiens mêlent beaucoup à leur tabac pour en ôter la force.

L'épreuve que nous venons de décrire est si douloureuse à supporter, que presque toujours elle ne s'accomplit que par intervalles et dure souvent une semaine.

Cette fois les chasseurs la supportèrent bravement pendant plus de six heures qu'elle dura, sans jeter un cri, sans donner un signe de faiblesse ; aussi les Indiens les considérèrent-ils, à partir de ce moment, avec une espèce de respect ; car pour eux le courage est la première des qualités.

— Mes frères sont enfants de la tribu, dit le chef en leur offrant à chacun un cheval; la prairie leur appartient. Ce coursier les portera aux limites les plus éloignées du désert, à la chasse des bêtes fauves et à la poursuite des chiens Apaches.

— Bon, répondit Valentin.

D'un bond les deux chasseurs se mirent en selle et firent exécuter à leurs montures les plus élégantes et les plus difficiles courbettes.

Cette dernière et héroïque prouesse, après tout ce qu'ils avaient souffert pendant le cours de cette journée, porta à son comble la joie et l'enthousiasme des Comanches, qui applaudirent avec des cris et des trépignements frénétiques ce qu'ils voyaient exécuter à leurs nouveaux frères.

Après être demeurés une heure à peu près à cheval, ils mirent pied à terre et suivirent les chefs dans la hutte de médecine.

Lorsque chacun eut pris place autour du feu du conseil, un nouveau calumet fut fumé, et l'Unicorne se leva :

— Le maître de la vie (Dieu) aime ses fils Comanches puisqu'il leur donne pour frères des guerriers comme Koutonepi et Curumilla. Qui peut égaler leur courage? qui oserait lutter avec eux? L'ours gris se cache à leur approche au fond de son antre; le jaguar bondit au loin en les voyant; l'aigle lui-même, qui regarde en face le soleil, fuit leur balle infaillible. Frères, nous nous félicitons de vous compter au nombre de nos guerriers, désormais nous serons invincibles. Frères, quittez les noms que jusqu'à ce jour vous avez portés pour prendre, à compter de cet instant, ceux que nous vous donnons : vous, Koutonepi, vous êtes maintenant *Quauhtli*, vous porterez le nom de l'aigle dont vous avez le courage et la force; vous, Curumilla, vous vous nommez *Vexolotl*, et le coq sera fier de voir que vous vous êtes emparé de son nom.

Les deux chasseurs remercièrent chaleureusement leurs nouveaux frères et furent reconduits à leur calli par les chefs, qui leur souhaitèrent une bonne nuit après une journée aussi rude.

Voici de quelle façon Valentin et Curumilla, auxquels nous continuerons de donner leurs anciens noms, avaient fait la connaissance de l'Unicorne, et ce qui en était résulté pour eux.

VI

LE MISSIONNAIRE

Avec le temps les relations étaient encore devenues plus étroites, les rapports plus amicaux entre les Indiens et les chasseurs.

Dans le désert, la force physique est la qualité la plus prisée. L'homme contraint de lutter constamment contre les dangers de toutes sortes qui surgissent à chaque instant devant lui, doit ne chercher qu'en lui-même les moyens de les combattre et de les surmonter : aussi les Indiens professent-ils

— Quel est le guerrier qui ne connaît pas l'Unicorne? répondit-elle avec orgueil.

un profond mépris pour les natures rachitiques et les esprits faibles et craintifs.

Valentin avait facilement persuadé à l'Unicorne de s'emparer pendant la chasse aux chevaux sauvages, des magistrats mexicains, afin d'en faire plus tard des otages, si la conjuration avortait.

Ce que le chasseur avait prévu arriva : le Cèdre-Rouge avait opposé la ruse à la ruse, et, ainsi que nous l'avons rapporté, don Miguel avait été arrêté au milieu de son triomphe, au moment même où il croyait être le maître de Paso del Norte.

Après que Valentin, Curumilla et don Pablo eurent vu, cachés sous les buissons, défiler devant eux la lugubre escorte qui conduisait prisonnier don Miguel à Santa-Fé, ils tinrent conseil.

Les instants étaient précieux. Les conspirateurs ont, au Mexique, sur les autres criminels, le triste privilège d'être jugés vite et de ne pas languir ; il fallait sauver le prisonnier.

Valentin, avec cette promptitude de décision qui faisait le point saillant de son caractère, eut en quelques minutes formé dans sa tête un de ces plans hardis comme lui seul savait en trouver.

— Du courage, dit-il à don Pablo ; tant que le cœur bat dans la poitrine, il y a de l'espoir, vive Dieu ! La première partie est perdue, soit ; msis à nous la revanche !

Don Pablo avait dans Valentin une foi entière ; il avait été souvent à même d'éprouver son ami. Si ces paroles ne le rassurèrent pas complètement, au moins elles lui rendirent presque l'espoir et lui redonnèrent le courage qui lui était si nécessaire à cet instant suprême et qui l'avait abandonné.

— Parlez, lui dit-il, mon ami, que faut-il faire ?

— Allons au plus pressé d'abord, sauvons le père Séraphin, qui s'est dévoué pour vous.

Les trois hommes se mirent en route. La nuit était sombre.

La lune n'apparaissait que par intervalles ; incessamment voilée par d'épais nuages qui passaient sur son disque, elle semblait ne répandre qu'à regret sur la terre les lueurs blafardes de ses froids rayons.

Le vent sifflait entre les branches des arbres qui s'entrechoquaient avec de sourds et mystérieux murmures ; les coyotes hurlaient à plein gosier dans la plaine, et parfois leurs sinistres silhouettes se dessinaient rapides à l'horizon.

Après une heure de marche environ, les trois hommes arrivèrent à l'endroit où le missionnaire était tombé renversé par la balle de Cèdre-Rouge.

Le père Séraphin avait disparu.

Une inquiétude mêlée d'une angoisse terrible serra le cœur des chasseurs.

Valentin jeta autour de lui un regard désespéré.

Mais les ténèbres étaient trop épaisses pour qu'il lui fût possible de rien distinguer.

— Que faire ? murmura don Pablo avec tristesse.

— Chercher, répondit vivement Valentin ; il ne peut être loin.

Curumilla s'était déjà lancé sur la piste et avait disparu dans les ténèbres.

Curumilla n'avait jamais été grand parleur de sa nature ; avec l'âge il était devenu d'un mutisme presque complet ; il ne prononçait une parole que lorsqu'il le fallait absolument.

Mais en revanche, si le digne Indien ne parlait pas, il agissait et dans les situations critiques sa détermination valait souvent les plus longs discours.

Don Pablo, docile à l'ordre de Valentin, jeta son rifle sur son épaule et se prépara à l'exécuter.

— Où allez-vous? lui demanda le chasseur en lui saisissant le bras.
— A la recherche du père Séraphin.
— Attendez!

Les hommes restèrent immobiles, écoutant ces bruits mystérieux du désert, mélodie sans nom qui plonge l'âme dans une douce rêverie.

Près d'une heure s'écoula ainsi, sans que rien vînt révéler aux chasseurs que les recherches de Curumilla eussent été couronnées de succès.

Valentin, impatienté de cette longue attente, se préparait à se mettre, lui aussi, sur la piste, lorsque tout à coup le cri faible et saccadé du *walkon* (oiseau de paradis) s'éleva dans l'air.

— Qu'est cela? demanda don Pablo étonné.
— Silence! murmura Valentin.

Une seconde fois le walkon chanta.

Cette fois son cri était plus fort, partant plus rapproché.

Valentin porta son doigt à sa bouche et imita le cri bref et strident de l'oncelot à deux reprises différentes, et cela avec une perfection telle que don Pablo tressaillit malgré lui et chercha du regard la bête fauve dont il croyait déjà voir étinceler les yeux derrière un buisson.

Presque aussitôt le cri du walkon recommença une troisième fois.

Valentin posa la crosse de son rifle à terre.

— Bon, dit-il. Ne soyez pas inquiet, don Pablo, Curumilla a retrouvé le père Séraphin.

Le jeune homme le regarda avec étonnement.

Le chasseur sourit.

— Vous allez les voir arriver tous les deux, dit-il.
— Mais comment savez-vous?
— Enfant, interrompit Valentin, dans le désert la voix humaine est plutôt nuisible qu'utile. Le chant des oiseaux, le cri des bêtes fauves nous servent de langage.

— Oui, répondit naïvement le jeune homme, c'est vrai ; j'avais entendu dire cela plusieurs fois, mais j'ignorais qu'il vous fût aussi facile de vous comprendre.

— Ceci n'est rien, fit le chasseur avec bonhomie; vous en verrez bien d'autres, si vous passez seulement un mois en notre compagnie.

Au bout de quelques instants un bruit de pas se fit entendre, faible d'abord, mais peu à peu plus rapproché, et deux ombres se dessinèrent vaguement dans la nuit.

— Hé! cria Valentin en épaulant son rifle qu'il arma, êtes-vous amis ou ennemis?

— *Pennis* (frères), répondit une voix.
— C'est Curumilla, fit Valentin ; allons à sa rencontre.

Don Pablo le suivit.

Ils atteignirent l'Indien, qui marchait lentement, obligé qu'il était de soutenir, presque de porter, le missionnaire.

Lorsqu'il avait roulé en bas de son cheval, le père Séraphin avait instantanément perdu connaissance.

Longtemps il était demeuré étendu dans le fossé où il était tombé ; cependant, peu à peu le froid de la nuit l'avait fait revenir à lui.

Dans le premier moment, le pauvre prêtre, dont les idées étaient encore obscurcies, avait jeté autour de lui des regards inquiets en se demandant comment il se trouvait là et quel concours de circonstances étranges l'y avait amené.

Il voulut se relever, mais alors une douleur cuisante, qu'il sentit à l'épaule, réveilla ses souvenirs ; cependant il ne s'abandonna pas. Seul, la nuit, dans le désert, exposé à mille dangers inconnus, dont le moindre était d'être dévoré par les bêtes fauves, sans armes pour se défendre, trop faible d'ailleurs pour le tenter quand bien même il en aurait eu, il résolut cependant de ne pas rester dans cette position terrible et de faire les plus grands efforts pour se relever et se traîner tant bien que mal jusqu'au Paso, éloigné de trois lieues tout au plus, où il était sûr de trouver les secours que son état exigeait.

Le père Séraphin, de même que la plupart des missionnaires qui se dévouent généreusement au bonheur de l'humanité, était un homme qui, sous une apparence débile et presque féminine, cachait une énergie indomptable et une résolution à toute épreuve.

Dès qu'il eut pris son parti, il l'exécuta : avec une peine extrême et des douleurs atroces, il parvint à placer sur la plaie qu'il avait à l'épaule son mouchoir roulé en tampon, afin d'arrêter le sang qui coulait abondamment de sa blessure.

Il resta plus d'une heure avant de parvenir à se tenir droit sur ses pieds ; souvent il se sentit défaillir, une sueur froide perlait à la racine de ses cheveux, il avait des bourdonnements dans les oreilles, tout semblait tourner autour de lui ; mais il se roidit contre la douleur, il joignit les mains avec effort, leva vers le ciel ses yeux pleins de larmes, et du fond du cœur il murmura :

— Mon Dieu ! daignez soutenir votre serviteur, il a placé en vous tout son espoir et toute sa confiance.

La prière, lorsqu'elle est faite avec foi, produit sur l'homme un effet dont les conséquences sont immédiates ; elle le console, lui donne le courage et lui rend presque les forces qui l'avaient abandonné.

Ce fut ce qui arriva au père Séraphin. Après avoir prononcé ces quelques mots, il se mit résolument en marche, assurant ses pas chancelants avec un bâton, qu'un hasard providentiel avait placé près de lui.

Il fit ainsi près d'une demi-lieue, s'arrêtant à chaque instant pour reprendre haleine ; mais les forces humaines ont des limites qu'elles ne peuvent franchir : malgré les efforts qu'il faisait, le missionnaire sentit ses jambes manquer sous lui, il comprit qu'il ne pouvait aller plus loin, et il se laissa tomber au pied d'un arbre, certain d'avoir tenté l'impossible pour son salut, et s'en remettant désormais à la Providence du soin de le sauver.

C'est à ce moment que Curumilla était arrivé auprès de lui.

L'Indien l'avait aidé à se relever, puis il avait, en imitant le cri du walkon, averti ses amis du succès de ses recherches.

Le père Séraphin, bien que le chef lui eût proposé de le porter, avait refusé, et avait voulu marcher pour rejoindre les amis qui lui venaient en aide.

Mais ses forces le trahirent une seconde fois, il perdit connaissance et tomba dans les bras de l'Indien, qui le surveillait attentivement, car il s'était aperçu de sa faiblesse de plus en plus grande, et prévoyait la chute de celui qu'il soutenait.

Valentin et Curumilla, aidés par don Pablo, construisirent à la hâte, avec des branches d'arbres, un brancard sur lequel ils étendirent le pauvre blessé, et, le chargeant sur leurs épaules, ils s'éloignèrent au plus vite.

La nuit s'écoula tout entière, et le soleil était haut déjà à l'horizon, que les chasseurs marchaient encore.

Enfin, vers onze heures du matin, ils arrivèrent à la caverne qui servait de retraite à Valentin, et dans laquelle il avait résolu de transporter le blessé afin de le soigner lui-même.

Le père Séraphin avait une fièvre intense, son visage était rouge, ses yeux brillants. Comme cela arrive presque toujours pour les blessures d'armes à feu, la fièvre de suppuration s'était déclarée avec une grande force.

Le missionnaire fut étendu sur un lit de fourrures, et Valentin s'occupa immédiatement à sonder la blessure. Par un hasard singulier, la balle s'était logée dans l'épaule sans briser l'omoplate. Valentin la retira; puis aidé par Curumilla qui avait silencieusement pilé des feuilles d'*oregano*, il en forma un cataplasme qu'il appliqua sur la plaie après l'avoir lavée avec soin.

A peine fut-il pansé, le missionnaire tomba dans un sommeil profond dont il ne sortit que le soir.

Le traitement suivi par Valentin avait fait merveille; la fièvre avait disparu, les traits du prêtre étaient reposés, la rougeur qui empourprait ses joues avait fait place à une pâleur causée par la perte du sang; bref il était aussi bien qu'on pouvait l'espérer.

En ouvrant les yeux, il aperçut les trois chasseurs qui épiaient son réveil et fixaient sur lui des regards inquiets; il sourit, et d'une voix faible dont le timbre pur les émut doucement :

— Merci, mes frères, leur dit-il, merci du secours que vous m'avez donné, Dieu vous récompensera; je me sens beaucoup mieux.

— Dieu soit loué! répondit Valentin; vous en serez, mon père, quitte à meilleur marché que je n'osais l'espérer.

— Serait-il possible!

— Oui, votre blessure, quoique grave, n'est pourtant pas dangereuse, et dans quelques jours vous pourrez, si vous le jugez nécessaire, reprendre le cours de vos occupations.

— Je vous remercie de cette bonne nouvelle, mon cher Valentin; je ne compte plus les fois que je vous dois la vie : Dieu, dans sa bonté infinie, vous a placé auprès de moi pour me soutenir dans mes tribulations et me secourir dans les jours de danger.

Le chasseur rougit.

— Ne parlez pas ainsi, mon père, dit-il; je n'ai fait qu'accomplir un devoir sacré. Vous sentez-vous assez fort pour causer quelques instants avec moi?

— Oui, parlez, mon ami.
— Je voudrais vous demander conseil.
— Mes lumières sont bien faibles, cependant vous savez combien je vous aime, Valentin; dites-moi ce qui vous chagrine, et peut-être pourrai-je vous être utile.
— Je le crois, mon père.
— Parlez donc, au nom du Ciel, mon ami, car pour que vous ayez recours à moi, il faut que l'affaire dont vous voulez m'entretenir soit sérieuse.
— On ne peut davantage.
— Allez, je vous écoute.

Et le missionnaire s'arrangea sur sa couche de façon à entendre le plus commodément possible la confidence que voulait lui faire le chasseur.

VII

L'ENTREVUE

Le lendemain au point du jour, Curumilla partit pour le village de l'Unicorne. Au coucher du soleil il était de retour à la caverne.

Le chef comanche l'accompagnait. Le sachem avait pour le père Séraphin, dont il appréciait le beau caractère, le plus profond respect; il fut peiné de l'état dans lequel il le voyait.

— Père, lui dit-il en lui baisant la main, quels sont les méchants qui vous ont ainsi blessé, vous à qui le Maître de la vie a donné les secrets qui rendent heureux? Quels qu'ils soient, ces hommes mourront.

— Mon fils, répondit doucement le prêtre, je ne prononcerai pas devant vous le nom du malheureux qui, dans un moment de folie, a porté la main sur moi. Mon Dieu est un Dieu de paix, il est souverainement bon, et recommande surtout à ses créatures d'oublier les injures et de rendre le bien pour le mal.

L'Indien le regarda avec étonnement; il ne comprenait pas la sublimité douce et touchante de ces préceptes d'amour. Élevé dans les principes sanguinaires de sa race, persuadé, comme tous les Peaux-Rouges, que le premier devoir d'un guerrier est la vengeance, il n'admettait que cette féroce loi des prairies qui dit : Œil pour œil, dent pour dent; loi terrible, que cependant nous n'osons pas complètement condamner dans les pays où les embuscades sont permanentes et où la mort se dresse implacable à chaque angle de la route.

— Mon fils, reprit le père Séraphin, vous êtes un grand guerrier; maintes fois vous avez bravé les atroces tortures du poteau du sang, mille fois plus terribles que la mort elle-même; souvent vous avez, avec un plaisir que j'excuse, car il est dans votre nature, renversé, le genou sur la poitrine, votre ennemi à vos pieds; n'avez-vous jamais pardonné dans un combat?

— Jamais ! répondit l'Indien, dont l'œil rayonna d'orgueil satisfait, l'Unicorne a envoyé bien des chiens Apaches dans les prairies bienheureuses ; leurs chevelures sèchent à l'entrée de son *calli*.

— Eh bien ! fit doucement le missionnaire, essayez de la clémence, une fois, une seule, et vous connaîtrez alors un des plus grands bonheurs que Dieu a donnés à l'homme sur cette terre, celui de pardonner.

Le chef secoua la tête.

— Non, dit-il, un ennemi mort n'est plus à redouter ; mieux vaut le tuer que lui laisser le moyen de se venger plus tard.

— Mon fils, vous m'aimez, n'est-ce pas ?

— Oui, mon père est bon, il a fait du bien aux Peaux-Rouges ; les Comanches sont reconnaissants. Que mon père commande, son fils obéira.

— Je n'ai pas le droit de vous donner d'ordre, mon fils, je ne puis que vous adresser une prière.

— Bon ! Que mon père s'explique, l'Unicorne fera ce qu'il désire.

— Eh bien ! reprit le missionnaire avec un vif sentiment de joie, promettez-moi de pardonner au premier malheureux, quel qu'il soit, qui tombera entre vos mains, et vous me rendrez bien heureux.

Le chef indien fronça le sourcil, une expression de mécontentement parut sur ses traits.

Le père Séraphin suivait avec anxiété sur le visage si intelligent du Comanche les différentes nuances qui s'y reflétaient comme un miroir.

Enfin, l'Indien reprit son impassibilité, et son visage se rasséréna.

— Mon père l'exige ? dit-il d'une voix douce.

— Je le désire.

— Soit ; que mon père soit satisfait, je lui promets de pardonner au premier ennemi que le manitou fera tomber sous le fer de ma lance.

— Merci, chef, s'écria le missionnaire avec joie, merci ; Dieu vous récompensera de cette bonne pensée, lui qui lit dans les cœurs.

L'Indien s'inclina silencieusement et se tourna vers Valentin, qui avait assisté immobile à cet entretien.

— Mon frère m'a appelé, je suis venu ; que veut-il de l'Unicorne ?

— Que mon frère prenne place au feu du conseil et fume le calumet avec son ami ; des chefs ne parlent pas sans réfléchir aux paroles qu'ils vont prononcer.

— Mon frère parle bien, je prendrai place à son foyer.

Curumilla avait allumé un grand feu dans le premier compartiment de la caverne. Les quatre hommes laissèrent le père Séraphin prendre quelques instants de repos ; ils se placèrent autour du feu et le calumet passa de main en main.

Les Indiens n'entreprennent jamais rien d'important, ils n'entament pas une discussion sans, provisoirement, fumer le calumet en conseil, quelles que soient les circonstances dans lesquelles ils se trouvent.

Lorsque le calumet eut fait le tour du cercle, Valentin se leva :

— Tous les jours, dit-il en saluant le chef, j'apprécie davantage l'honneur que m'ont fait les Comanches en m'adoptant pour fils. La nation de mon frère est puissante, ses territoires de chasse couvrent toute la surface de la terre, les Apaches fuient devant les guerriers comanches comme les coyotes poltrons devant les hommes courageux. Déjà plusieurs fois, mon frère m'a rendu service avec cette grandeur d'âme qui le distingue et ne peut appartenir qu'à un guerrier aussi célèbre qu'il l'est; aujourd'hui, c'est encore un service que je viens demander à mon frère; ce service, voudra-t-il me le rendre? je le présume, car je connais son cœur, et je sais que le grand esprit du Maître de la vie réside en lui.

— Que mon frère s'explique, répondit l'Unicorne; il parle à un chef, il doit ôter la peau de son cœur, et laisser son sang couler rouge et limpide devant un ami. Le grand chasseur blanc est une partie de moi-même; pour que je refusasse une demande émanant de lui, il faudrait que je fusse arrêté par une impossibilité flagrante.

— Merci, frère, dit Valentin avec émotion; vos paroles sont passées de vos lèvres dans mon cœur qu'elles ont réjoui. Je ne me suis pas trompé, je vois que je puis en toute chose compter sur votre amitié à toute épreuve et votre loyal concours. Acumapicthzin de Zarate, le descendant des *Tlatoanis* (roi) mexicains, l'ami des Peaux-Rouges, que toujours, il a protégés, est prisonnier des Gachupines [1]; ils l'ont conduit à Santa-Fé, afin de le mettre à mort et enlever aux Indiens le seul ami qui leur reste.

— Et que veut faire mon frère?
— Je veux sauver mon ami.
— Bon, répondit le chef; mon frère réclame mon aide pour réussir dans ce projet, n'est-ce pas?
— Oui.
— Bon. Le descendant des Tlatoanis sera sauvé; que mon frère se rassure!
— Je puis donc compter sur l'aide de mon frère? demanda vivement Valentin.

Le chef sourit.

— L'Unicorne tient entre ses mains des Espagnols qui lui répondront de la vie du prisonnier.
— C'est vrai! s'écria Valentin en se frappant le front; votre idée est bonne, chef.
— Que mon frère me laisse agir, je lui réponds du succès sur ma tête.
— *Caramba!* Chef, agissez à votre guise; seulement, ne serait-ce que pour la forme, je ne serais pas fâché de savoir ce que vous entendez faire.
— Mon frère a la peau blanche, mais son cœur est indien; qu'il s'en rapporte à la prudence d'un chef: l'Unicorne sait comment s'y prendre pour traiter avec les Gachupines.
— Sans doute.
— L'Unicorne ira à Santa-Fé parler au chef des blancs.

Valentin le regarda avec étonnement.

Le sachem sourit.

---

1. Porteurs de souliers, sobriquet donné par les Indiens aux Espagnols à l'époque de la conquête.

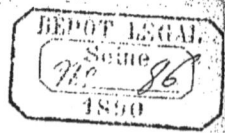

Ils construisirent à la hâte un brancard sur lequel ils étendirent le blessé.

— N'ai-je pas des otages? dit-il.
— C'est vrai, fit Valentin.
Le chef reprit :
— Les Espagnols sont, comme les vieilles femmes bavardes, prodigues de paroles séduisantes, mais l'Unicorne les connaît. Combien de fois déjà, à la

tête de ses guerriers, a-t-il foulé le sentier de la guerre sur leur propre territoire! Ils n'oseront le tromper. Avant que *tonatiuh* (le soleil) ait deux fois accompli sa révolution autour de la grande tortue dont l'écaille immense supporte le monde, le chef des Comanches ira porter les flèches sanglantes aux blancs et leur proposer la paix ou la guerre. Mon frère est-il satisfait?

— Je suis satisfait; mon cœur est plein de reconnaissance pour mon frère rouge.

— Bon! Qu'est cela pour l'Unicorne? moins que rien. Mon frère a-t-il autre chose à me demander?

— Une chose encore.

— Que mon frère s'explique le plus tôt possible, afin qu'il ne reste plus de nuage entre lui et son ami rouge.

— Je m'expliquerai donc. Des hommes sans crainte du grand esprit, poussés on ne sait par quel désir insensé, ont enlevé doña Clara, la fille du chef blanc que mon frère s'est engagé à sauver.

— Quels sont ces hommes? Mon frère les connaît-il?

— Oui, je ne les connais que trop : ce sont des bandits, à la tête desquels se trouve un monstre à face humaine, nommé le Cèdre-Rouge.

A ce nom, l'Indien tressaillit imperceptiblement; une lueur sinistre jaillit de sa prunelle, et une ride profonde creusa son front.

— Le Cèdre-Rouge est un jaguar féroce, dit-il d'une voix sourde mais accentuée par la fureur; il s'est fait le bourreau des Indiens, dont il veut les chevelures. Cet homme n'a de pitié ni pour les femmes ni pour les enfants, mais il est sans courage; il n'attaque ses ennemis que dans l'ombre, vingt contre un, et lorsqu'il est sûr qu'on ne peut lui résister.

— Mon frère connaît cet homme, je le vois.

— Et cet homme a enlevé la gazelle blanche?

Les Indiens nommaient ainsi doña Clara, dans leur langage imagé et plein de poésie.

— Oui.

— Bon. Mon frère veut savoir ce que le Cèdre-Rouge a fait de sa prisonnière?

— Je veux le savoir.

L'Indien se leva.

— Le temps se passe, dit-il; l'Unicorne retourne auprès des siens. Que mon frère le chasseur soit sans inquiétude, l'Unicorne veille.

Après avoir prononcé ces quelques mots, le chef salua ses amis, sortit de la caverne, descendit dans le ravin, se mit en selle et disparut au galop dans la direction du désert.

Généralement les Indiens parlent peu, ils détestent les longs discours; mais on peut entièrement compter sur leur parole lorsqu'ils s'engagent sérieusement à faire une chose.

Dans cette circonstance, Valentin avait mille raisons d'être satisfait de son entrevue avec le chef comanche dont il était fort aimé, et qui lui avait de grandes obligations.

Le père Séraphin fut moins satisfait que le chasseur.

Le digne prêtre n'était, ni par nature, ni à cause de son ministère, d'avis d'employer les moyens violents qui lui répugnaient ; il aurait voulu, ce qui était impossible, que tout s'arrangeât doucement et sans courir le risque de verser du sang.

Cependant, trois semaines se passèrent sans que l'Unicorne parût donner efficacement suite au projet qu'il avait développé devant Valentin.

Le Français apprit seulement d'une manière indirecte qu'un fort parti de guerriers comanches avait envahi les frontières mexicaines.

Le père Séraphin, bien que non encore complètement guéri de sa blessure, avait absolument voulu se rendre à Santa-Fé pour tenter quelques démarches en faveur de don Miguel, dont le procès avait marché sans entraves, et qui était sur le point d'être exécuté.

De son côté, don Pablo, dévoré d'inquiétudes, s'était obstiné, lui aussi, malgré les prières et les observations de Valentin, à s'introduire dans Santa-Fé pour chercher à voir son père et le sauver.

Le soir où nous avons rencontré Valentin dans la clairière, l'Unicorne le voyait pour la première fois depuis un mois ; il venait lui annoncer le succès des démarches qu'il avait faites. Bien que ses paroles fussent assez ambiguës, Valentin, habitué aux façons indiennes, avait compris à demi-mot : aussi n'avait-il pas hésité à annoncer à don Pablo, comme un fait positif, que son père serait bientôt libre.

VIII

LA PRISON

Don Miguel avait été transféré dans la prison de Santa-Fé.

Les Français, habitués aux mœurs philanthropiques qui, en Europe, où la vie d'un homme est comptée pour beaucoup, sont à l'ordre du jour, ne pourront se figurer combien d'atrocités renferme ce mot *prison* au Mexique.

Dans les pays d'outre-mer, le système pénitentiaire n'est pas, nous dirons, dans son enfance, nous mentirions ; nous serons plus vrai en avouant du premier coup qu'il est complètement ignoré et qu'il n'existe même pas à l'état de projet.

Les États-Unis de l'Amérique du Nord exceptés, les prisons sont, en Amérique, ce qu'elles étaient au temps de la domination espagnole, c'est-à-dire des bouges infects, où les malheureux qui y sont renfermés souffrent mille tortures.

Au rebours de chez nous, où tant que le crime d'un homme n'est pas prouvé juridiquement, il est regardé comme simple prévenu, c'est-à-dire presque comme innocent, là, aussitôt qu'on est arrêté, on est considéré comme coupable ; en conséquence, toute considération, toute pitié s'évanouissent pour faire place à des traitements brutaux et barbares.

Jetés sur un peu de paille dans des trous sans air, et parfois habités par des serpents ou autres animaux immondes, les prisonniers ont souvent, au bout de vingt-quatre heures, été trouvés morts et à moitié dévorés dans ces antres hideux.

Nous avons été témoin, maintes et maintes fois, des tortures atroces infligées, par des soldats grossiers et cruels, à de pauvres diables dont les crimes auraient, dans notre pays, mérité tout au plus une légère peine disciplinaire.

Cependant, dans les grands centres de population, les prisons sont mieux tenues que dans les bourgades et les villages, et dans ce pays où l'argent est le plus puissant levier, un homme riche parvient facilement à se procurer tout ce qu'il veut et à rendre au moins sa position tolérable.

Don Miguel et le général Ibañez avaient obtenu à force de sollicitations et au poids de l'or à être enfermés ensemble.

Ils habitaient deux misérables chambres dont tout l'ameublement consistait en une table boiteuse, quelques butaques recouvertes en cuir et deux cadres à fond de cuir qui leur servaient de lits.

Ces deux hommes, si fortement trempés, avaient supporté sans se plaindre toutes les avanies et les humiliations dont on les avait abreuvés pendant le cours de leur procès, résolus à mourir comme ils avaient vécu, la tête haute, le cœur ferme, sans donner aux juges qui les avaient condamnés la satisfaction de les voir faiblir au moment suprême.

C'était vers le soir du même jour où nous avons rencontré Valentin dans la clairière, l'obscurité tombait rapidement, et l'unique meurtrière, car nous ne pouvons donner le nom de fenêtre à l'espèce de fente étroite qui servait à éclairer la prison, ne laissait plus pénétrer qu'une lueur faible et incertaine.

Don Miguel se promenait à grands pas dans la prison, tandis que le général, nonchalamment étendu sur un des cadres, fumait tranquillement sa cigarette, en suivant de l'œil, avec un plaisir d'enfant, les légers nuages de fumée bleuâtre qui montaient en tournoyant au plafond et qu'il chassait incessamment de sa bouche.

— Eh bien ! dit tout à coup don Miguel, il paraît que ce n'est pas encore pour aujourd'hui.

— Oui, répondit le général, à moins, ce que je ne crois pas, qu'ils veuillent nous faire les honneurs d'une exécution aux flambeaux.

— Comprenez-vous quelque chose à ce retard ?

— Ma foi non ; je me suis vraiment creusé la tête pour deviner la raison qui les empêche de nous fusiller, et, de guerre lasse, j'y ai renoncé.

— C'est comme moi : un moment j'ai cru que c'était une tactique pour tâcher de nous amollir par les appréhensions continuelles de la mort, incessamment suspendue sur notre tête comme une autre épée de Damoclès, mais cette idée m'a semblé tellement absurde que j'y ai renoncé.

— Je suis entièrement de votre avis ; pourtant il doit se passer quelque chose d'extraordinaire autour de nous.

— Qui vous le fait supposer ?

— Ceci : depuis deux jours notre digne geôlier, ñô Quesada, devient non pas poli avec nous, cela lui serait impossible, mais moins brutal : je me suis aperçu qu'il rentre ses griffes, il cherche à sourire ; il est vrai que son visage est si peu habitué à prendre cette expression, que le seul résultat qu'il obtienne est de faire une ignoble grimace.

— Que concluez-vous de cela ?

— Moi, dit le général, rien de positif ; seulement je me demande d'où provient ce changement incompréhensible dont je cherche vainement la cause ; il serait aussi absurde de l'attribuer à la pitié qu'il éprouve pour la position dans laquelle nous nous trouvons que de supposer que le gouverneur viendra nous demander pardon de nous avoir jugés et condamnés.

— Eh ! fit don Miguel en hochant la tête, tout n'est pas fini encore, nous ne sommes pas morts.

— C'est vrai ; mais soyez tranquille, nous le serons bientôt.

— Notre vie est entre les mains de Dieu, il en disposera à son gré.

— Amen ! dit en riant le général, qui tordait entre ses doigts une nouvelle cigarette.

— Ne trouvez-vous pas extraordinaire que depuis un mois que nous sommes détenus ici, nos amis ne nous aient pas donné signe de vie ?

Le général haussa les épaules avec insouciance.

— Hum ! dit-il, un homme prisonnier est bien malade : nos amis ont sans doute craint de nous affliger par le spectacle de leur douleur ; voilà pourquoi ils se sont privés du plaisir de nous faire visite.

— Ne raillez pas ainsi, général ; vous les accusez à tort, j'en suis convaincu.

— Dieu le veuille ! Pour moi, je leur pardonne de grand cœur leur indifférence et l'oubli dans lequel ils nous ont laissés.

— Je ne puis croire que don Valentin, cette nature d'élite, si franche et si loyale, lui pour lequel j'avais une si profonde amitié, n'ait pas cherché à me voir.

— Bah ! Comment, don Miguel, près de la mort comme vous l'êtes, vous croyez encore à des sentiments honorables chez l'homme !

En ce moment, il se fit un assez grand bruit de ferraille en dehors, et la porte de la chambre dans laquelle se trouvaient les condamnés s'entre-bâilla pour livrer passage au geôlier, qui précédait un autre personnage.

L'obscurité presque complète qui régnait dans la prison empêcha les condamnés de reconnaître le visiteur qui portait une longue robe noire.

— Eh ! eh ! murmura le général à l'oreille de son compagnon, je crois que le général Ventura, notre aimable gouverneur, a enfin pris son parti.

— Comment cela ? répondit don Miguel à voix basse.

— *Canarios !* il nous envoie un prêtre, ce qui signifie que demain nous serons exécutés.

— Ma foi, tant mieux ! ne put s'empêcher de dire don Miguel.

Cependant le geôlier, petit homme trapu, à la mine de fouine et au regard louche, s'était tourné vers le prêtre qu'il avait engagé à entrer, en lui disant d'une voix rauque :

— C'est ici, señor Padre, voilà les condamnés.

— Veuillez nous laisser seuls, mon ami, répondit l'étranger.

— Voulez-vous que je vous laisse ma lanterne ? Il commence à faire assez sombre, et quand on cause on aime assez à se voir.

— Bien, laissez-la ; je vous remercie. Vous m'ouvrirez lorsque je vous appellerai en frappant contre la porte.

— C'est bon, on le fera ; et il se tourna vers les condamnés auxquels il dit d'un ton bourru : Eh ! Seigneuries, voilà un prêtre, profitez-en pendant que vous le tenez ! Dans votre position, on ne sait pas ce qui peut arriver d'un moment à l'autre.

Les prisonniers haussèrent les épaules avec dédain sans répondre. Le geôlier sortit.

Lorsque le bruit de ses pas se fut éteint dans le lointain, le prêtre, qui, jusqu'à ce moment, était demeuré le corps penché en avant et l'oreille tendue, se redressa et marcha droit à don Miguel.

Cette manœuvre de l'étranger surprit les deux hommes, qui attendirent avec anxiété ce qui allait arriver.

La lanterne laissée par le geôlier ne répandait qu'une lueur faible et tremblotante, qui suffisait à peine pour distinguer les objets.

— Mon père, dit l'haciendero d'une voix ferme, je remercie celui qui vous a envoyé pour nous préparer à la mort, je désirais vivement remplir mes devoirs de chrétien avant d'être exécuté. Si vous voulez passer avec moi dans la chambre à côté, je vous confesserai mes fautes ; ce sont celles qu'un honnête homme commet d'ordinaire, car mon cœur est pur et je n'ai rien à me reprocher.

Le prêtre ôta son chapeau, saisit la lanterne et l'approcha de son visage pâle, dont les traits nobles et doux furent soudain frappés par la lumière.

— Le père Séraphin ! s'écrièrent les deux hommes avec un étonnement mêlé de joie.

— Silence ! commanda vivement le prêtre. Ne prononcez pas mon nom si haut, mes frères ; tout le monde ignore ma présence ici ; seul, notre geôlier est mon confident.

— Lui ! fit don Miguel avec stupeur, cet homme qui depuis un mois nous abreuve de dégoûts et d'humiliations.

— Cet homme est à nous désormais. Ne perdons pas de temps, venez, j'ai des moyens sûrs de vous faire sortir de la prison et de quitter la ville avant que l'on puisse se douter de votre fuite ; les chevaux sont préparés, une escorte vous attend ; venez, messieurs, les minutes sont précieuses.

Les deux prisonniers échangèrent un regard d'une éloquence sublime.

Puis le général Ibañez alla tranquillement s'adosser à une butaque tandis que don Miguel répondit :

— Merci, mon père ; vous avez entrepris la noble tâche de compatir à toutes les douleurs, et vous ne voulez pas manquer à votre mandat ; merci de la proposition que vous nous faites, mais nous ne pouvons l'accepter : des hommes comme nous ne doivent pas donner raison à leurs ennemis en fuyant comme des criminels. Nous avons combattu pour un principe sacré, nous avons succombé; nous devons à nos compatriotes, nous nous devons à nous-mêmes de subir bravement la mort. Lorsque nous avons conspiré, nous savions fort bien ce qui nous attendait si nous étions vaincus. Encore une fois merci; mais nous ne sortirons de cette prison que libres ou pour marcher au supplice.

— Je n'ai pas le courage de vous blâmer, messieurs, de votre résolution héroïque; en pareil cas, j'agirais de même. Il vous reste un bien faible espoir, attendez : peut-être d'ici à quelques heures, des événements imprévus viendront-ils changer la face des choses.

— Nous n'espérons plus rien, mon père.

— Cette parole est un blasphème dans votre bouche, don Miguel. Dieu peut ce qu'il veut; espérez, vous dis-je.

— J'ai tort, mon père, pardonnez-moi.

— Maintenant je suis prêt à entendre votre confession.

Les prisonniers s'inclinèrent.

Le père Séraphin les confessa l'un après l'autre et leur donna l'absolution.

— Holà! cria le geôlier à travers la porte; hâtez-vous, il se fait tard, bientôt il sera impossible de sortir de la ville.

— Ouvrez, répondit le missionnaire d'une voix ferme.

Le geôlier parut.

— Eh bien? demanda-t-il.

— Éclairez-moi, et conduisez-moi hors de la prison; ces caballeros refusent de profiter de la chance de salut que je suis venu leur offrir.

Le geôlier secoua la tête en haussant les épaules.

— Ils sont fous, dit-il.

Et il sortit suivi du prêtre, qui, du seuil de la porte, fit un dernier geste d'espoir à ses pénitents en leur montrant le ciel.

Les prisonniers restèrent seuls.

IX

L'AMBASSADE

Le jour même où le père Séraphin était venu dans la prison proposer aux prisonniers de s'évader, un fait assez étrange avait mis en rumeur toute la population de Santa-Fé.

Voici ce qui était arrivé :

Vers midi à peu près, au moment où les habitants de la ville, retirés au fond de leurs demeures, faisaient la siesta, et que les rues, calcinées par les rayons d'un soleil incandescent étaient complètement désertes, un hourrah formidable, le terrible cri de guerre des Indiens comanches, éclata à l'entrée de la ville.

Ce fut un sauve-qui-peut général; chacun se barricada chez soi, croyant à une invasion subite des sauvages.

Bientôt une clameur immense, cris de détresse et de désespoir, poussée par une population aux abois, s'éleva dans toute la ville.

Déjà plusieurs fois, dans leurs incursions périodiques, les Comanches avaient dirigé leurs pas vers Santa-Fé sans cependant s'en rapprocher autant, et le souvenir des cruautés qu'ils avaient exercées contre les malheureux Espagnols tombés entre leurs mains était encore présent à toutes les mémoires.

Cependant quelques habitants, plus hardis que les autres ou n'ayant rien à perdre, s'étaient, bien qu'avec les plus grandes précautions, dirigés vers l'endroit où les hourrahs s'étaient fait entendre; alors un singulier spectacle s'était offert à leurs yeux.

Un détachement de guerriers comanches à pied, fort de deux cents hommes environ, s'avançait au pas de course en masse serrée, flanqué sur les ailes par deux troupes de cinquante cavaliers environ.

A vingt pas en avant caracolait l'Unicorne.

Tous ces hommes avaient une apparence martiale réellement remarquable; tous étaient étrangement peints, bien ornés, et dans leur costume complet de guerre.

Les cavaliers étaient en grand costume, chargés de toutes sortes d'armes et d'ornements; ils avaient l'arc et le carquois sur le dos, le fusil en travers garni de leurs talismans ou médecines, leur longue lance à la main. Ils étaient couronnés de magnifiques plumes d'aigle noires et blanches avec le plumet retombant.

Le haut de leur corps était nu sous une peau de coyote roulée et passée en sautoir par-dessus l'épaule : leurs boucliers étaient ornés de plumes, de draps de diverses couleurs et de scalps humains.

Ils étaient assis sur de belles housses de peaux de panthère, doublées de rouge, qui couvraient presque tout le dos du cheval; suivant la mode des prairies, ils n'avaient pas d'étriers.

L'Unicorne brandissait de la main droite la longue lance médecine, marque distinctive de la puissante *danse des chiens des prairies;* c'était une perche ayant la forme d'une houlette, recouverte de peau de loutre et garnie dans toute sa longueur de plumes de chat-huant.

Ce talisman qu'il possédait par héritage avait, disait le chef, le pouvoir de ramener sous ses ordres tous les guerriers de sa nation épars dans les prairies; aussi dans les grandes occasions il ne manquait jamais de le porter.

Il avait une chemise de cuir de bighorn blanc, brodée aux manches de fleurs bleues, ornée, sur le bras droit, de longues bandes d'hermine blanche roulées et de plumes rouges, et sur le bras gauche de longues tresses de cheveux noirs provenant des scalps dont il s'était emparé; sur ses épaules était jetée une palatine de peau de gazelle, ayant à chaque bout un énorme gland d'hermine.

— Le père Séraphin ! s'écrièrent les deux hommes avec un étonnement mêlé de joie.

Sur son front, le chef avait attaché deux cornes de bison qui, avec les peintures bleues, vertes et jaunes qui décoraient son visage, achevaient de lui donner un aspect terrible.

Son cheval magnifique, mustang plein de feu, qu'il maniait avec une grâce et une adresse inimitables, était peint en rouge de différentes façons ; il avait aux jambes des raies comme un zèbre, et de chaque côté de l'épine dorsale étaient dessinés des pointes de flèches, des lances, des castors, des tortues, etc., ainsi qu'aux palerons, sur le devant de la tête et sur les cuisses de derrière.

Il y avait quelque chose d'imposant et de saisissant à la fois dans l'aspect que présentait cette troupe de féroces guerriers qui s'avançaient à travers les rues désertes de la ville en brandissant leurs armes redoutables et en poussant, par intervalles, leur sinistre cri de guerre qu'ils accompagnaient du sifflement aigu de longs sifflets faits avec des tibias humains qu'ils portaient pendus par des lanières de cuir fauve.

Cependant les Comanches avaient pénétré dans l'intérieur de la ville, refoulant devant eux, mais sans violence, les quelques habitants qui s'étaient hasardés à se placer sur leur passage.

Ils marchaient toujours en bel ordre, ne s'écartant ni à droite ni à gauche pour piller, et ne commettant, en somme, rien de répréhensible.

Les Espagnols, de plus en plus étonnés de l'attitude fière et hardie des Indiens et de leur conduite exempte de tout reproche, se demandaient avec frayeur ce que voulaient ces hommes, et quelle raison les avait ainsi poussés à envahir leurs frontières d'une façon si subite et si secrète que les éclaireurs que le gouvernement mexicain paye pour les surveiller n'avaient eu aucune connaissance de leur marche.

Comme cela arrive assez ordinairement en pareil cas, peu à peu la frayeur fit place à la curiosité : d'abord les lépreux et les aventuriers se hasardèrent à s'approcher des Indiens, puis peu à peu les habitants, sinon complètement tranquillisés, du moins rassurés par leur attitude pacifique, se mêlèrent aux groupes, de sorte que lorsque le détachement de guerre des Comanches arriva sur la plaza Mayor, il était suivi d'une foule d'Espagnols qui les considéraient avec cette curiosité inquiète et stupide qui n'appartient qu'aux masses.

Les Comanches ne semblèrent pas s'apercevoir de l'empressement qu'ils excitaient ; aussitôt qu'ils furent sur la plaza Mayor, ils firent halte et demeurèrent immobiles comme si leurs pieds eussent subitement adhéré au sol.

L'Unicorne fit un signe avec son talisman.

Un cavalier se détacha des rangs et alla en caracolant se poser devant la sentinelle qui, placée en faction devant le palais du gouverneur, regardait cette scène singulière d'un air hébété.

— Ooah ! fit l'Indien avec un accent railleur en touchant légèrement le soldat du bout de sa lance, mon frère dort-il qu'il n'entend pas qu'un guerrier lui parle?

— Je ne dors pas, répondit le soldat en faisant un pas en arrière ; que demandez-vous?

— Le grand sachem des Comanches, le *Hatouni* (cacique) que les Enfants Rouges nomment *Haboutzelae* (l'Unicorne), vient parler à son grand père blanc, le chef des Visages-Pâles de la frontière.

— Que lui veut-il? demanda le soldat sans savoir ce qu'il disait, tant l'aspect imprévu du Peau-Rouge l'avait troublé.

— Mon frère est-il un chef? fit l'Indien d'un air narquois.

— Non, répondit le soldat tout penaud de cette leçon.

— Eh bien! alors, qu'il ferme les oreilles pour ce qui regarde ceux que le Grand-Esprit a placés au-dessus de lui, et qu'il s'acquitte du message que je lui donne au nom du sachem.

Pendant que le guerrier comanche échangeait ces quelques paroles avec le factionnaire, plusieurs personnes attirées au dehors par le bruit inusité qu'elles entendaient, étaient sorties du palais et s'étaient mêlées à la foule.

Parmi ces personnes se trouvaient plusieurs officiers; l'un d'eux s'avança vers le cavalier indien.

— Que désire mon frère? lui demanda-t-il.

Le guerrier reconnut au premier coup d'œil que cette fois il avait affaire à un chef; il salua son interlocuteur avec courtoisie et lui répondit :

— Une députation de la grande nation comanche désire être introduite auprès de mon grand père blanc.

— Bien; mais tous ces guerriers ne peuvent entrer dans le palais, reprit l'officier.

— Mon frère a raison : trois chefs seulement pénétreront dans l'intérieur, leurs jeunes hommes les attendront ici.

— Que mon frère soit patient, je vais en toute hâte m'acquitter de son message.

— Bien, mon frère est un chef, *Tocatl* (l'Araignée) l'attendra.

L'officier disparut dans l'intérieur, tandis que l'Araignée, puisque tel était le nom du guerrier, plantait le bout de sa longue lance en terre et demeurait l'œil fixé sur la porte du palais, sans donner aucune marque d'impatience.

Le nouveau gouverneur de Santa-Fé était un général nommé don Benito Ventura.

Il était ignorant comme un poisson, bête et orgueilleux comme un coq de bruyère; il avait, ainsi que la plupart de ses collègues de ce pays excentrique, gagné ses épaulettes de général à force de *pronunciamientos*, s'arrangeant de façon à monter d'un grade à chaque révolution, sans cependant avoir jamais vu d'autre feu que celui du mince *pajillo* de maïs qu'il avait continuellement à la bouche. Du reste, il était fort riche, partant excessivement poltron et redoutant les coups plus que tout au monde.

Voilà pour le moral.

Quant au physique, c'était un gros petit homme, rond comme une futaille, ventru ou pansu outre mesure, qui avait une face rubiconde éclairée par deux tout petits yeux gris percés comme une vrille.

Ce digne officier suait sang et eau lorsque les devoirs de sa charge l'obligeaient à se sangler dans son uniforme chargé sur toutes les coutures d'une profusion de dorures qui le faisaient ressembler à une châsse; sa poitrine disparaissait littéralement sous le nombre infini de croix de toutes sortes dont chaque président l'avait gratifié en arrivant au pouvoir.

En résumé, le général Ventura était un brave homme nullement méchant, fait pour être soldat autant que pour être cardinal, et qui n'avait qu'un but, celui d'être président de la République à son tour; mais ce but, il le poursuivait activement sans jamais s'en écarter en quoi que soit.

S'il avait accepté la place de gouverneur du Nouveau-Mexique, c'était par la raison toute simple que Santa-Fé étant fort éloigné de Mexico, il avait calculé qu'il lui serait facile de se faire un pronunciamiento en sa faveur et devenir président de la République *ipso facto*.

Il ignorait, en venant à Santa-Fé, que la province qu'il allait gouverner était incessamment menacée des incursions indiennes ; sans cela, tout avantageux que le poste de gouverneur fût pour ses projets, il aurait refusé net et décliné catégoriquement un honneur aussi périlleux.

Il avait appris avec la plus grande terreur l'entrée des Comanches dans la ville, et lorsque l'officier qui s'était chargé du message de l'Araignée se présenta à lui, il avait perdu littéralement la tête.

On eut toutes les peines du monde à lui faire comprendre que les Indiens venaient en amis, qu'ils désiraient seulement causer avec lui, et que depuis leur arrivée leur conduite avait été des plus dignes et des plus exemplaires.

Heureusement pour l'honneur espagnol, d'autres officiers entrèrent dans l'appartement où se trouvait le gouverneur, attirés au palais par la nouvelle, qui s'était répandue avec la vitesse d'une traînée de poudre, de l'apparition à Santa-Fé d'un détachement indien.

Lorsque le général se vit entouré et soutenu par les officiers de son état-major, sa frayeur se calma un peu ; il reprit sa présence d'esprit, et ce fut avec un maintien calme et presque digne qu'il discuta pour savoir s'il était convenable de recevoir la députation indienne et de quelle façon on la recevrait.

Les autres officiers qui, dans le cours de leur carrière, avaient souvent eu maille à partir avec les Peaux-Rouges, ne se souciaient nullement de les mécontenter.

Ils firent valoir, en raison de leur opinion, des raisons tellement péremptoires, que le général Ventura, convaincu par les arguments, donna à l'officier qui s'était fait le porteur du message l'ordre d'introduire les trois principaux chefs indiens dans le palais.

L'officier salua et partit.

X

LA PRÉSENTATION

Il fallait la profonde connaissance que possédaient les Comanches de la terreur qu'ils inspiraient aux Mexicains pour qu'ils eussent osé, en aussi petit nombre, s'aventurer dans une ville comme Santa-Fé, où ils devaient s'attendre à trouver une forte garnison.

Cependant l'officier envoyé par le général Ventura s'était acquitté de sa mission.

L'Unicorne et deux autres chefs Comanches mirent pied à terre et entrèrent à sa suite dans le palais, tandis que les guerriers Indiens, malgré la chaleur des rayons incandescents du soleil qui tombait d'aplomb sur leurs têtes, restaient immobiles à l'endroit où le sachem les avait arrêtés.

Le général voulait, par un certain déploiement de force, en imposer aux députés peaux-rouges. Malheureusement, ainsi que cela arrive constamment au Mexique, la garnison qui, sur le papier, était de huit cents hommes, ne se composait, en réalité, que de soixante au plus, ce qui était bien peu pour une ville frontière, surtout dans les circonstances présentes.

Mais si les soldats manquaient, en revanche les officiers ne faisaient pas défaut, trente environ se trouvaient au palais, ce qui était bien suffisant, vu la force de la garnison, puisque cela faisait juste un officier pour deux soldats. Ceci qui pourrait paraître exagéré, est cependant d'une rigoureuse exactitude et montre dans quel état d'anarchie se trouve plongé ce malheureux pays.

Les trente officiers, revêtus de leurs splendides uniformes brillants d'or et de décorations, se rangèrent autour du général, tandis que trois postes de dix hommes chaque, juste la moitié de la garnison, s'emparaient des portes de la salle de réception.

Lorsque ces préparatifs furent achevés, on introduisit les ambassadeurs.

Les chefs indiens, accoutumés depuis longtemps au luxe espagnol, entrèrent sans témoigner la moindre surprise, ils saluèrent avec dignité les assistants et, croisant les bras sur la poitrine, ils attendirent qu'on leur adressât la parole.

Le général les considéra un instant avec un étonnement bien pardonnable : c'était la première fois qu'il se trouvait en présence de ces Peaux-Rouges indomptés, dont la renommée terrible l'avait fait si souvent frissonner.

— Quelle raison assez puissante a obligé mes fils à venir me trouver? dit-il d'un ton gracieux et conciliant. Qu'ils m'adressent leur demande, et si je puis y faire droit, je m'empresserai de les satisfaire.

Ce début, que le gouverneur croyait très politique, était au contraire on ne peut plus maladroit, puisqu'il froissait l'orgueil de ceux auquels il s'adressait et qu'il avait le plus grand intérêt à ménager.

L'Unicorne fit un pas en avant, un sourire sardonique plissa ses lèvres, et il répondit d'une voix légèrement empreinte de raillerie :

— J'ai entendu parler un *tonzem* (perroquet) : est-ce donc à moi que s'adressent ces paroles?

Le général rougit jusqu'aux yeux de cette insulte qu'il n'osa cependant pas relever.

— Le chef a mal compris mes paroles, dit-il, mes intentions sont bonnes. Je n'ai que le désir de lui être agréable.

— Les Comanches ne viennent pas ici pour demander une grâce, répondit fièrement l'Unicorne, ils savent faire justice quand on les offense.

— Que veulent donc mes fils?

— Traiter avec mon père de la rançon des chefs blancs qui sont en leur pouvoir. Cinq Visages-Pâles habitent les calli des Comanches, les jeunes hommes de la tribu demandent leur supplice, le sang des Visages-Pâles est agréable au maître de la tribu; demain, les prisonniers auront vécu si mon père ne les rachète pas aujourd'hui.

A la suite de ces paroles, prononcées d'un ton ferme et péremptoire, il y eut un instant de silence suprême.

Les officiers mexicains réfléchirent tristement au sort affreux qui menaçait leurs amis.

L'Unicorne continua :

— Que dit mon père, attacherons-nous nos prisonniers au poteau de sang où leur rendrons-nous la liberté ?

— Quelle rançon demandez-vous? reprit le général.

— Écoutez, vous tous, chefs des Visages-Pâles, ici présents, et jugez de la clémence et de la générosité des Comanches : nous ne voulons pour la vie de ces cinq chefs que la vie de deux hommes.

— C'est bien peu, en effet, observa le général, et quels sont les deux hommes dont vous demandez la vie?

— Les Visages-Pâles les nomment : le premier, don Miguel Zarate; le second, le général Ibañez.

Le gouverneur tressaillit.

— Ces deux hommes ne peuvent vous être remis, répondit-il; ils sont condamnés à mort : demain, ils mourront.

— Bon, mes prisonniers seront torturés ce soir, répondit impassiblement le chef.

— Mais, s'écria vivement le général, ne serait-il pas possible de nous arranger autrement? Que mes frères me demandent une chose que je puisse leur donner, et...

— Je veux ces deux hommes, interrompit vivement le chef, sinon mes guerriers les délivreront eux-mêmes, et alors les chefs Comanches ne pourront s'opposer aux dégâts que commettront leurs guerriers dans la ville.

Un des officiers qui assistaient à l'entrevue fut outré du ton affecté depuis le commencement de l'audience par l'Unicorne. C'était un vieux soldat fort brave : la lâcheté de ses compagnons lui fit honte.

Il se leva.

— Chef, dit-il d'une voix ferme, vos paroles sont bien hautaines; elles sont folles dans la bouche d'un ambassadeur. Vous vous trouvez avec deux cents guerriers à peine au milieu d'une ville peuplée d'hommes braves; malgré tout mon désir de vous être agréable, si vous ne respectez pas davantage l'assemblée devant laquelle vous vous trouvez, prompte et sévère justice sera faite de votre insolence.

Le chef indien se tourna vers ce nouvel interlocuteur dont le discours avait excité un murmure de sympathie.

— Mes paroles sont celles d'un homme qui ne craint rien et tient entre ses mains la vie de cinq hommes.

— Eh ! reprit vivement l'officier que nous importent ces hommes ? S'ils ont été assez maladroits pour se laisser prendre par vous, qu'ils subissent les conséquences de leur folie; nous ne pouvons payer pour eux; d'ailleurs, on vous l'a dit déjà, ceux que vous réclamez doivent mourir.

— Bon ! nous nous retirons, dit fièrement l'Unicorne; de plus longs discours sont inutiles, nos actions parleront pour nous.

— Un instant ! s'écria le général, tout peut s'arranger encore ; une détermination comme celle dont il s'agit ne se peut terminer ainsi de suite; nous avons besoin de réfléchir aux propositions qui nous sont faites. Mon fils est un chef; il est sage; qu'il nous donne un terme raisonnable pour que nous ayons le temps de lui répondre.

L'Unicorne fixa un regard soupçonneux sur le gouverneur.

— Mon père a parlé sagement, répondit-il après un instant; demain, à la douzième heure, je viendrai prendre la réponse des Visages-Pâles. Mais mon père me promettra de ne pas ordonner le supplice de ses prisonniers avant de m'avoir signifié ses intentions définitives.

— Soit, répondit le général; mais que feront jusque-là les Comanches?

— Ils sortiront de la ville comme ils y sont entrés et camperont dans la plaine.

— Qu'il en soit ainsi !

— Le Maître de la vie a entendu la promesse de mon père; s'il manque à sa parole, s'il a la langue fourchue, le sang versé retombera sur sa tête.

Le Comanche prononça ces paroles d'un ton significatif qui fit tressaillir le général, puis il s'inclina devant l'assemblée et sortit de la salle ainsi que ses compagnons.

Arrivé sur la place, les chefs remontèrent à cheval et se replacèrent à la tête de leurs guerriers.

Une heure plus tard, les Comanches avaient quitté la ville et étaient campés à deux portées de fusil des murs, sur les bords de la rivière.

C'était à la suite de cette entrevue avec le gouverneur de Santa-Fé que l'Unicorne avait eu avec Valentin la conversation que nous avons rapportée plus haut.

Cependant, lorsque les officiers mexicains furent seuls avec le général, le courage leur revint tout à coup, et ils lui reprochèrent le peu de dignité qu'il avait montré en face des Indiens et surtout la promesse qu'il leur avait faite.

Le général les écouta tranquillement, le sourire sur les lèvres, et se borna à leur répondre avec un accent d'une expression indéfinissable :

— Cette promesse que vous me reprochez ne m'engage à rien; d'ici à demain, il se passera de certaines choses qui nous débarrasseront des Comanches et nous dispenseront de leur rendre les prisonniers qu'ils demandent insolemment.

XI

PSYCHOLOGIE

A environ une demi-lieue à l'ouest de Santa-Fé, cachés dans un pli de terrain, derrière un bouquet épais d'arbres qui les abritait et en même temps les rendait invisibles, trois hommes et une femme, assis auprès d'un feu de fiente de bison, soupaient de bon appétit tout en causant entre eux.

Ces trois hommes étaient les fils du Cèdre-Rouge, la femme était Ellen.

La jeune fille était pâle et triste, son œil rêveur errait autour d'elle avec une expression indéfinissable, elle écoutait d'une oreille distraite ce que disaient ses frères, et certes elle eût été bien embarrassée de rendre compte de leur conversation, car son esprit était ailleurs.

— Hum! fit Sutter, qui diable peut retenir le vieux si longtemps; il nous avait dit qu'à quatre heures au plus tard il serait de retour; le soleil est sur le point de disparaître à l'horizon, et il n'est pas encore arrivé.

— Bah! fit Nathan en haussant les épaules, as-tu peur qu'il lui soit arrivé quelque chose? le vieux a bec et ongles pour se défendre, et depuis sa dernière rencontre avec don Miguel, celui qu'on doit fusiller demain à Santa-Fé, il se tient sur ses gardes.

— Je me soucie fort peu, répondit brusquement Sutter, que le père soit ou ne soit pas ici, seulement je crois que nous ferions bien de ne pas l'attendre davantage et de nous rendre au camp où notre présence est sans doute nécessaire.

— Bah! nos compagnons n'ont que faire de nous, observa Schaw, nous sommes bien ici, passons-y la nuit; demain il fera jour; si au lever du soleil le père n'est pas de retour, eh bien, nous rejoindrons le camp; Harry et Dick suffisent pour maintenir le bon ordre jusqu'à ce que nous y soyons.

— Au fait, Schaw a raison, le père est parfois si singulier, dit Nathan, qu'il serait capable de nous en vouloir de ne pas l'avoir attendu. Le vieux ne fait jamais rien à la légère; s'il nous a dit de rester ici, c'est que probablement il avait ses raisons pour cela.

— Restons donc, fit Sutter avec insouciance, je ne demande pas mieux, nous n'aurons qu'à entretenir le feu pour qu'il ne s'éteigne pas pendant la nuit; du reste, l'un de nous veillera continuellement pendant que les autres dormiront.

— Voilà qui est convenu, dit Nathan; de cette façon, si le vieux vient pendant notre sommeil, il verra que nous l'avons attendu.

Les trois frères se levèrent, Sutter et Nathan firent une provision de bois sec pour entretenir le feu, pendant que Schaw, avec quelques branches entrelacées, formait à sa sœur un abri suffisant pour la nuit.

Les deux frères aînés s'étendirent les pieds au brasier, s'enveloppèrent

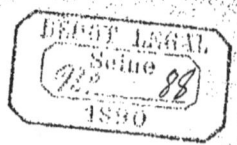

— Bon! nous nous retirons, dit fièrement l'Unicorne; de plus longs discours sont inutiles.

dans leurs couvertures et s'endormirent, après avoir recommandé à Schaw de faire bonne guette, non seulement à cause des bêtes fauves, mais surtout pour signaler l'approche du vieux squatter.

Schaw, après avoir attisé le feu, se laissa tomber au pied d'un mélèze, et, baissant la tête sur sa poitrine, il se plongea dans une profonde et douloureuse méditation.

Ce pauvre enfant, il avait vingt ans à peine, était un composé étrange de bonnes et de mauvaises qualités; élevé dans le désert, il avait poussé dru comme un sauvageon indompté, jetant çà et là ses branches pleines d'une sève puissante; rien n'avait jamais contrarié ses instincts quels qu'ils fussent; n'ayant aucune connaissance du juste et de l'injuste, il n'avait jamais pu juger la conduite du squatter ni apprécier ce qu'il y avait d'hostile pour la société dans la vie qu'il menait. Habitué à considérer comme lui appartenant tout ce qu'il trouvait à sa convenance, se laissant guider par ses impressions et ses caprices, sans avoir jamais senti d'autre frein peser sur lui que celui de la volonté despotique de son père, ce jeune homme avait une nature à la fois expansive et réservée, généreuse et avare, douce et cruelle, en un mot il avait toutes les qualités de ses vices et tous les vices de ses qualités; mais c'était surtout un homme de sensations. Doué d'une intelligence vaste, bien qu'abrupte, d'une audace extrême, d'une compréhension vive, c'eût été, sans nul doute, un homme remarquable, si Dieu l'avait fait naître dans une autre position et si le hasard l'eût placé dans un autre milieu.

Sa sœur Ellen était le seul être de la famille pour lequel il éprouvât de la sympathie, pourtant elle lui imposait, malgré lui, et ce n'était qu'avec une extrême réserve qu'il lui confiait ses secrets de jeune homme, secrets qui depuis quelques jours avaient acquis une importance que lui-même ne soupçonnait pas, mais que sa sœur, avec cette intelligence innée chez la femme, avait devinés déjà.

Schaw songeait, nous l'avons dit.

La nature indomptée du jeune sauvage se révoltait vainement contre une force inconnue qui, tout à coup, avait surgi dans son cœur, l'avait maîtrisé et dompté malgré tous ses efforts.

Il aimait!

Il aimait sans savoir même la signification de ce mot *amour*, qui résume ici-bas toutes les joies et toutes les douleurs humaines.

Vainement il cherchait à se rendre compte de ce qu'il éprouvait, aucune lumière ne venait luire dans son cerveau et éclairer les ténèbres de son cœur.

Il aimait, sans désir et sans espoir, obéissant malgré lui à cette loi divine qui oblige l'homme le plus abrupt à rechercher fatalement une compagne.

L'homme est partout le même : quelle que soit la condition dans laquelle il se trouve, il arrive toujours un moment où la solitude lui fait peur, où son cœur éprouve malgré lui le besoin d'aimer, en un mot, où la société de la femme lui devient indispensable.

Schaw pensait à doña Clara! il l'aimait, comme il était susceptible d'aimer, avec cette fougue de passion, cette violence de sentiment que sa nature inculte comportait.

La vue de la jeune fille lui causait un trouble étrange, dont il ne pouvait se rendre compte.

Il ne cherchait pas à analyser ses sensations, cela aurait été impossible, et pourtant parfois il était en proie à des rages froides et terribles, en songeant que cette fière jeune fille, qui ignorait jusqu'à son existence, n'avait probablement pour lui, si elle le connaissait, que dédain et mépris.

Il se laissait ainsi aller à ces idées navrantes, lorsqu'il sentit tout à coup une main se poser sur son épaule.

Il se retourna.

Ellen était devant lui, droite et immobile, semblable dans la nuit à ces blanches apparitions des légendes allemandes.

Le jeune homme releva la tête et fixa sur sa sœur un regard interrogateur.

— Vous ne dormez pas, Ellen ? lui dit-il.

— Non, répondit-elle de sa voix douce comme un chant d'oiseau. Frère, mon cœur est triste.

— Qu'avez-vous, Ellen ? Pourquoi ne pas prendre quelques heures d'un repos qui vous est si nécessaire ?

— Mon cœur est triste, vous dis-je, frère, reprit-elle ; c'est en vain que je cherche le sommeil, il fuit loin de moi.

— Ma sœur, confiez-moi le sujet de vos peines ; peut-être pourrai-je calmer le chagrin qui vous dévore ?

— N'avez-vous pas deviné ce qui me tourmente, mon frère ?

— Je ne vous comprends pas.

Elle lui lança un regard qui, malgré lui, lui fit baisser les yeux.

— Vous me comprenez trop, au contraire, Schaw, fit-elle avec un soupir, votre cœur se réjouit en ce moment du malheur de celle que vous devriez défendre.

Le jeune homme rougit.

— Que puis-je faire ? murmura-t-il faiblement.

— Tout, si vous en aviez le ferme désir, s'écria-t-elle avec force.

— Non, répondit Schaw en secouant la tête avec découragement, la personne dont vous parlez est la prisonnière du vieux ; je ne puis lutter contre mon père.

Elle sourit avec dédain.

— Vous cherchez en vain à me cacher votre pensée que je devine, dit-elle d'une voix rude ; je lis dans votre cœur comme dans un livre ouvert : votre tristesse est feinte ; intérieurement vous vous réjouissez en songeant que désormais vous serez constamment auprès de doña Clara.

— Moi ! s'écria-t-il avec un tressaillement de colère.

— Oui ! vous ne voyez dans sa captivité qu'un moyen de vous rapprocher d'elle ; votre cœur égoïste s'épanouit en secret à cet espoir.

— Vous êtes dure pour moi, ma sœur ; Dieu m'est témoin que si cela m'était possible, je lui rendrais à l'instant la liberté qu'on lui a ravie.

— Vous le pouvez si vous le voulez.

— Non, cela est impossible ; mon père veille avec trop de soin sur sa prisonnière.

— Il ne se méfiera pas de vous et vous laissera librement approcher d'elle.

— Ce que vous me demandez est impossible !

— Parce que vous ne le voulez pas, Schaw ; songez-y, les femmes ne vous aiment, vous autres hommes, qu'en raison des sacrifices que vous savez leur faire ; elles méprisent les lâches !

— Mais comment la sauver ?

— Comment sauver doña Clara! répondit Ellen à Schaw, cela vous regarde.

— Au moins donnez-moi un conseil qui m'aide à me sortir de la position difficile dans laquelle je me trouve.

— Dans une circonstance aussi sérieuse, votre cœur doit vous guider, c'est de lui seul que vous devez prendre conseil.

— Mais... le vieux, fit Schaw avec hésitation.

— Notre père ignorera vos démarches; je me charge de l'empêcher de s'en apercevoir.

— Bien, dit le jeune homme à demi convaincu; mais j'ignore à quel endroit la jeune fille est cachée.

— Je vous le dirai, moi, si vous me jurez de mettre tout en œuvre pour la sauver.

Il y eut un instant de silence.

— Je vous jure de vous obéir, Ellen; si je ne réussis pas à enlever la jeune fille, au moins emploierai-je toute mon intelligence pour obtenir ce résultat; parlez donc sans crainte, je vous écoute.

— Doña Clara est enfermée au Rancho del Coyote; elle a été confiée à Andrès Garote.

— Ah! ah! fit le jeune homme en se parlant à lui-même, je ne la croyais pas aussi près de nous.

— Vous la sauverez?

— Du moins je m'efforcerai de l'enlever aux mains de l'homme qui la garde.

— Bien, fit la jeune fille, je vous reconnais à présent. Ne perdez pas de temps; l'absence de mon père m'inquiète; peut-être s'occupe-t-il en ce moment de procurer à sa prisonnière un refuge plus assuré.

— Votre idée est excellente, ma sœur; qui sait s'il ne sera pas trop tard pour ravir au vieux cette proie qu'il convoite!

— Quand comptez-vous partir?

— De suite, je n'ai pas un instant à perdre; si le vieux revenait, je serais obligé de rester ici; mais qui veillera pendant que mes frères dorment?

— Moi, répondit résolument la jeune fille.

— D'où vient l'intérêt que vous portez à cette femme, ma sœur, vous qui ne la connaissez pas? demanda le jeune homme avec étonnement.

— Elle est femme et malheureuse; ces raisons ne sont-elles pas suffisantes?

— Peut-être, fit Schaw avec défiance.

— Enfant, murmura Ellen, ne trouvez-vous donc pas dans votre cœur la raison de ma conduite envers cette étrangère?

Le jeune sauvage tressaillit à cette parole.

— C'est vrai! s'écria-t-il avec force; pardonnez-moi, sœur, je suis un fou mais je vous aime, et vous me connaissez mieux que je ne me connais moi-même.

Et se levant brusquement, il embrassa la jeune fille, jeta son rifle sur son épaule, et s'élança en courant dans la direction de Santa-Fé.

Lorsqu'il eut disparu dans les ténèbres et que le bruit de ses pas se fut

éteint dans l'éloignement, la jeune fille se laissa tomber sur le sol en murmurant d'une voix basse et en hochant tristement la tête :
— Réussira-t-il ?

XII

FIN CONTRE FIN

Le Cèdre-Rouge ne resta pas longtemps sous le coup du sanglant outrage qu'il avait reçu.

L'orgueil, la colère et surtout le désir de se venger lui rendirent le courage, et quelques minutes après le départ de don Pablo Zarate, le squatter avait retrouvé toute son audace et son sang-froid.

— Vous le voyez, señor padre, dit-il en s'adressant à Fray Ambrosio, nos projets sont connus de nos ennemis : il faut donc nous hâter si nous ne voulons pas voir ici faire irruption ceux dont nous avons si grand intérêt à nous cacher. Demain soir au plus tard, peut-être avant, nous partirons; ne bougez pas d'ici jusqu'à mon retour. Votre visage est trop bien connu à Santé-Fé pour que vous vous hasardiez sans imprudence à le montrer dans les rues.

— Hum ! murmura le moine, ce démon que je croyais mort est un rude adversaire ; heureusement que bientôt nous n'aurons plus à redouter son père, car je ne sais trop comment nous nous en tirerions.

— Si le fils nous a échappé, fit le Cèdre-Rouge avec un mauvais sourire, il n'en est pas de même du père, heureusement. Soyez sans inquiétude, don Miguel ne nous donnera plus d'embarras.

— Je le souhaite vivement, Canario ! car c'est un homme déterminé ; mais je vous avoue que je ne serai complètement tranquille que lorsque je l'aurai vu tomber sous les balles des soldats chargés de son exécution.

— Vous n'aurez pas longtemps à attendre ; le général Ventura m'a ordonné d'aller au-devant du régiment de dragons qu'il attend, afin de presser sa marche et de le faire, s'il est possible, entrer en ville cette nuit même. Dès que le gouverneur aura à sa disposition des forces imposantes, il ne redoutera plus de soulèvement de la part des troupes et donnera sans retour l'ordre de l'exécution.

— Dieu le veuille ! Ah ! ajouta-t-il avec un soupir de regret, quel malheur que la plupart de nos drôles nous aient abandonnés ! nous serions presque arrivés au placer à présent, et à l'abri de la haine de nos ennemis.

— Patience, señor padre ; tout est pour le mieux, peut-être ; rapportez vous-en à moi. Andrès, mon cheval !

— Vous partez donc de suite ?

— Oui ; je vous recommande de veiller avec soin sur notre prisonnière.

Le moine haussa les épaules.

— Nos affaires sont pourtant déjà assez embarrassées en ce moment : dans quel but nous charger encore d'une femme ?

Le squatter fronça les sourcils.

— Cela me regarde, s'écria-t-il d'un ton péremptoire ; gardez pour vous vos observations stupides, mille diables ! je sais ce que je fais. Cette femme sera peut-être notre sauvegarde plus tard.

Et, remontant à cheval, le Cèdre-Rouge sortit au galop de Santa-Fé.

— Hum ! fit Andrès Garote en le regardant s'éloigner, quel œil de démon ! Quoiqu'il y ait plusieurs années que je le connaisse, je ne l'ai jamais vu ainsi. Comment tout cela finira-t-il ?

Sans plus de commentaires, il mit tout en ordre dans le rancho, réparant, aussi bien que possible, les désordres causés par la lutte précédente ; puis, lorsque tout fut en place, il jeta un regard autour de lui.

Le moine, les coudes sur la table et la cigarette à la bouche, buvait à petits coups la liqueur restée dans la bouteille, sans doute pour se consoler de la navajada dont l'avait gratifié don Pablo.

— Eh ! dit le ranchero d'une voix insinuante, señor padre, savez-vous qu'il est à peine cinq heures?

— Vous croyez ? répondit l'autre, pour dire quelque chose.

— J'en suis sûr.

— Ah !

— Est-ce que le temps ne vous semble pas long ?

— Extraordinairement.

— Si vous le vouliez, il nous serait facile de l'abréger.

— De quelle façon ?

— Oh ! mon Dieu ! avec ceci.

Et Andrès sortit de sa poche un jeu de cartes crasseux, qu'il étala avec complaisance sur la table.

— Ah ! la bonne idée ! s'écria le moine, dont les yeux étincelèrent ; faisons un *monté*.

— A vos ordres.

— Don Andrès, vous êtes un homme charmant. Que jouerons-nous?

— Ah ! diable ! c'est vrai, il faut jouer quelque chose, fit le ranchero en se grattant la tête.

— La moindre des choses, simplement pour intéresser la partie.

— Hum ! encore faut-il l'avoir.

— Que cela ne vous embarrasse pas, si vous y consentez, je vous ferai une proposition.

— Faites, señor ; vous êtes un homme éminemment spirituel, et ne pouvez avoir que de bonnes idées.

Le moine fit la roue à ce compliment à brûle-pourpoint.

— Voici : nous jouerons, si vous voulez, la part qui doit nous revenir dans les lingots d'or que nous allons chercher avec le Cèdre-Rouge.

— Accepté ! s'écria le ranchero avec enthousiasme.

— Eh ! fit le moine en sortant de sa poche un jeu de cartes non moins crasseux que celui de son partenaire, cela nous fera toujours gagner une heure.

— Tiens, vous avez des cartes aussi ! observa le ranchero.

— Oui, et toutes neuves, comme vous voyez.

Andrès s'inclina d'un air convaincu.

— Commençons-nous?

— Je suis à vos ordres.

La partie s'engagea immédiatement.

Bientôt les deux hommes furent complètement absorbés par les combinaisons du *seis de copas de l'as de bastos*, du *dos de oro et* du *cuatro d'esgadas*.

Le moine, qui n'avait pas besoin de feindre en ce moment, puisqu'il se trouvait en compagnie d'un homme dont il était parfaitement connu, se livrait avec frénésie à sa passion dominante.

Au Mexique et dans toute l'Amérique espagnole, l'angelus sonne au coucher du soleil; dans ces contrées où il n'y a pas de crépuscule, la nuit arrive sans transition, si bien que lorsque la cloche a fini de tinter, l'ombre est épaisse.

Au dernier coup de l'angelus, le jeu cessa comme d'un commun accord entre les deux hommes, qui, en même temps, jetèrent leurs cartes sur la table.

Bien qu'Andrès Garote fût passé maître en friponneries et qu'il eût employé toute sa science, il avait trouvé dans Fray Ambrosio un adversaire tellement habile, qu'après plus de trois heures d'une lutte acharnée, tous deux se trouvaient aussi peu avancés qu'auparavant.

Cependant le moine avait, en venant dans le rancho, un but que le Cèdre-Rouge était loin de soupçonner.

Fray Ambrosio appuya ses coudes sur la table, pencha le corps en avant, et, tout en jouant nonchalamment avec les cartes qu'il s'amusait à mêler, il dit au ranchero, en fixant sur lui un regard interrogateur :

— Voulez-vous causer un peu, don Andrès ?

— Volontiers, répondit celui-ci, qui s'était à moitié levé et se laissa retomber sur son siège.

Par un pressentiment secret, Andrès Garote avait deviné que le moine avait quelque proposition importante à lui faire.

Ainsi, grâce à cette intuition instinctive que les coquins possèdent pour certaines choses, les deux hommes s'étaient mutuellement devinés.

Fray Ambrosio se mordit les lèvres; l'intelligence de gambusino lui faisait peur.

Cependant celui-ci fixait sur lui des regards d'une expression si naïvement niaise qu'il se laissa aller comme malgré lui à faire sa confidence.

— Señor don Andrès, dit-il d'une voix douce et insinuante, quel bonheur que votre pauvre frère en mourant m'ait révélé le secret du riche placer qu'il vous avait caché à vous-même !

— En effet, répondit Andrès qui pâlit légèrement, c'est fort heureux, señor padre; pour ma part, je m'en félicite tous les jours.

— N'est-ce pas? car sans cela cette immense fortune aurait été à tout jamais perdue pour vous et pour tout le monde.
— C'est terrible à penser.
— Eh bien! en ce moment j'ai une crainte terrible.
— Laquelle, señor padre?
— C'est que nous ayons différé trop longtemps notre départ et que quelques-uns de ces vagabonds d'Europe dont nous parlions tantôt n'aient découvert notre placer. Ces misérables ont un flair particulier pour trouver l'or.
— Caraï! señor padre, s'écria Andrès en frappant du poing avec une feinte douleur, car il savait fort bien que ce que disait le moine n'était qu'un adroit détour pour en venir à son but; ce serait à en devenir fou : une affaire si bien combinée et si bien menée jusqu'ici !
— C'est vrai, appuya Fray Ambrosio, je ne m'en consolerais jamais.
— Demonios! j'y ai autant d'intérêt que vous, señor padre, répondit le gambusino avec un aplomb superbe; vous savez qu'une suite non interrompue de malheureuses spéculations m'a fait perdre ma fortune; j'espérais ainsi la rétablir d'un seul coup.
A ces paroles, Fray Ambrosio eut une peine incroyable à réprimer un sourire, car il était de notoriété publique que le señor Andrès Garote était un *lepero* (lazzarone) qui, en fait de fortune, n'avait jamais possédé un cuartillo [1] de patrimoine; que toute sa vie il n'avait été qu'un aventurier, et que les malheureuses spéculations dont il se plaignait étaient tout simplement une funeste veine au monté qui lui avait récemment enlevé une vingtaine de mille piastres gagnées Dieu sait comment. Mais le señor don Andrès était un homme d'une bravoure sans égale, doué d'un esprit fertile et prompt, que les hasards de la vie accidentée outre mesure avaient obligé à vivre longtemps dans les *lanos* (prairies) dont il connaissait aussi bien les détours que les ruses de ceux qui les habitent; pour ces différentes raisons et bien d'autres encore, Andrès Garote était un compagnon précieux pour Fray Ambrosio qui, lui aussi, avait de rudes revanches à prendre contre le monté; aussi eut-il l'air d'ajouter la foi la plus complète à ce qu'il plaisait à son honorable ami de débiter touchant sa fortune perdue.
— Mais, dit-il après une seconde de réflexion, en supposant que le placer soit intact, que nul ne l'ait découvert, nous avons une longue marche à faire pour y arriver.
— Oui, fit le gambusino avec intention, cette route est difficile, semée de périls sans nombre.
— Il faut marcher le menton sur l'épaule, le doig sur la détente du rifle.
— Se battre presque constamment, soit contre les bêtes fauves, soit contre les Indiens.
— En effet, pendant un si long trajet, croyez-vous que cette femme que le Cèdre-Rouge a enlevée ne nous gêne pas?
— Énormément, murmura Andrès avec un regard d'intelligence.
— N'est-ce pas?

---

[1]. Le cuartillo est la quatrième partie d'un réal, il vaut environ deux sous et demi.

LE CHERCHEUR DE PISTES

Les deux hommes reculèrent en baissant leurs armes, mais en continuant à se menacer du regard.

— C'est mon opinion, señor padre.
— Comment faire?
— Dame! c'est difficile.
— Nous ne pouvons cependant courir le risque, pour cette malheureuse femme, de nous faire massacrer par les Indiens.
— C'est vrai!

— Elle est ici?
— Oui, dit le gambusino en montrant une porte du doigt, dans cette chambre.
— Hum!
— Vous dites?
— Rien.
— Ne pourrions-nous pas...
— Quoi?...
— C'est peut-être difficile, fit Andrès avec une feinte hésitation.
— Expliquez-vous.
Le gambusino parut prendre son parti.
— Si nous la rendions à sa famille? dit-il.
— J'y ai pensé déjà.
— Voyez-vous!
— Il faudrait que tout cela fût fait adroitement.
— Et que les parents payassent une rançon convenable.
— C'est ce que je voulais dire.
Il y eut un silence.
Décidément ces deux honorables personnages étaient faits pour s'entendre.
— Mais, reprit le moine, qui se chargera de cette mission délicate?
— Moi, *con mil diablos!* s'écria le gambusino dont les yeux brillèrent de convoitise à la pensée de la riche rançon qu'il demanderait.
— Mais si le Cèdre-Rouge venait à savoir, observa le moine, que nous avons rendu sa prisonnière?
— Qui le lui dira?
— Certes, ce ne sera pas moi.
— Ni moi non plus.
— Tout est pour le mieux, la jeune fille se sera évadée.
— Tout simplement.
— C'est convenu?
— Convenu.
— Ne perdons pas de temps alors. Vous avez un cheval?
— J'en ai deux.
— Bravo! Nous mettons doña Clara sur l'un, vous montez sur l'autre.
— Et je vais tout droit à l'hacienda de la Noria.
— C'est cela; don Pablo sera charmé de retrouver sa sœur, qu'il n'espérait plus revoir, et il ne regardera pas à payer sa délivrance d'une bonne somme.
— Tout est pour le mieux; de cette façon nous ne risquons plus de ne pas arriver au placer, puisque notre troupe ne comptera plus que des hommes.
— Parfaitement raisonné.
Andrès Garote se leva avec un sourire qui aurait donné fort à penser au moine s'il l'avait aperçu, mais au même moment celui-ci se frottait les mains en disant à voix basse d'un air excessivement satisfait :
— Maintenant, mon drôle, je te tiens!
Quelle pensée secrète avaient donc ces deux hommes qui se trompaient ainsi mutuellement?

Eux seuls auraient pu le dire.

Le gambusino s'approcha de la porte de la chambre où doña Clara était enfermée, et mit la clef dans la serrure.

En ce moment deux coups vigoureux retentirent sur la porte du rancho, qui, après le départ du Cèdre-Rouge, avait été soigneusement verrouillée.

Les deux hommes tressaillirent.

— Faut-il ouvrir? demanda Andrès.

— Oui, répondit le moine; hésiter ou refuser pourrait donner l'éveil; dans notre position, nous devons tout prévoir.

Le ranchero alla ouvrir la porte contre laquelle on continuait à frapper, comme si l'on avait l'intention de la jeter bas.

Un homme entra dans la salle.

Cet homme jeta un regard curieux autour de lui, puis il ôta son chapeau et salua. Les deux associés échangèrent un regard de découragement en le reconnaissant.

Le nouveau venu n'était autre que Schaw, le troisième fils du Cèdre-Rouge.

— Je vous dérange, je crois, messieurs, dit le jeune homme avec un sourire ironique.

— Nullement, répondit Andrès; nous sommes, au contraire, charmés de vous voir.

— Merci.

Et le jeune homme se laissa tomber sur une butaque.

— Vous êtes bien tard à Santa-Fé, observa le moine.

— En effet, répondit l'Américain avec embarras, je cherche mon père, je croyais le rencontrer ici.

— Il y était il y a quelques heures à peine, mais il a été contraint de nous quitter.

— Ah!

Cette exclamation fut plutôt arrachée au jeune homme par la nécessité de répondre que par l'intérêt qu'il prenait au renseignement qui lui était donné; il était visiblement préoccupé; Fray Ambrosio feignit de ne pas s'en apercevoir et continua :

— Oui, il paraît que Son Excellence le gouverneur a chargé votre père d'aller au-devant du régiment de dragons qui doit renforcer la garnison, afin d'accélérer sa marche.

— C'est vrai, je l'avais oublié.

Après avoir prononcé ces quelques paroles, le jeune homme retomba dans son mutisme.

Le moine et le gambusino ne comprenaient rien à la conduite de l'Américain, ils se perdaient en conjectures sur les raisons qui l'amenaient dans le rancho; ils devinaient instinctivement que ce qu'il leur avait dit sur son père n'était qu'un prétexte, un moyen d'introduction, mais qu'un motif puissant qu'il ne voulait ou n'osait pas dire l'avait conduit auprès d'eux.

De son côté, le jeune homme en venant au rancho del Coyote, où il savait que doña Clara était retenue par ses ravisseurs, n'avait cru y rencontrer qu'Andrès seul, avec lequel, d'une façon ou d'une autre, il aurait, du moins il l'espérait, fini par s'entendre. La présence du moine dérangeait tous ses plans.

Cependant l'heure pressait, il fallait prendre un parti, profiter surtout de l'éloignement providentiel du Cèdre-Rouge qui lui fournissait une occasion que, sans doute, il ne retrouverait pas.

XIII

DISCUSSION ORAGEUSE

Schaw n'était pas timide, nous l'avons dit; l'excès contraire aurait pu lui être plutôt reproché; il n'était pas homme, une fois une résolution prise, à broncher dans sa route pour quelque raison que ce fût.

Son hésitation ne fut pas longue.

Il se leva tout à coup et, frappant avec force la crosse de son rifle à terre, il regarda les deux hommes bien en face en leur disant d'une voix ferme :

— Soyons francs, ma présence ici à cette heure avancée vous étonne, n'est-ce pas? et vous vous demandez pourquoi j'y suis et quelle cause m'amène.

— Monsieur!... fit le moine avec une certaine hésitation que le ton du jeune homme rendait fort naturelle.

— Permettez, s'écria Schaw en l'interrompant; cette cause que vous chercheriez vainement sans la trouver jamais, je vais vous la dire, moi : Je viens ici pour délivrer doña Clara.

— Il serait possible! s'écrièrent les deux hommes avec stupéfaction.

— C'est ainsi. Que cela vous plaise ou non, peu m'importe; je suis homme à vous tenir tête à tous deux, sachez-le, et nul ne pourra m'empêcher de rendre, ainsi que je l'ai résolu, cette jeune fille à son père.

— Comment, il serait possible! dit Fray Ambrosio.

— Oui, reprit-il vivement. Ainsi, croyez-moi, n'essayez pas une résistance inutile, car je suis résolu à vous passer, s'il le faut, sur le corps pour réussir.

— Mais nous ne voulons nullement...

— Prenez garde! interrompit-il d'une voix pleine de menace en fronçant les sourcils, je ne sortirai d'ici qu'en compagnie de celle que je prétends sauver.

— Monsieur, dit le moine d'un ton plein d'autorité qui pour un instant en imposa au jeune sauvage, deux mots d'explication.

— Faites vite, répondit-il, car je vous avertis que ma patience est à bout.

— Je ne prétends pas vous obliger à m'écouter longtemps. Vous venez, dites-vous, ici, dans l'intention de délivrer doña Clara?

— Oui, répondit-il avec impatience, et si vous voulez vous y opposer...

— Permettez, interrompit le moine, une telle détermination de votre part a tout lieu de nous surprendre.

— Pourquoi donc? fit le jeune homme en relevant la tête avec orgueil.

— Parce que, répondit tranquillement Fray Ambrosio, vous êtes le fils du Cèdre-Rouge, et qu'il est au moins étrange que...

— Trêve de discours! s'écria Schaw avec violence. Voulez-vous, oui ou non, me livrer celle que je viens chercher?

— Je tiens d'abord à savoir ce que vous prétendez en faire.

— Que vous importe?

— Plus que vous ne croyez. Depuis que cette jeune fille est prisonnière, je me suis fait, non pas son gardien, l'habit que je porte me le défendait, mais son défenseur; en cette qualité, j'ai le droit de savoir pour quelle raison, vous, le fils de l'homme qui l'a violemment arrachée à sa famille, vous venez si audacieusement réclamer qu'on vous la livre, et quel est votre but en agissant ainsi.

Le jeune homme avait écouté ces paroles avec une impatience qui se faisait à chaque instant plus visible; on voyait qu'il faisait sur lui-même des efforts surhumains pour se contenir et ne pas éclater. Lorsque le moine se tut, il le regarda un instant avec une expression étrange, s'approcha de lui presque à le toucher, tira une paire de pistolets de sa ceinture, et les dirigeant sur le moine:

— Rendez-moi doña Clara, dit-il d'une voix basse et menaçante.

Fray Ambrosio avait suivi d'un œil attentif tous les mouvements de l'Américain, et lorsque celui-ci lui avait appuyé la gueule de ses pistolets sur la poitrine, d'un geste rapide comme l'éclair, le moine avait sorti aussi deux pistolets de sa ceinture et les avait appuyés sur la poitrine de son adversaire.

Il y eut un instant d'attente suprême, d'angoisse indescriptible; les deux hommes étaient immobiles, visage contre visage, la respiration haletante, le regard brillant, le doigt sur la détente, pâles et le front mouillé d'une sueur froide.

Andrès Garote, les lèvres plissées par un sourire sardonique, les bras croisés, nonchalamment appuyé contre une table, considérait cette scène qui paraissait avoir pour lui l'attrait d'un spectacle.

Tout à coup la porte du rancho, qu'après l'arrivée du squatter on avait oublié de fermer, s'ouvrit avec fracas et un homme parut.

Cet homme était le père Séraphin.

D'un coup d'œil il jugea la position et se jeta résolument entre les deux ennemis en les écartant brusquement du geste, mais sans prononcer une parole.

Les deux hommes reculèrent en baissant leurs armes, mais en continuant à se menacer du regard.

— Eh quoi! dit le missionnaire d'une voix profonde, suis-je donc arrivé à temps pour empêcher un double meurtre, messieurs? Au nom de Dieu, cachez ces armes homicides! ne restez pas en face l'un de l'autre comme deux bêtes féroces sur le point de s'entre-déchirer!

— Retirez-vous, père, vous n'avez rien à faire ici! laissez-moi traiter cet homme comme il le mérite! répondit le squatter en jetant sur le missionnaire un regard farouche; sa vie m'appartient...

— Jeune homme! répondit le prêtre, la vie d'un homme n'appartient qu'à Dieu, qui seul a le droit de la lui ôter; abaissez vos armes! Et se tournant vers

Fray Ambrosio, il lui dit d'une voix incisive : Et vous, qui déshonorez la robe que vous portez, jetez ces pistolets qui souillent vos mains ! un ministre des autels ne doit pas se servir d'autres armes que de l'Évangile...

Le moine s'inclina et fit disparaître ses pistolets en disant d'une voix douce et onctueuse :

— Mon père, j'ai dû défendre ma vie que ce fou attaquait. Dieu m'est témoin que je réprouve ces moyens violents, trop souvent en usage dans ce malheureux pays... Mais cet homme est venu dans cette maison la menace à la bouche ; il prétendait nous obliger à lui livrer une malheureuse jeune fille que ce cavalier et moi, fit-il en désignant le gambusino, n'avons pas voulu lui livrer.

Andrès Garote appuya les paroles du moine d'un mouvement de tête.

— Cette jeune fille, s'écria Schaw, je veux la sauver de vos mains et la rendre à son père.

— De qui parlez-vous, mon ami ? demanda le missionnaire avec un secret battement de cœur.

— De qui parlerais-je reprit l'Américain, si ce n'est de doña Clara de Zarate, que ces misérables retiennent ici de force ?

— Eh quoi, il serait possible ! s'écria le père Séraphin avec étonnement, doña Clara serait ici !

— Demandez à ces hommes ! répondit rudement Schaw en frappant avec force la crosse de son rifle contre le sol.

— Est-ce vrai ? interrogea le prêtre.

— C'est vrai, fit le gambusino.

Le père Séraphin fronça les sourcils, son front pâle se couvrit d'une rougeur fébrile.

— Monsieur, dit-il d'une voix étranglée par l'indignation, je vous somme au nom de Dieu que vous servez et dont vous prétendez être le ministre, je vous somme de rendre immédiatement la liberté à la malheureuse jeune fille que vous avez si indignement séquestrée au mépris de toutes les lois divines et humaines ; je me charge, moi, de la remettre entre les mains de ceux qui pleurent sa perte.

Fray Ambrosio s'inclina, il baissa les yeux et répondit d'une voix hypocrite :

— Mon père, vous vous méprenez sur mon compte ; je ne suis pour rien dans l'enlèvement de cette pauvre enfant, enlèvement auquel je me suis opposé au contraire de tout mon pouvoir ; et cela est si vrai, mon père, ajouta-t-il, qu'au moment où ce fou enragé est arrivé, ce digne gambusino et moi nous avions résolu, coûte que coûte, de délivrer doña Clara et de la rendre à ceux dont elle dépend.

— Je veux vous croire, monsieur ; si je me suis trompé, ainsi que vous le dites, vous me pardonnerez, les apparences étaient contre vous ; il ne tient qu'à vous de vous justifier pleinement à mes yeux, c'est d'obtempérer à mon désir.

— Soyez satisfait, mon père, répondit le moine.

Sur un signe de lui, Andrès Garote sortit.

Schaw était, pendant les quelques paroles échangées entre ces deux hommes, resté immobile, hésitant, ne sachant ce qu'il devait faire; mais il prit subitement son parti, jeta son rifle sur l'épaule, et se tournant vers le missionnaire :

— Père, dit-il respectueusement, ma présence est désormais inutile ici ; adieu, mon départ vous prouvera la pureté de mes intentions.

Et, tournant brusquement sur lui-même, il sortit à grands pas du rancho.

Quelques instants après le départ du squatter, le gambusino entra; la jeune fille le suivait.

Doña Clara ne portait plus le costume des blancs; le Cèdre-Rouge, afin de la rendre méconnaissable, l'avait obligée à se couvrir du vêtement indien, que la jeune fille portait avec une grâce innée qui en relevait l'élégance étrange.

Comme toutes les femmes indiennes, elle était vêtue de deux larges chemises de calicot rayé ; l'une, serrée au cou, tombait jusqu'aux hanches, tandis que l'autre, attachée à la ceinture, lui descendait jusqu'aux chevilles. Son cou était orné de colliers de perles fines entremêlées de ces petits coquillages nommés *wampum* qui servent de monnaie aux Indiens; ses bras et ses chevilles étaient entourés de larges cercles d'or, et un petit diadème de même métal rehaussait le ton mat de son front; des mocksens de peau de daim, brodés de laines et de perles de toutes couleurs, emprisonnaient ses pieds nerveux et finement cambrés.

A son entrée dans la salle, un nuage de tristesse et de mélancolie répandu sur son visage ajoutait, s'il est possible, un attrait de plus à sa personne.

En apercevant le missionnaire, doña Clara poussa un cri de joie, et, s'élançant vers lui, elle tomba dans ses bras en fondant en larmes et en murmurant d'une voix déchirante :

— Mon père, sauvez moi ! sauvez-moi !

— Rassurez-vous, ma fille, lui dit doucement le prêtre, vous n'avez plus rien à craindre, maintenant que je suis près de vous.

— Venez ! s'écria-t-elle avec égarement, fuyons cette maison maudite dans laquelle j'ai tant souffert.

— Oui, ma fille, nous allons partir ; rassurez-vous.

— Vous voyez, mon père dit hypocritement Fray Ambrosio, que je ne vous ai pas menti.

Le missionnaire jeta sur le moine un regard d'une expression indéfinissable.

— Je souhaite que vous disiez vrai, répondit-il; Dieu qui sonde les cœurs vous jugera selon vos œuvres. Je vais à l'instant emmener cette jeune fille.

— Faites, mon père, je suis heureux de la savoir sous votre protection.

Et, ramassant le manteau que don Pablo avait abandonné après avoir enveloppé le Cèdre-Rouge, il le plaça délicatement sur les épaules frémissantes de doña Clara, afin de dissimuler son costume indien.

Le père Séraphin passa sous le sien le bras de la jeune fille et l'entraîna hors du rancho.

Bientôt ils disparurent tous deux dans les ténèbres.

Fray Ambrosio les suivit du regard aussi longtemps qu'il put les apercevoir, puis il rentra dans la salle et ferma avec soin la porte derrière lui.

— Eh bien ! lui demanda Andrès Garote, que pensez-vous de ce qui vient de se passer, señor padre !

— Peut-être vaut-il mieux qu'il en soit ainsi.

— Et le Cèdre-Rouge ?

— Je me charge de nous rendre à ses yeux aussi blancs que les neiges du *Caffre de Perote* [1].

— Hum ! ce sera difficile.

— Peut-être.

XIV

LE MYSTÈRE

En quittant le rancho del Coyote, le Cèdre-Rouge avait enfoncé ses éperons dans le ventre de son cheval, et s'était élancé au galop dans la direction du sud-ouest.

Dès qu'il fut hors de la ville, il appuya sur la droite, prit un sentier étroit qui tournait autour des murailles, ralentit l'allure de son cheval et n'avança qu'avec les plus grandes précautions, en jetant à droite et à gauche des regards soupçonneux.

Il marcha ainsi pendant trois quarts d'heure environ et arriva auprès d'une maison des fenêtres de laquelle brûlaient trois *volas de cebo*.

Ces lumières ainsi disposées étaient évidemment un signal pour le squatter, car aussitôt qu'il fut au pied de cette maison il s'arrêta et descendit de cheval, attacha sa monture à un mélèze et, s'effaçant prudemment derrière un buisson, il imita à trois reprises différentes le hululement du hibou avec une rare perfection.

Les lumières qui brûlaient à la fenêtre dont nous avons parlé s'éteignirent comme par enchantement.

La nuit était sombre, quelques étoiles plaquaient seules la voûte céleste, un silence de plomb pesait sur la campagne qui paraissait entièrement solitaire.

En ce moment, une voix s'éleva dans la maison que le Cèdre-Rouge surveillait avec tant de soin.

Le squatter écouta.

La personne qui parlait se pencha une seconde à la fenêtre, jeta autour d'elle un regard inquiet, et disparut aussitôt en murmurant assez haut pour que l'Américain l'entendît :

— Tout est tranquille aux environs.

---

1. Haute montagne du Mexique dont le sommet est couvert de neiges éternelles.

— Surtout ne me manquez pas! cria-t-il en partant d'un éclat de rire.

— Cependant, dit le squatter sans se montrer, les coyotes rôdent en plaine.

— Venez-vous, ou allez-vous? reprit l'homme de la fenêtre.

— Je vais et je viens, répondit le Cèdre-Rouge, toujours caché derrière son buisson.

— Vous pouvez approcher, vous êtes attendu.

— Je le sais, aussi me voilà.

En faisant cette réponse, le squatter quitta brusquement son abri et se plaça devant la porte, les bras croisés sur la poitrine, en homme qui n'a rien à redouter.

La porte s'ouvrit avec précaution; par l'entre-bâillement sortit un individu embossé avec soin dans les plis d'un ample manteau qui ne laissait voir que ses yeux qui brillaient dans l'ombre comme ceux d'un chacal.

Ce personnage marcha droit au squatter :

— Eh bien? demanda-t-il à demi-voix, avez-vous réfléchi?
— Oui.
— Et quel est le résultat de vos réflexions ?
— Je refuse.
— Toujours?
— Plus que jamais.
— Prenez garde!
— Peu m'importe, don Melchior! je ne vous crains pas.
— Point de noms propres, s'écria l'inconnu avec impatience.
— Nous sommes seuls.
— On n'est jamais seul dans le désert.
— C'est vrai, murmura le Cèdre-Rouge; revenons à notre affaire.
— Elle est simple : donnant, donnant.
— Hum! vous allez vite en besogne! malheureusement il n'en peut être ainsi.
— Pourquoi?
— Eh mais! parce que je me fatigue de toujours prendre dans mes filets du gibier dont d'autres profitent, et que, dans mon intérêt, je dois garder devers moi des garanties.
— Vous appelez cette jeune fille une garantie ?
— *By God!* qu'en voulez-vous donc faire vous-même?
— Ne me comparez pas à vous, misérable!
— Où est la différence entre nous? Je suis un misérable, c'est vrai; mais, vive Dieu! vous en êtes un autre, mon maître, si puissant que vous soyez!
— Écoutez, caballero, répondit l'inconnu d'une voix incisive, je ne perdrai pas davantage mon temps à discuter avec vous : je veux cette enfant et je l'aurai, quoi que vous fassiez pour m'en empêcher.
— Bon! C'est la guerre que vous me déclarez alors? fit le squatter avec une certaine inquiétude, qu'il chercha vainement à dissimuler.

L'inconnu haussa les épaules.

— Nous nous connaissons de trop longue date pour que nous ne soyons pas édifiés réciproquement sur le compte l'un de l'autre; nous ne pouvons être qu'amis ou ennemis. N'est-ce pas votre opinion?
— Oui.
— Eh bien! livrez-moi doña Clara, et je vous remettrai, moi, les papiers que...
— Assez! interrompit brusquement le squatter; ces papiers, les avez-vous sur vous?

L'inconnu se mit à rire.
— Vous me croyez donc bien niais? dit-il.
— Je ne vous comprends pas.
— Je ne vous fais pas l'injure de vous croire. Non, je n'ai pas ces papiers sur moi; je ne suis pas assez sot pour risquer ainsi de me faire assassiner par vous.
— Que me rapporterait votre mort?
— Dame, quand ce ne serait que ma chevelure, vous seriez toujours sûr de toucher au moins cinquante dollars.
A cette lugubre plaisanterie le squatter se mit à rire.
— Je n'y avais pas songé, fit-il gaiement.
— Écoutez-moi, Cèdre-Rouge, et gravez bien mes paroles dans votre cervelle.
— Parlez.
— Dans un mois d'ici, heure pour heure, jour pour jour, en quelque lieu que vous vous trouviez, je me présenterai à vous.
— Pour quoi faire? dit en goguenardant le squatter.
— Pour vous renouveler ma demande au sujet de votre prisonnière.
— Alors, comme aujourd'hui, je vous répondrai non, mon maître.
— Peut-être; qui vivra verra. Maintenant, adieu, et que le diable, votre patron, vous conserve en bonne santé jusqu'à notre prochaine rencontre; vous savez que je vous tiens, tenez-vous pour averti.
— Bon! bon! les menaces ne me font pas peur. Demonios! depuis que je cours le désert, je me suis trouvé en face d'ennemis tout aussi redoutables que vous, et je suis parvenu à m'en débarrasser.
— C'est possible, Cèdre-Rouge; mais, croyez-moi, méditez avec soin mes paroles.
— Je vous répète que vos menaces ne me font pas peur.
— Je ne vous menace pas, je vous avertis.
— Hum! eh bien, écoutez à votre tour : dans le désert, tout homme armé d'un bon rifle n'a rien à redouter de qui que ce soit.
— Après? interrompit l'inconnu d'une voix railleuse.
— Eh bien, mon rifle est excellent; j'ai le coup d'œil sûr; je ne vous en dis pas davantage.
— Allons donc, vous êtes fou! Je vous défie de me tuer!...
— Mais, enfin, quel intérêt si grand avez-vous à tenir cette femme en votre pouvoir?
— Que vous importe? Je n'ai pas de comptes à vous rendre, qu'il vous suffise de savoir que je la veux.
— Vous ne l'aurez pas.
— Nous verrons; adieu, Cèdre-Rouge.
— Adieu, don Melchior, ou quel que soit le nom qu'il vous plaise de porter.
L'inconnu ne répondit pas, il détourna la tête avec un geste de dédain et siffla.
Un peon sortit de la maison en tenant un cheval en bride.

D'un bond l'inconnu se mit en selle, puis il ordonna au domestique de se retirer.

— Adieu, *compadre;* souvenez-vous de notre rendez-vous. Et, lâchant les rênes de sa monture, l'inconnu s'éloigna au galop, sans daigner tourner la tête.

Le Cèdre-Rouge le suivit des yeux avec une expression de rage indicible

— Oh! murmura-t-il à voix basse, démon! ne pourrai-je donc pas me délivrer de toi!

Et, par un mouvement rapide comme la pensée, il épaula son rifle et coucha en joue l'homme qui s'éloignait.

Tout à coup celui-ci fit faire une volte à son cheval, et, se plaçant bien en face du Cèdre-Rouge :

— Surtout ne me manquez pas, compère, cria-t-il en partant d'un éclat de rire qui fit perler une sueur froide aux tempes du bandit.

Celui-ci laissa tomber la crosse de son rifle à terre en disant d'une voix sourde :

— Il a raison, je suis fou! Oh! si j'avais les papiers!

L'inconnu attendit une minute, calme et immobile; puis il repartit et ne tarda pas à disparaître dans les ténèbres.

Le Cèdre-Rouge resta le corps penché en avant, l'oreille au guet, tant que le pas du cheval de l'inconnu se fit entendre; alors il se dirigea vers son cheval, lui remit la bride et sauta en selle.

— Allons prévenir les dragons, dit-il, et il piqua des deux.

A peine le squatter s'était-il éloigné que de deux côtés opposés les buissons s'écartèrent, et plusieurs hommes parurent.

Ces hommes étaient Valentin, Curumilla et don Pablo d'une part; l'Unicorne et la Plume-d'Aigle de l'autre.

Valentin et ses amis furent étonnés de rencontrer là le chef comanche, qu'ils croyaient retourné à son camp.

Le sachem leur expliqua en peu de mots comment, après les avoir quittés, il s'était en effet dirigé vers son camp, mais qu'au moment où il allait traverser le lieu où il se trouvait en ce moment, il avait entendu la voix du Cèdre-Rouge et s'était blotti derrière les buissons, dans le but d'entendre ce que le squatter disait à son étrange interlocuteur.

Valentin avait fait de même.

Malheureusement les quatre hommes avaient été fort désappointés, car la conversation du squatter était restée pour eux une énigme dont ils cherchaient vainement le mot.

— C'est singulier, fit Valentin en se passant à plusieurs reprises la main sur le front, je ne sais où j'ai vu cet homme qui causait ici avec le Cèdre-Rouge, mais j'ai un vague souvenir de l'avoir déjà rencontré; où et dans quelles circonstances, voilà ce que je cherche à me rappeler sans y parvenir.

— Que ferons-nous? demanda don Pablo.

— Parbleu, ce dont nous sommes convenus; et, se tournant vers le chef : Bonne chance, frère, lui dit-il, je crois que nous sauverons notre ami.

— J'en suis sûr, répondit laconiquement l'Indien.

— Dieu vous entende, frère! reprit Valentin; agissez! Pendant que de votre côté vous surveillerez les abords de la ville de crainte de trahison, nous trois nous allons nous embusquer sur le passage des gambusinos, afin de connaître positivement la direction qu'ils veulent prendre. A demain, chef!

— Arrêtez! s'écria une voix haletante, et un homme parut subitement au milieu d'eux.

— Le père Séraphin! s'écria Valentin avec étonnement; quel hasard vous amène de ce côté?

— Je suis à votre recherche.

— Que me voulez-vous?

— Vous donner une bonne nouvelle.

— Parlez, parlez vite, mon père. Don Miguel serait-il sorti de prison?

— Hélas! non, pas encore; mais sa fille est libre.

— Doña Clara est libre! s'écria Valentin avec joie; Dieu soit béni! où est-elle?

— Elle est en sûreté provisoirement, soyez sans crainte; mais laissez-moi vous donner un avertissement qui peut-être vous sera utile.

— Parlez! parlez!

— Par ordre du gouverneur, le Cèdre-Rouge est allé au-devant d'un régiment de dragons qui arrive pour renforcer la garnison de Santa-Fé.

— *Caramba!* s'écria Valentin; êtes-vous sûr de ce que vous m'annoncez là, mon père?

— J'en suis sûr; devant moi, les hommes auxquels j'ai enlevé doña Clara en ont parlé.

— Tout est perdu, si ces soldats arrivent.

— Oui, reprit le missionnaire; mais comment les arrêter?

Curumilla toucha légèrement le bras du chasseur.

— Que voulez-vous, chef? lui demanda Valentin.

— Les Comanches sont des guerriers! répondit laconiquement Curumilla.

— Ah! s'écria Valentin en se frappant le front avec joie, c'est juste, chef; vous nous sauvez.

Curumilla sourit de plaisir.

— Pendant que vous vous mettrez à la poursuite des soldats, fit don Pablo, comme je ne puis vous servir à rien, je vais accompagner le père Séraphin auprès de ma pauvre sœur, que je n'ai pas vue depuis si longtemps et que j'ai hâte d'embrasser.

— C'est cela, fit Valentin. Allez! Au point du jour, vous amènerez doña Clara au camp, afin que je puisse moi-même la mettre dans les bras de son père.

— C'est convenu.

Valentin, Curumilla et l'Unicorne s'élancèrent dans la campagne, tandis que le père Séraphin et don Pablo rentraient dans la ville.

Les deux hommes, pressés de se rendre auprès de la jeune fille, ne remarquèrent pas qu'ils étaient suivis de près par un individu qui surveillait leurs mouvements avec soin, tout en prenant bien garde de ne pas être aperçu d'eux.

Cet individu était Nathan, le fils aîné du Cèdre-Rouge.

Comment cet homme se trouvait-il là?

XV

L'EMBUSCADE

Le vent du soir avait balayé les nuages; le ciel, d'un bleu sombre, était plaqué d'un nombre infini d'étoiles scintillantes; la nuit était tiède, l'atmosphère d'une transparence qui permettait de distinguer les moindres accidents du paysage. A quatre lieues environ de Santa-Fé, une nombreuse troupe de cavaliers suivait en une longue file un chemin à peine tracé dans les hautes herbes, qui, après des détours et des méandres sans nombre, aboutissait à la ville.

Ces cavaliers, qui marchaient en assez bel ordre, étaient au nombre de huit cents à peu près.

C'était le régiment de dragons si anxieusement attendu par le général Ventura.

A une dizaine de pas en avant venaient en causant entre eux quatre ou cinq officiers, au nombre desquels se trouvait le colonel.

Le régiment continuait lentement sa marche, s'avançant avec précaution, de crainte de s'égarer dans un pays complètement inconnu.

Le colonel et les officiers, qui avaient toujours guerroyé dans les États qui bordent l'océan Atlantique, se trouvaient pour la première fois engagés dans ces contrées sauvages.

— Caballeros, dit tout à coup le colonel, je vous avoue que j'ignore complètement où nous sommes. Quelqu'un de vous pourrait-il me renseigner? Ce chemin est déplorable, il ne semble conduire nulle part, et je crains que nous ne soyons égarés.

— Nous sommes tous aussi ignorants que vous sur cet article, colonel, répondit un officier; nul ne saurait dire où nous sommes.

— Ma foi, reprit le colonel en jetant un regard satisfait autour de lui, nous ne sommes pas pressés d'arriver à Santa-Fé; que nous y soyons aujourd'hui ou demain, peu importe, je suppose. Je crois que ce que nous avons de mieux à faire est de camper ici pour le reste de la nuit; au lever du soleil, nous nous remettrons en route.

— Vous avez raison, colonel, répondit l'officier auquel il paraissait s'adresser plus directement; quelques heures de retard ne signifient rien, et nous ne risquerons pas de faire fausse route.

— Donnez l'ordre de faire halte.

L'officier exécuta immédiatement le commandement de son chef.

Les soldats, fatigués d'une longue marche de nuit, accueillirent avec des cris de joie l'ordre de s'arrêter; ils mirent pied à terre, les chevaux furent dessellés, attachés à des piquets, les feux allumés, et en moins d'un quart d'heure le bivouac fut organisé.

Le colonel, en désirant camper pour la nuit, avait une crainte plus sérieuse que celle de faire fausse route : c'était celle de tomber dans un parti d'*Indios bravos*.

Le colonel était grave, maintes fois il l'avait prouvé : blanchi sous le harnais, c'était un vieux soldat qui ne redoutait pas grand'chose au monde; mais, habitué aux guerres de l'intérieur de la république, n'ayant jamais eu en face de lui que des adversaires à peu près civilisés, il professait pour les Indiens cette crainte instinctive que tous les Mexicains ont d'eux, et il ne voulait pas risquer d'avoir maille à partir avec un détachement de guerre apache ou comanche, au milieu de la nuit, dans une contrée dont il ignorait les ressources, et risquer de faire tailler en pièces son régiment par ces insaisissables ennemis.

D'un autre côté, il ignorait que le gouverneur de Santa-Fé eût de lui un aussi pressant besoin, ce qui l'autorisait à ne pas s'aventurer à la légère et à agir, au contraire, avec la plus grande prudence.

Seulement, dès que le bivouac fut établi, les sentinelles placées, le colonel fit partir une dizaine d'hommes résolus sous la conduite d'un alferez, afin de battre les environs et de tâcher de se procurer un guide.

Nous ferons observer en passant que, dans l'Amérique espagnole, dès que l'on s'éloigne un peu des capitales telles que Mexico, Lima, etc., les routes, ainsi que nous le comprenons en Europe, n'existent plus; on ne trouve que des *sentes* tracées, pour la plupart, par les pieds des bêtes fauves, et qui se mêlent et s'enchevêtrent si bien les unes dans les autres, qu'à moins d'en avoir une longue habitude, il est littéralement impossible de s'y reconnaître.

Les Espagnols avaient, à la vérité, tracé de larges et belles routes ; mais depuis la guerre de l'Indépendance elles ont été coupées, détériorées et si bien abandonnées par l'incurie des gouvernements éphémères qui se sont succédé au Mexique, qu'à l'exception des grandes voies de communication de l'intérieur de la république, les autres ont disparu sous l'herbe.

La petite escouade de soldats commandée pour battre la campagne s'était éloignée au galop.

Bientôt elle ralentit le pas, et les soldats et l'officier qui les guidait commencèrent à causer et à rire, sans souci de la mission importante dont ils étaient chargés.

La lune se levait à l'horizon, déversant sur la terre ses rayons argentés qui éclairaient les objets de lueurs fantastiques. Ainsi que nous l'avons dit, il faisait une de ces belles nuits du désert américain pleines de senteurs étranges : un silence majestueux planait sur la campagne, silence troublé seulement par ces bruits sans cause connue que l'on entend dans les savanes, et qui semblent être la respiration du monde endormi.

Tout à coup, dans le calme, la hulotte bleue chanta à deux reprises différentes ; son chant plaintif et doux résonna mélodieusement dans l'espace.

— Eh ! fit un des dragons en s'adressant à son voisin, voilà un oiseau qui chante bien tard.

— Mauvais augure ! répondit en hochant la tête celui auquel on s'adressait.

— *Canarios !* de quel augure parlez-vous, compadre ?

— J'ai toujours entendu dire, reprit gravement le second interlocuteur, que lorsque la nuit l'on entend un oiseau chanter à sa gauche, cela porte malheur.

— Que le diable vous confonde, vous et vos pronostics !

En ce moment le chant de la hulotte bleue, qui la première fois s'était fait entendre à une distance assez éloignée, retentit avec une nouvelle force ; il semblait s'être sensiblement rapproché et partir des arbres situés sur la lisière du chemin qui suivaient les dragons.

L'alferez s'arrêta en levant la tête, comme s'il eût entendu, bien que son esprit fût ailleurs, chercha machinalement à se rendre compte du bruit qui frappait ses oreilles, mais tout rentra dans le silence ; il secoua la tête et reprit sa conversation.

Le détachement était parti depuis plus d'une heure. Pendant cette longue promenade, les soldats n'avaient rien découvert de suspect ; quant au guide qu'ils cherchaient, inutile de dire qu'ils ne l'avaient pas trouvé, ils n'avaient pas rencontré âme qui vive.

L'alferez allait donner l'ordre de retourner au camp, lorsque l'un des dragons lui fit voir à une assez courte distance, à travers les arbres, de grandes formes noires qui rôdaient et semblaient vaguer nonchalamment.

— Que diable cela peut-il être ? fit l'officier après avoir examiné attentivement ce qu'on lui montrait.

— *Caspita !* lieutenant, s'écria un des dragons, c'est facile à voir, ce sont des daims qui paissent.

— Des daims, s'écria l'alferez, chez lequel l'instinct du chasseur se réveillait tout à coup ; ils sont au moins trente.

— Non, répondit le dragon, pas autant.

— Hum ! fit l'alferez, si nous pouvions en prendre quelques-uns !

— C'est difficile !

— Bah ! s'écria un autre soldat, il fait assez clair pour que nous leur envoyions chacun une balle.

— Gardons-nous de nous servir de nos carabines, s'écria vivement l'alferez ; si nos coups de fusils, répercutés par les échos, frappaient les oreilles des Indiens, qui sont peut-être embusqués dans les buissons, nous serions perdus.

— Comment faire alors ? demanda le soldat.

— Les *lasser*, caspita ! puisque vous voulez tenter cette chasse.

— C'est vrai, s'écria le soldat avec joie, je n'y avais pas songé.

— Des daims ! s'écria l'alferez, chez lequel l'instinct du chasseur se réveillait...

Les dragons, charmés de cette occasion qui s'offrent à eux de se livrer à leur passe-temps favori, mirent pied à terre, attachèrent leurs chevaux aux arbres du chemin et saisirent leurs lassos.

Ils s'avancèrent alors en silence du côté des daims en ayant soin de prendre le dessus du vent afin de ne pas être dépistés par l'odorat subtil des intelligents animaux qu'ils voulaient atteindre.

Ceux-ci continuaient à brouter insoucieusement, marchant de côté et d'autre, sans paraître se douter qu'ils avaient des ennemis près d'eux.

Arrivés à une courte distance des daims, les dragons s'écartèrent les uns des autres, afin de pouvoir facilement faire tournoyer leurs lassos au-dessus de leur tête avant de les lancer, et marchèrent avec précaution pour ne pas produire le moindre bruit, se courbant et se faisant un rempart du tronc de chaque arbre, de crainte d'être aperçus ; ils parvinrent ainsi à quinze ou vingt pas des animaux qui broutaient toujours.

Là ils s'arrêtèrent, échangèrent un regard entre eux, calculèrent avec soin la portée de leurs coups, et, sur un signe de leur chef, ils jetèrent les lassos.

Mais alors il se passa une chose étrange.

Toutes les peaux de daims tombèrent à la fois sur le sol pour faire place à Valentin, à Curumilla et à une dizaine de guerriers comanches qui, profitant de la stupeur des soldats à cette métamorphose extraordinaire, chassèrent les chasseurs en leur jetant, à leur tour sans perdre de temps, chacun un lasso sur les épaules et les renversant à terre.

Les dix dragons et leur chef était prisonniers.

— Eh ! eh ! compagnons, fit Valentin en ricanant, comment trouvez-vous cette plaisanterie-là ?

Les dragons atterrés ne répondirent rien et se laissèrent garrotter en silence.

Un seul murmura entre ses dents :

— J'étais bien sûr que cette scélérate de hulotte nous porterait malheur ! elle avait chanté à notre gauche. Ça ne trompe pas, cela, Canarios !

Valentin sourit à cette boutade ; il mit deux doigts dans sa bouche et imita le chant de la hulotte bleue avec une telle perfection que le soldat leva les yeux vers le sommet des arbres.

A peine le chant avait-il cessé, qu'un bruit de feuilles et un froissement dans les halliers se fit entendre, et un homme, écartant les buissons, se plaça d'un bond entre les prisonniers et les chasseurs.

Cet homme était la Plume d'Aigle, le sachem des Coras.

XVI

DISCUSSION AMICALE

Après s'être séparé de son ennemi, car l'homme mystérieux avec lequel il avait eu un si orageux entretien ne pouvait être autre chose pour lui ; le Cèdre Rouge s'était mis en route pour joindre le régiment de dragons qui marchait sur la ville et hâter son arrivée, suivant l'ordre qu'il avait reçu.

Malgré lui, le squatter était, fait extraordinaire pour un tel homme, en proie à une inquiétude extrême ; malgré lui, il repassait dans sa pensée les divers incidents de sa conversation avec le personnage qui s'entourait de tant de précautions pour communiquer avec lui.

Les menaces qui lui avaient été faites lui revenaient à l'esprit. Il paraît que ce bandit qui ne redoutait rien au monde avait cependant de bonnes raisons de trembler en face de cet individu qui, pendant une heure, l'avait tenu haletant sous son regard, foudroyé par son ironie.

Quelle était cette raison assez puissante pour causer un bouleversement aussi grand chez cet être indomptable?

Nul n'aurait pu le dire, sans doute, car le squatter était maître de son secret, et aurait tué sans pitié tout individu qu'il eût pu soupçonner d'en avoir dérobé une parcelle.

Cette raison, quelle qu'elle fût, était en effet bien forte, car, après quelques minutes d'une profonde réflexion, sa main cessa machinalement de peser sur les rênes, sa tête tomba sur sa poitrine ; le cheval, ne se sentant plus guidé, s'arrêta et se mit à happer les jeunes pousses des arbres.

Le squatter ne s'aperçut pas de cette halte.

Il pensait ; le front pâle, les sourcils froncés, de sourdes exclamations s'échappaient par intervalles de sa poitrine comme des grondements de bête fauve.

Enfin il releva la tête.

— Non! s'écria-t-il en lançant vers le ciel étoilé un regard de colère ; toute lutte est impossible avec ce démon ; il faut fuir, fuir au plus vite, là-bas, dans les prairies du Far-West. Je braverai cet ennemi implacable ; oui, je fuirai, mais comme le lion, en emportant ma proie dans mes griffes ! Je n'ai pas un instant à perdre... Que m'importent, à moi, les Espagnols et leurs mesquines querelles !... Le général Ventura cherchera un autre émissaire, un soin plus important me réclame... C'est au rancho del Coyote que je dois aller. Là seulement je trouverai ma vengeance... Au rancho !... *by God !*... Fray Ambrosio et sa prisonnière peuvent seuls me fournir les armes qui me manquent pour la lutte terrible que je suis contraint de soutenir contre ce démon vomi par l'enfer, et que je contraindrai à y rentrer.

Après avoir, suivant la coutume des hommes habitués à vivre seuls, prononcé ces paroles à demi-voix, le Cèdre-Rouge sembla reprendre toute son énergie et son audace.

Il jeta autour de lui un regard haineux, et, enfonçant les éperons dans les flancs de son cheval, il partit avec la rapidité d'une flèche dans la direction du rancho qu'il avait quitté quelques heures auparavant, et dans lequel ses deux complices se trouvaient toujours.

Le moine et le gambusino, heureux du dénoûment imprévu de la scène que nous avons rapportée plus haut, heureux surtout d'être débarrassés de doña Clara sans avoir eu besoin de tremper directement dans son évasion, avaient tranquillement repris leur partie de monté et jouaient avec ce contentement intérieur que donne la certitude de n'avoir rien à se reprocher, se disputant avec acharnement les quelques réaux qu'ils possédaient encore et qu'à grand'peine ils découvraient au fond de leurs poches.

Tout à coup, au milieu d'un coup des plus intéressants, ils entendirent le galop furieux d'un cheval qui faisait résonner les cailloux sous son pas rapide.

Instinctivement les deux hommes prêtèrent l'oreille.

Un pressentiment secret sembla les avertir que ce cheval se dirigeait vers le rancho et que c'était à eux qu'en voulait l'homme qui le montait.

En effet, ni Fray Ambrosio, ni Andrès Garote n'avaient la conscience tranquille, en supposant, ce qui était plus que douteux, que ces dignes compagnons possédassent une conscience, car, vis-à-vis du Cèdre-Rouge, ils se reconnaissaient responsables de doña Clara. Maintenant que la jeune fille s'était envolée comme un oiseau captif qui s'échappe de sa cage en en brisant les barreaux, leur position vis-à-vis de leur redoutable associé leur apparaissait dans toute sa désespérante gravité; ils ne se dissimulaient pas que le squatter leur demanderait un compte sévère de leur conduite, et, malgré leur astuce et leur fourberie, ils ne savaient pas comment ils s'en tireraient. Le galop saccadé de ce cheval qui s'approchait augmentait leur perplexité; ils n'osaient se communiquer l'inquiétude qui les dévorait, mais ils restaient la tête penchée en avant, l'oreille tendue, prévoyant que bientôt il leur faudrait soutenir un assaut des plus rudes.

Le cheval s'était arrêté court devant le rancho.

Un homme mit pied à terre, et la porte fut ébranlée par de formidables coups de poing.

— Hum! murmura le gambusino en éteignant d'un geste l'unique chandelle qui éclairait tant bien que mal le rancho, qui diable peut venir à cette heure avancée de la nuit? Si je n'ouvrais pas!

Chose étrange, Fray Ambrosio avait en apparence repris toute sa sécurité; le visage souriant, le front calme, le dos appuyé au mur et les bras croisés nonchalamment, il semblait complètement étranger à ce qui tourmentait si fort son compagnon.

A l'interpellation de Garote, un sourire ironique plissa pour une seconde ses lèvres pâles, et il répondit avec la plus parfaite indifférence :

— Vous êtes libre d'agir comme bon vous semblera, compadre; pourtant je crois devoir vous avertir d'une chose.

— De laquelle?

— C'est que si vous n'ouvrez pas votre porte, l'homme, quel qu'il soit, qui frappe en ce moment, est fort capable de la défoncer, ce qui serait désastreux pour vous.

— Vous en parlez bien à votre aise, señor padre, répondit le gambusino avec mauvaise humeur : et si c'est le Cèdre-Rouge?

— Raison de plus pour lui ouvrir; si vous hésitez, il aura des soupçons sur vous, et alors, prenez-y garde, il est homme à vous tuer comme un chien.

— C'est possible; mais vous, croyez-vous donc que vous vous en tirerez les mains nettes?

Fray Ambrosio le regarda, haussa les épaules, mais ne répondit pas.

— Ouvrirez-vous, demonios! cria une voix rauque.

— Cèdre-Rouge! firent les deux hommes.

— On y va ! répondit Andrès d'une voix que la peur faisait trembler.

Il se leva à contre-cœur et se dirigea à pas lents vers la porte, à laquelle le squatter donnait des secousses capables de l'enlever de ses gonds.

— Un peu de patience, caballero, dit le gambusino de ce ton patelin particulier aux Mexicains lorsqu'ils ruminent quelque fourberie ; j'arrive, j'arrive.

Et il se mit en devoir d'ouvrir la porte.

— Dépêchez-vous, *by God !* hurla le squatter, le temps presse.

— Hum ! c'est bien lui ! pensa à part lui le gambusino. Qui êtes-vous ? demanda-t-il.

— Comment, qui je suis ! s'écria le Cèdre-Rouge en bondissant de colère ; ne m'avez-vous pas reconnu, mille tonnerres ! ou bien voulez-vous vous moquer de moi ?

— Je ne veux me moquer de personne, répondit imperturbablement Andrès ; mais je vous avertis que bien que je croie vous reconnaître, si vous ne me dites pas votre nom je ne vous ouvrirai pas : la nuit est trop avancée pour que je risque ainsi d'introduire dans mon domicile une personne suspecte.

— Je vais jeter la porte en bas !

— Essayez, s'écria résolument le gambusino, et, par Notre-Dame del Pilar, je vous envoie une balle dans la tête.

A cette menace, le squatter se rua sur la porte avec une furie indicible, dans l'intention évidente de la renverser ; mais, contre ses prévisions, bien qu'elle gémît et craquât dans ses membrures, cependant elle résista.

Andrès Garote avait fait à part lui un raisonnement qui ne manquait pas d'une certaine logique et prouvait une profonde connaissance du cœur humain ; il s'était dit que puisqu'il devait affronter le colère du Cèdre-Rouge, mieux valait, en la détournant, lui faire atteindre de suite son paroxysme, afin de n'avoir à supporter que la période décroissante, puisque, dans l'organisation de l'homme, tout sentiment arrivé à son apogée tend fatalement à descendre.

Il sourit des efforts infructueux de l'Américain et lui répéta sa phrase.

— Eh bien, s'écria celui-ci avec rage, je suis le Cèdre-Rouge ! me reconnaissez-vous maintenant, Gachupine du diable ?

— Parfaitement, parfaitement ! je vois que je puis sans danger ouvrir à Votre Seigneurie.

Et le gambusino ouvrit vivement la porte.

Le Cèdre-Rouge se précipita dans la salle avec un hurlement de colère.

Mais Andrès avait éteint la lumière.

Le squatter s'arrêta, surpris par l'obscurité qui l'empêchait de rien distinguer dans la salle.

— Eh ! fit-il en restant sur le seuil de la porte, que signifient ces ténèbres ? on n'y voit goutte.

— Caspita ! répondit effrontément Andrès, croyez-vous que passé minuit je m'amuse à regarder la lune ? Je dormais, compadre, quand vous êtes si mal à propos venu me réveiller en sursaut avec votre tapage damné.

— C'est possible, reprit le squatter ; mais ce n'était pas une raison pour me laisser aussi longtemps faire le pied de grue à votre porte.

— La prudence est la mère de la sûreté. Nous ne devons pas laisser ainsi pénétrer le premier venu dans le rancho.

— Parfaitement, je vous approuve en cela; cependant vous aviez reconnu ma voix.

— C'est juste; cependant je pouvais me tromper : on se reconnaît difficilement au travers de l'épaisseur d'une porte; voilà pourquoi j'ai voulu que vous me disiez votre nom.

— Enfin, dit le Cèdre-Rouge, comme s'il eût cédé de guerre lasse à des arguments qui ne le convainquaient pas, mais qu'il renonçait à combattre plus longtemps, et Fray Ambrosio, où est-il?

— Ici, je présume.

— Il n'a pas quitté le rancho?

— Non; à moins qu'il n'ait profité de votre arrivée pour partir.

— Pourquoi l'aurait-il fait?

— Je ne sais pas; vous m'interrogez, je vous réponds.

— Pourquoi ne parle-t-il pas, s'il est ici?

— Il dort peut-être.

— Après le vacarme que j'ai fait, c'est bien improbable.

— Dame, probablement il a le sommeil dur.

— Hum! fit le squatter avec défiance; allumez la *vela* (chandelle).

Andrès Garote battit le briquet. Bientôt une chandelle fut allumée.

Cèdre-Rouge jeta un regard circulaire dans la salle.

Fray Ambrosio avait disparu.

— Où est le moine? demanda l'Américain.

— Je ne sais pas; parti probablement.

Le squatter secoua la tête.

— Ceci n'est pas clair, murmura-t-il; il y a de la trahison là-dessous.

— C'est possible, répondit tranquillement le gambusino.

Le Cèdre-Rouge fixa sur Andrès des yeux étincelants de colère, et le saisit brusquement à la gorge.

— Réponds, misérable, s'écria-t-il, qu'est devenue doña Clara?

Le gambusino se débattit, mais en vain, pour échapper à l'étreinte du squatter, dont les doigts lui entraient dans les chairs et le serraient comme un étau.

— Lâchez-moi, dit-il d'une voix étouffée, vous m'étranglez!

— Où est doña Clara?

— Je ne sais pas.

Le squatter serra plus fort.

— Tu ne sais pas! fit-il.

— Aïe! s'écria Andrès; je vous dis que je ne sais pas.

— Malédiction! s'écria le Cèdre-Rouge; je te tuerai, *picaro*, si tu t'obstines à ne pas me répondre.

— Laissez cet homme, moi je vous dirai tout ce que vous désirez savoir, dit d'une voix ferme un chasseur qui apparut subitement à l'entrée du rancho.

Les deux hommes se retournèrent avec étonnement.

— Nathan! s'écria le Cèdre-Rouge en reconnaissant sont fils aîné; que venez-vous chercher ici?
— Je vais vous le dire, mon père, répondit le jeune homme en entrant dans la salle.

XVII

NATHAN

Nathan ne dormait pas, ainsi que le supposait Ellen, lorsqu'elle exigea de Schaw qu'il se dévouât pour sauver doña Clara.

Le jeune homme avait prêté une oreille attentive à la conversation de son frère et de sa sœur.

Nathan était un homme de trente ans environ, qui, au physique et au moral, ressemblait excessivement à son père; aussi le vieux squatter avait-il concentré en lui toute l'affection que sa nature inculte et sauvage était susceptible d'éprouver.

Depuis la nuit fatale où le chef des Coras l'avait si rudement châtié pour se venger de l'incendie de son village et du meurtre de ses habitants, le caractère de Nathan s'était encore assombri; une haine sourde et profonde grondait dans son cœur contre l'espèce humaine entière; il ne rêvait que l'assassinat; il avait juré intérieurement de se venger sur tous ceux qui tomberaient entre ses mains, du mal que lui avait fait un seul homme; en un mot, pour nous résumer, Nathan n'aimait rien, il haïssait tout.

Lorsque Schaw eut disparu au milieu des buissons et des halliers, et qu'Ellen, après avoir jeté un dernier coup d'œil autour d'elle pour s'assurer que tout était en ordre, fut entrée dans la cabane qui lui servait d'abri, Nathan se leva avec précaution, mit son rifle sur son épaule et s'élança sur les traces de son frère.

Dans cette circonstance, une autre raison l'excitait encore à contrecarrer les projets d'Ellen et de Schaw : il en voulait doublement à don Miguel, d'abord à cause du coup de poignard que le gentilhomme mexicain avait donné à son père, ensuite parce que don Miguel l'avait obligé à quitter la place et à abandonner la forêt dans laquelle sa famille s'était si audacieusement établie.

Convaincu de l'importance de l'action qu'il allait faire, sachant le prix que le squatter attachait à l'enlèvement de la jeune fille, qui pour lui était un otage excessivement précieux, Nathan ne perdit pas une minute et entra dans Santa-Fé par la ligne la plus directe, franchissant avec la légèreté d'un chat-tigre les obstacles qui se trouvaient sur son passage.

Il arriva ainsi en fort peu de temps auprès d'une maison isolée, non loin de laquelle plusieurs hommes causaient vivement entre eux à voix basse.

— Nathan s'arrêta et prêta l'oreille; mais il était trop éloigné, il ne put rien entendre.

Le fils du squatter, élevé dans le désert, en connaissait à fond toutes les ruses; avec cet œil perçant de l'homme habitué aux courses de nuit dans les prairies, il avait cru reconnaître le costume et les manières d'individus de connaissance; son parti fut pris immédiatement.

Il s'étendit sur le sol, et, suivant l'ombre projetée par la lune, afin de ne pas être aperçu des causeurs qui sans doute avaient l'œil au guet, il s'avança peu à peu, pouce à pouce, rampant comme un serpent, s'arrêtant par intervalles, afin que l'ondulation de l'herbe ne dénonçât pas sa présence, usant enfin de toutes les précautions usitées en pareil cas.

Enfin il atteignit un bouquet d'arbres du Pérou éloigné de quelques pieds seulement de l'endroit où les hommes qu'il voulait surprendre étaient arrêtés. Arrivé là, il se releva, s'allongea contre l'arbre le plus gros et attendit en prêtant l'oreille.

Son attente ne fut pas trompée : bien que quelques mots lui échappassent parfois, il était assez près pour saisir complètement le sens de la conversation.

Cette conversation était des plus intéressantes pour lui, en effet. Un sourire sinistre éclaira son visage, et il serra avec joie le canon de son rifle.

Ceux que Nathan espionnait ainsi, le lecteur le sait, étaient Valentin, Curumilla, l'Unicorne, don Pablo et le père Séraphin.

Au bout d'un instant le groupe se sépara en deux.

Valentin, Curumilla et l'Unicorne prirent le chemin de la campagne, tandis que don Pablo et le père Séraphin, au contraire, retournaient vers la ville.

Valentin et ses deux amis passèrent presque à toucher le jeune homme, qui instinctivement porta la main à ses pistolets; ils s'arrêtèrent même un instant en jetant des regards soupçonneux sur le buisson qui recélait leur ennemi, se consultant entre eux à voix basse.

L'Unicorne écarta quelques branches et regarda dans l'intérieur.

Pendant quelques secondes, Nathan éprouva une angoisse indicible : une sueur froide perlait à la racine de ses cheveux, le sang lui affluait au cœur; en un mot, il avait peur.

Il savait que si ces hommes, ses ennemis mortels, le découvraient, ils seraient sans pitié pour lui, et le tueraient comme un chien.

Mais cette appréhension n'eut que la durée d'un éclair; l'Unicorne laissa retomber nonchalamment le rideau de verdure en disant à ses amis ce seul mot :

— Rien.

Ceux-ci reprirent leur route.

— C'est égal, fit Valentin, je ne sais pourquoi je me figure que quelqu'un est caché là.

— Non, répondit le chef, il n'y a personne.

— Enfin, à la grâce de Dieu! murmura le chasseur en hochant la tête.

Les trois hommes continuèrent leur chemin.

LE CHERCHEUR DE PISTES

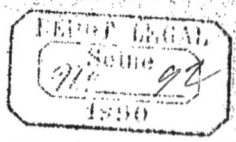

Il se releva avec un cri de terreur ; il avait reconnu Schaw, son frère.

Dès qu'il fut seul, Nathan respira avec force à deux ou trois reprises et s'élança à la poursuite de don Pablo et du missionnaire.

Il les eut bientôt atteints.

Ceux-ci ne se croyaient pas suivis ; ils causaient entre eux sans défiance.

Dans l'Amérique espagnole, où les jours sont si chauds et les nuits si fraîches, les habitants, renfermés chez eux tant que le soleil calcine la terre sous l'ardeur de ses chauds rayons, sortent, dès que la nuit est tombée, afin de respirer un peu d'air frais ; les rues, désertes à cause de la chaleur, se peuplent peu à peu, des nattes sont placées devant les portes, on s'étend pour fumer et causer, boire de l'orangeade, pincer de la guitare et chanter ; souvent la nuit tout entière s'écoule dans ces innocentes distractions, et ce n'est qu'à l'aube que chacun rentre chez soi, afin de prendre quelques heures d'un repos rendu bien nécessaire par cette longue insomnie.

C'est donc la nuit surtout qu'il faut visiter les villes américano-espagnoles, si l'on veut bien juger de la nature de ce peuple, composé étrange de contrastes les plus disparates, qui ne vit que pour jouir et n'accepte de l'existence que ses joies les plus effrénées.

Pourtant, la nuit dont nous parlons, la ville de Santa-Fé, si rieuse et si babillarde d'ordinaire, était plongée dans une morne tristesse, les rues étaient désertes, les portes fermées, aucune lueur ne filtrait à travers les rideaux des fenêtres hermétiquement closes, chacun dormait ou semblait dormir.

C'est que Santa-Fé était en ce moment en proie à une inquiétude mortelle causée par la condamnation de don Miguel Zarate, le plus riche propriétaire de la province, l'homme qui était aimé et révéré de la population entière ; l'inquiétude prenait sa source dans l'apparition imprévue du détachement de guerre des Comanches, ces féroces ennemis dont les cruautés sont passées en proverbe sur les frontières mexicaines, et dont l'arrivée ne présageait rien de bon.

Don Pablo et son compagnon marchaient vite, comme des gens qui ont hâte d'arriver dans un endroit où ils se savent attendus, échangeant entre eux de rares paroles, mais dont le sens, saisi immédiatement par l'homme qui les suivait, l'engageait encore davantage à ne pas les perdre de vue.

Ils parcoururent ainsi la plus grande partie de la ville, ayant toujours sur les talons le fils aîné du squatter.

Arrivés devant une maison de belle apparence, située calle de la Merced, à l'esquina de la plaza Mayor, ils s'arrêtèrent.

Ils étaient arrivés.

— C'est ici, dit le missionnaire.

— Entrons, répondit don Pablo.

Une lumière brillait faiblement à une fenêtre du rez-de-chaussée.

Par un mouvement instinctif, au moment de pénétrer dans la maison, les deux hommes se retournèrent.

Nathan se jeta vivement dans l'enfoncement d'une porte.

Ils ne l'aperçurent pas.

Le père Séraphin frappa un coup discret.

La porte s'ouvrit aussitôt.

Ils entrèrent.

La porte se referma derrière eux.

Nathan se plaça au milieu de la rue, l'œil ardemment fixé sur la fenêtre qui seule de toute la maison était encore éclairée, tandis que les autres étaient plongées dans une obscurité complète.

Bientôt des ombres coururent derrière les rideaux.

— Bien, murmura le jeune homme, je ne m'étais pas trompé; mais comment prévenir le vieux que la colombe est au nid?

Tout à coup une lourde main s'appuya sur son épaule.

Nathan se retourna en portant la main à son poignard.

Un homme était devant lui, sombre, silencieux, enveloppé dans les plis épais d'un long manteau.

L'Américain tressaillit.

— Passez votre chemin, dit-il d'une voix menaçante.

— Que faites-vous ici? demanda l'inconnu.

— Que vous importe? la rue est libre.

— Non.

Ce mot fut prononcé d'un ton sec et cassant.

Nathan chercha en vain à reconnaître l'homme auquel il avait affaire.

— Cédez-moi la place, dit-il, ou bien il y aura du sang de répandu entre nous.

Pour toute réponse, l'homme au manteau prit un pistolet de la main droite, un poignard de la main gauche.

— Ah! fit Nathan d'un ton de sarcasme, nous allons en découdre.

— Pour la dernière fois, retirez-vous!

— Allons donc! vous êtes fou, señor cabarello; la rue est à tout le monde, vous dis-je; cette place me convient et j'y resterai.

— Je veux rester seul ici.

— Vous me tuerez donc alors?

— S'il le faut, oui, sans hésiter.

Les deux interlocuteurs avaient échangé ces quelques mots à voix basse et rapide, en moins de temps que nous n'en avons mis à les écrire; les deux hommes étaient à un pied de distance l'un de l'autre, l'œil étincelant, prêts à se précipiter en avant.

Nathan repassa son pistolet dans sa ceinture.

— Pas de bruit, dit-il, le couteau suffira; d'ailleurs nous sommes dans un pays où cette arme est la seule usitée.

— Soit, répondit l'inconnu. Ainsi vous ne voulez pas me céder la place?

— Vous vous moqueriez de moi si je le faisais, répondit l'Américain en ricanant.

— Alors que votre sang retombe sur votre tête!

— Ou sur la vôtre.

Les deux adversaires firent chacun un pas en arrière et se trouvèrent en garde, le couteau à la main, le manteau roulé autour du bras gauche.

La lune, voilée par les nuages, ne répandait aucune lumière. L'obscurité était complète; minuit sonna à la cathédrale; les voix des serenos chantant l'heure se firent entendre dans le lointain, annonçant que tout était tranquille.

Il y eut une minute d'arrêt employée par les deux adversaires à se surveiller attentivement.

Tout à coup Nathan poussa un cri sourd, se lança sur son ennemi en brandissant son couteau et en lui portant son manteau au visage, afin de le dérouter.

L'inconnu para le coup qui lui était adressé et riposta par un autre qui fut paré aussi promptement.

Les deux hommes se prirent corps à corps.

Pendant quelques minutes, ils luttèrent ainsi pour se renverser sans prononcer une parole.

Enfin l'inconnu roula sur le sol en poussant un soupir ; le poignard de Nathan s'était enfoncé dans sa poitrine.

L'Américain se redressa avec un cri de triomphe. Son ennemi était immobile.

— L'aurais-je donc tué ? murmura Nathan.

Il replaça son poignard dans sa botte vaquera et se pencha sur le corps du blessé.

Mais soudain, il se releva avec un cri de terreur : il avait reconnu Schaw, son frère.

— Que faire à présent ? dit-il. Bah ! ajouta-t-il avec insouciance, tant pis pour lui ; pourquoi s'est-il jeté sur mon passage ?

Et, laissant là le corps du jeune homme qui ne donnait pas signe de vie :
— A la grâce de Dieu ! ajouta-t-il, je ne devais ni ne pouvais hésiter.

Schaw gisait au milieu de la rue, les joues pâles et tirées.

Il semblait mort.

XVIII

LE BLESSÉ

Nathan avait abandonné son frère étendu sur le sol, évanoui, perdant son sang par une large blessure à la poitrine, et s'était en toute hâte rendu au rancho del Coyote.

Son arrivée inattendue fut un bonheur pour Andrès Garote que le squatter commençait à secouer rudement et auquel, sans nul doute, il se préparait à faire un mauvais parti.

Aux paroles de son fils, le Cèdre-Rouge lâcha le gambusino qui alla tout chancelant et à demi étouffé s'appuyer à la muraille.

— Eh bien, demanda-t-il, où est doña Clara ?

— Venez avec moi, père, répondit le jeune homme, je vous conduirai près d'elle.

— Tu connais donc sa retraite ?

— Oui.

— Moi aussi, je la connais, s'écria Fray Ambrosio en se précipitant dans la salle le visage bouleversé, je savais bien que je la découvrirais.

Le Cèdre-Rouge le regarda avec étonnement.

Le moine ne sourcilla pas.

— Que s'est-il donc passé? fit le squatter au bout d'un instant en lançant au gambusino un regard soupçonneux.

— Une chose bien simple, répondit Fray Ambrosio avec un accent de vérité inimaginable; il y a deux heures environ, votre fils Schaw est arrivé ici.

— Schaw! s'écria le squatter.

— Oui, le plus jeune de vos enfants; c'est ainsi qu'il se nomme, je crois, n'est-ce pas?

— Oui, continuez.

— Fort bien. Il s'est donc présenté à nous comme venant de votre part pour enlever la prisonnière.

— Lui?

— Oui.

— Et qu'avez-vous fait? fit le squatter avec impatience.

— Que pouvions-nous faire?

— Eh! *by God!* vous opposer au départ de la jeune fille.

— Caspita! croyez-vous donc que nous l'avons laissée s'en aller ainsi? répondit imperturbablement le moine.

Le squatter le regarda avec étonnement; il ne comprenait plus du tout Comme tous les hommes d'action, la discussion lui était presque impossible, surtout avec un adversaire aussi retors que celui qu'il avait devant lui. Trompé par l'aplomb du moine et la franchise apparente de ses réponses, il voulut en finir.

— Voyons, dit-il : comment tout cela s'est-il terminé ?

— Grâce à un auxiliaire arrivé à votre fils, et devant lequel nous avons été contraints de nous courber.

— Un auxiliaire! Quel peut être l'homme assez hardi pour oser...

— Eh! fit vivement le moine en interrompant le Cèdre-Rouge, cet homme est un prêtre devant lequel vous-même vous vous êtes incliné déjà bien des fois.

— Moi!

— Vous.

— Vous vous moquez, señor padre, s'écria le squatter avec emportement.

— Pas le moins du monde. Quiconque se serait présenté à sa place, je lui aurais résisté; mais, moi aussi, j'appartiens à l'Église: le père Séraphin est mon supérieur, j'ai dû lui obéir.

— Le père Séraphin! répéta le squatter en fronçant le sourcil. Ah! ah! il n'est donc pas mort!

— Il paraît, fit ironiquement le moine, que ceux que vous tuez se portent tous assez bien, Cèdre-Rouge.

A cette insinuation qui se rapportait à la mort supposée de don Pablo, le squatter réprima une exclamation de colère et ferma les poings avec rage.

— Bon! fit-il, si je ne tue pas toujours, je sais prendre ma revanche. Dans quel endroit se trouve doña Clara en ce moment?

— Dans une maison qui n'est pas fort éloignée, répondit Nathan.
— Tu l'as vue ? demanda le squatter.
— Non, mais j'ai suivi à la piste don Pablo et le missionnaire français jusqu'à cette maison, où ils sont entrés, et comme ils ignoraient que je fusse si près d'eux, leur conversation ne m'a laissé aucun doute sur la présence de la jeune fille.

Un sourire sinistre éclaira pour une seconde le visage du vieux bandit.
— Bon! fit-il, puisque la colombe est dans son nid, nous la trouverons. Quelle heure est-il?
— Trois heures du matin, répondit Andrès Garote ; le jour ne tardera pas à paraître.
— Hâtons-nous alors ; suivez-moi tous. Puis il ajouta : Mais où est passé Schaw? Quelqu'un de vous le sait-il?
— Vous le rencontrerez probablement à la porte de la maison de doña Clara, répondit sourdement Nathan.
— Comment cela? Mon fils a-t-il donc pactisé avec mes ennemis?
— Puisqu'il s'est entendu avec eux pour enlever votre prisonnière.
— Oh! je le tuerai, s'il est un traître! s'écria le squatter avec un accent qui fit courir un frisson dans les veines des assistants.

Nathan fit deux pas en avant, tira son couteau de sa botte vaquera, et le montrant à son père :
— C'est fait, dit-il d'une voix brève. Schaw a voulu me poignarder, je l'ai tué.

Après ces lugubres paroles, il y eut un instant de silence dans le rancho ; tous ces hommes au cœur bronzé par le crime frémissaient intérieurement malgré eux.

Au dehors la nuit était sombre, le vent sifflait tristement ; la lueur tremblotante de la chandelle éclairait de reflets étranges cette scène, qui ne manquait pas d'une certaine poésie terrible.

Le squatter passa sa main calleuse sur son front inondé d'une sueur froide ; un soupir, semblable à un rugissement, sortit péniblement de sa poitrine oppressée.
— C'était mon dernier-né, dit-il d'une voix brisée par une émotion qu'il ne pouvait vaincre ; il méritait la mort, mais son frère n'aurait pas dû la lui donner.
— Père! murmura Nathan.
— Silence! s'écria le Cèdre-Rouge d'une voix creuse, en frappant du pied avec colère, ce qui est fait est fait ; malheur à la famille de mon ennemi! Oh! c'est à présent surtout que je veux tirer d'elle une vengeance qui fera frissonner d'épouvante tous ceux qui en entendront parler.

Après avoir prononcé ces paroles, que les assistants écoutèrent silencieusement sans oser répondre, le squatter fit quelques pas dans le rancho.

Il s'approcha de la table, saisit une bouteille de mezcal à moitié pleine qui s'y trouvait, la porta à ses lèvres et la vida d'un trait.

Lorsqu'il eut fini de boire, il rejeta la bouteille qui se brisa, et se tournant vers ses complices :

— En route ! s'écria-t-il d'une voix rauque, nous n'avons perdu que trop de temps ici.

Et il se précipita hors du rancho.

Tous s'élancèrent à sa suite.

Cependant don Pablo et le missionnaire étaient entrés dans la maison.

Le père Séraphin avait conduit la jeune fille au milieu d'une honnête famille qui lui avait de grandes obligations et avait été heureuse de recevoir la pauvre enfant.

Le missionnaire ne voulait pas laisser longtemps doña Clara à la charge des dignes gens qui lui avaient si généreusement donné l'hospitalité ; il comptait au point du jour la remettre entre les mains de certains parents de son père qui habitaient une hacienda à quelques lieues de Santa-Fé.

Doña Clara avait été confortablement installée par ses hôtes dans une charmante chambre ; leur premier soin avait été de lui faire quitter les vêtements indiens qu'elle portait pour lui en donner d'autres plus commodes et surtout plus convenables au rang qu'elle tenait dans le monde.

La jeune fille, fatiguée des émotions poignantes de la scène à laquelle elle avait assisté, était sur le point de se mettre au lit au moment où le père Séraphin et don Pablo frappèrent à la porte de sa chambre.

Elle se hâta d'ouvrir.

La vue de son frère, qu'elle ne comptait pas revoir aussi tôt, la combla de joie.

Une heure s'écoula rapidement dans une causerie intime.

Don Pablo se garda bien d'annoncer à sa sœur, qui l'ignorait, le malheur arrivé à son père ; il ne voulait pas assombrir par cette confidence la joie que se promettait la jeune fille pour le lendemain.

Puis, comme la nuit s'avançait, les deux hommes se retirèrent, afin de laisser la jeune fille libre de prendre un peu de repos nécessaire à la longue course qu'elle avait à faire pour aller à l'hacienda, lui promettant de la venir chercher dans quelques heures.

Le père Séraphin avait généreusement offert à don Pablo de terminer la nuit auprès de lui en partageant le modeste logement qu'il habitait non loin de la place de la Merced.

Le jeune homme accepta avec empressement ; il était trop tard pour chercher un gîte dans une *locada* ; de cette façon, d'ailleurs, il serait plus facilement le lendemain matin auprès de sa sœur.

Après de longs adieux, les deux hommes sortirent de la maison.

Aussitôt qu'ils furent partis, doña Clara se jeta toute vêtue dans un hamac pendu d'un bout à l'autre de la chambre et s'endormit.

En mettant le pied dans la rue, don Pablo aperçut un corps étendu sans mouvement en face de la maison.

— Qu'est cela ? fit-il avec étonnement.

— Un pauvre malheureux que des ladrones auront sans doute assassiné afin de le dépouiller, répondit le missionnaire.

— C'est possible.

— Peut-être n'est-il pas encore mort, reprit le père Séraphin, notre devoir est de le secourir.

— A quoi bon ? fit don Pablo avec indifférence ; si un sereno passait, il serait capable de nous accuser de l'avoir tué.

— Mon fils, répondit le missionnaire, les voies du Seigneur sont impénétrables. S'il a permis que ce malheureux se trouvât sur notre passage, c'est qu'il a jugé dans sa sagesse que nous devions lui être utile.

— Soit, fit le jeune homme ; voyons-le donc puisque vous le voulez, mais vous savez qu'en ce pays les bonnes actions du genre de celle-ci ne rapportent ordinairement que des désagréments.

— C'est vrai, mon fils ; eh bien, nous en courrons les chances, dit le missionnaire, qui déjà s'était penché sur le blessé.

— A votre aise, fit don Pablo ; et il le suivit.

Schaw, car c'était lui, ne donnait aucun signe de vie.

Le missionnaire l'examina, puis il se redressa, saisit par un mouvement brusque le bras de don Pablo et l'obligea à se baisser en lui disant d'une voix brève :

— Regardez !

— Schaw ! s'écria avec étonnement le Mexicain ; que faisait cet homme ici ?

— Aidez-moi, et nous le saurons. Ce malheureux n'est qu'évanoui, la perte du sang a seule causé la syncope dans laquelle il est plongé.

Don Pablo, fortement intrigué par cette rencontre singulière, obéit sans observation aux recommandations du missionnaire. Les deux hommes saisirent alors le blessé et l'emportèrent doucement au logement du père Séraphin, où ils se proposaient de lui donner tous les secours que son état exigeait.

A peine tournaient-ils le coin de la rue, que par l'extrémité opposée plusieurs hommes apparurent.

Ces hommes étaient le Cèdre-Rouge et ses complices.

Arrivés devant la maison, ils s'arrêtèrent.

Toutes les fenêtres étaient plongées dans l'obscurité la plus profonde.

— Quelle est la chambre de la jeune fille ? demanda le squatter à voix basse.

— Celle-ci, répondit Nathan en la désignant.

Le Cèdre-Rouge s'approcha à pas de loup de la maison, planta son poignard dans la muraille, se haussa jusqu'à la croisée et colla son visage à la vitre.

— Tout va bien, elle dort, dit-il en redescendant. Vous, Fray Ambrosio, à un coin de la rue ; vous, Garote, à l'autre, et ne nous laissez pas surprendre.

Le moine et le gambusino se rendirent au poste qui leur était assigné.

Lorsque le Cèdre-Rouge fut seul avec son fils, il se pencha à son oreille.

— Qu'as-tu fait de ton frère, lui demanda-t-il, après l'avoir frappé ?

— Je l'ai laissé à la place où il est tombé.

— Et cette place ?

— C'est celle où nous sommes.

Le squatter se courba vers le sol ; il fit quelques pas en examinant avec soin les traces sanglantes laissées sur les cailloux.

— L'Unicorne a tué son ennemi, répondit le Comanche.

— Il a été enlevé, dit-il en se redressant, peut-être n'est-il pas mort.
— Peut-être, répondit le jeune homme en secouant la tête.
Son père lui lança un regard d'une expression indéfinissable.
— A l'œuvre, dit-il froidement.
Et ils s'apprêtèrent à escalader la fenêtre.

XIX

DIPLOMATIE INDIENNE

Nous retournerons à présent auprès de Valentin et de ses amis.

L'apparition subite du sachem des Coras avait causé une certaine émotion parmi les chasseurs et les Comanches.

Valentin, revenu le premier de la surprise qu'il avait éprouvée, s'adressa à la Plume-d'Aigle :

— Mon frère est le bienvenu, lui dit-il en lui tendant la main que l'Indien serra chaleureusement; quelles nouvelles nous apporte le chef?

— Bonnes, répondit laconiquement le Coras.

— Tant mieux, dit gaiement le chasseur; depuis quelque temps toutes celles que nous recevons sont tellement mauvaises que celles de mon frère feront diversion.

L'Indien sourit à cette boutade, mais sans répondre.

— Que mon frère parle, reprit Valentin, il n'est entouré que d'amis.

— Je le sais, répondit le chef en saluant gracieusement les assistants. Depuis que j'ai quitté mon frère, près de deux lunes se sont écoulées; j'ai usé bien des moksens aux épines et aux ronces des déserts; je suis allé par delà les grands lacs dans les villages de ma nation.

— Bon; mon frère est un chef, il a sans doute été bien reçu par les sachems des Coras des grands lacs.

— Mookapee est un guerrier renommé parmi les siens, répondit fièrement l'Indien; sa place est marquée au feu du conseil de sa nation. Les chefs l'ont vu avec joie; il avait, sur sa route, enlevé sept chevelures aux Gachupines; elles sèchent maintenant devant la grande case de médecine.

— C'est votre droit d'agir ainsi, chef, je ne puis vous blâmer; ces Espagnols vous ont fait assez de mal pour que vous leur en fassiez à votre tour.

— Mon frère parle bien; sa peau est blanche, mais son cœur est rouge.

— Hum! fit Valentin, je suis ami de la justice; la vengeance est permise contre la trahison. Continuez, chef.

Les compagnons du chasseur s'étaient rapprochés et faisaient cercle autour des deux hommes.

Curumilla s'occupait silencieusement, suivant son habitude, à déshabiller complètement chaque prisonnier espagnol, qu'il attachait ensuite de façon à ce qu'il lui fût impossible de faire un geste.

Valentin, bien que le temps pressât, connaissait trop bien le caractère des Peaux-Rouges pour chercher à hâter la confidence de la Plume-d'Aigle. Il se doutait que le chef avait à lui faire des communications importantes, mais que s'il eût essayé de le faire parler il n'en aurait rien tiré; il se résigna donc à le laisser agir à sa guise.

L'Unicorne, appuyé sur son fusil, prêtait à l'entretien une oreille attentive sans témoigner la moindre impatience.

— Mon frère est demeuré longtemps dans la tribu ? reprit Valentin.

— Deux soleils ; la Plume-d'Aigle avait laissé derrière lui des amis vers lesquels son cœur l'entraînait.

— Merci, chef, du bon souvenir que vous aviez gardé de nous.

L'Indien s'inclina.

— Les chefs se sont réunis en conseil pour entendre les paroles de la Plume-d'Aigle, continua le Coras. Ils ont frémi de colère en apprenant le massacre de leurs enfants ; mais la Plume-d'Aigle avait son projet, deux cents guerriers se sont rangés sous son totem.

— Bon, fit Valentin, mon frère se vengera.

Le chef sourit.

— Oui, dit-il, mes jeunes gens ont mes ordres, ils savent ce que je veux faire.

— Fort bien ; ils sont près d'ici alors.

— Non, répondit le chef en secouant la tête négativement : la Plume-d'Aigle ne marche pas avec eux, il se cache sous la peau d'un chien apache.

— Hein ? s'écria Valentin avec étonnement ; que dit donc là mon frère ?

— Mon frère blanc est prompt, fit sentencieusement l'Unicorne, qu'il laisse parler Mookapee. C'est un grand sachem, la sagesse repose en lui.

Valentin secoua la tête.

— Hum ! fit-il, répondre à une trahison par une autre, ce n'est pas ainsi qu'agissent les guerriers de ma nation.

— La nation de mon frère est grande et forte comme l'ours gris, dit l'Unicorne, elle n'a pas besoin de marcher dans les sentiers perdus ; les pauvres Indiens sont faibles comme le castor, mais, ainsi que lui, ils sont très rusés.

— C'est vrai, dit Valentin, la ruse doit vous être permise contre les ennemis implacables qui vous assaillent de toutes parts ; j'ai tort, j'ai tort, continuez, chef, dites-nous quelle est la diablerie que vous avez inventée ; si elle est ingénieuse, eh bien, je serai le premier à en convenir.

— Ooah ! mon frère en jugera. Le Cèdre-Rouge va entrer dans le désert ; mon frère le sait, sans doute ?

— En effet.

— Mon frère sait-il que le *gringo* [1] a demandé un guide aux Apaches ?

— Non, je l'ignorais.

— Bon ! Stanapat, le grand chef des Apaches, avait envoyé un guerrier *navajoé* pour servir de guide au Cèdre-Rouge.

— Eh bien ?

— Le Navajoé a été scalpé par la Plume-d'Aigle.

— Ah ! ah ! ah ! le Cèdre-Rouge ne pourra pas encore partir alors ?

— Si, il partira lorsqu'il voudra.

— Comment cela ?

---

1. Nom donné aux Américains du Nord ; terme de mépris intraduisible, mais qui signifie à peu près hérétique.

— Parce que la Plume-d'Aigle remplace le guide.

L'Unicorne sourit.

— Mon frère a beaucoup de sagesse, dit-il.

— Hum! fit Valentin, d'un ton de mauvaise humeur, c'est possible, mais vous jouez gros jeu, chef.

« Ce vieux coquin est malin comme dix singes et dix opossums réunis, je vous en avertis ; il vous reconnaîtra.

— Non.

— Je vous le souhaite, sans cela vous seriez perdu.

— Bon, que mon frère soit tranquille, la Plume-d'Aigle est un guerrier, il reverra le chasseur blanc dans le désert.

— Je le désire, chef, je le désire, mais j'en doute; enfin, agissez comme il vous plaira. Quand rejoindrez-vous le Cèdre-Rouge?

— Cette nuit.

— Vous nous quittez!

— De suite; la Plume-d'Aigle n'avait rien autre chose à confier à son frère.

Et après s'être incliné avec courtoisie devant les assistants, le chef coras se glissa dans les buissons au milieu desquels il disparut presque instantanément.

Valentin le suivit quelques secondes des yeux.

— Oui, dit-il enfin d'un air pensif, son projet est hardi, tel qu'on pouvait l'attendre d'un si grand guerrier. Que Dieu le protège et le fasse réussir! Enfin, nous verrons ; peut-être tout est-il pour le mieux ainsi.

Il se tourna vers Curumilla :

— Les habits? dit-il.

— Les voilà, répondit laconiquement l'Aucas en désignant du doigt un énorme tas de hardes.

— Que veut faire mon frère pâle de ces vêtements? demanda l'Unicorne.

— Mon frère verra, dit en souriant Valentin. Chacun de nous, ajouta-t-il, va revêtir un de ces costumes.

Le chef comanche se redressa avec fierté.

— Non, dit-il, l'Unicorne ne quitte pas l'habit de son peuple; qu'avons-nous besoin de ce déguisement?

— C'est afin de nous introduire dans le camp des Espagnols sans être découverts.

— Ooah! à quoi bon? L'Unicorne appellera à lui ses jeunes gens, et ils lui frayeront un passage à travers les cadavres des Gachupines.

Valentin hocha tristement la tête.

— C'est vrai, dit-il, nous pourrions faire ainsi; mais pourquoi verser le sang inutilement? Non. Que mon frère ait confiance en moi.

— Le chasseur fera très bien, l'Unicorne le sait, il le laisse libre ; mais l'Unicorne est un chef, il ne peut prendre les habits des Faces Pâles.

Le Français n'insista pas, toute prière aurait été inutile; il se résigna à modifier son plan.

Il fit endosser à chacun de ses compagnons un costume de dragon, en endossa un lui-même et fit rendre à l'alferez les habits qui lui avaient été enlevés.

Lorsque la métamorphose fut aussi complète que possible, il se tourna vers l'Unicorne.

— Le chef restera ici, dit-il ; il gardera les prisonniers.

— Bon! répondit le Comanche ; l'Unicorne est-il donc une vieille femme bavarde, pour que les guerriers le mettent à l'écart?

— Mon frère ne me comprend pas : je n'ai pas l'intention de l'insulter, seulement il ne peut s'introduire avec nous dans le camp.

Le chef haussa les épaules avec dédain.

— Les guerriers comanches rampent aussi bien que les serpents, dit-il ; l'Unicorne entrera.

— Que mon frère vienne donc, puisqu'il le veut!

— Bon, mon frère est fâché! un nuage a passé sur son visage ; il a tort, son ami l'aime.

— Je le sais, chef, je le sais ; je ne suis pas fâché, mais mon cœur est triste de voir un guerrier risquer ainsi de se faire tuer sans nécessité.

— L'Unicorne est un sachem, il doit donner l'exemple à ses jeunes gens sur le sentier de la guerre.

Valentin fit un geste d'assentiment.

— Voilà les chevaux des Faces-Pâles, dit Curumilla, mon frère en aura besoin.

— C'est vrai, répondit en souriant le chasseur ; mon frère est un grand chef, il songe à tout.

Chacun se mit en selle ; l'Unicorne seul continua à rester à pied.

Valentin plaça l'alferez auprès de lui.

— Caballero, lui dit-il, vous nous servirez de guide jusqu'à votre camp. Nous n'en voulons pas à la vie de vos compatriotes ; notre intention est seulement de les mettre provisoirement dans l'impossibilité de nous suivre. Pesez bien mes paroles : si vous essayez de nous tromper, je vous brûle la cervelle ; vous êtes averti.

L'officier espagnol s'inclina sans répondre.

Les prisonniers avaient été si consciencieusement attachés par Curumilla qu'il n'y a avait nullement à craindre une évasion.

La petite troupe se mit en marche. L'Unicorne disparut dans les halliers.

Arrivés à quelque distance du bivouac, une sentinelle cria : *Qui vive!*

— Répondez, dit à voix basse Valentin au prisonnier.

L'officier répondit.

Ils passèrent.

La sentinelle, saisie à l'improviste par Curumilla, fut garrottée et bâillonnée en un tour de main.

Toutes les autres sentinelles eurent le même sort.

Les Mexicains se gardent fort mal en campagne, même en face de l'ennemi.

Aussi, à plus forte raison, lorsqu'ils croient n'avoir rien à craindre, négligent-ils toutes précautions.

Tout le monde dormait.

Valentin et sa troupe étaient maîtres du camp.

Le régiment de dragons avait été surpris sans coup férir.
Les compagnons de Valentin mirent pied à terre.
Ils savaient de quelle façon ils devaient agir ; ils ne s'écartèrent pas des instructions que le Français leur avait données.
Ils allaient de piquet en piquet, réunissant les chevaux qu'ils faisaient, au fur et à mesure, sortir du camp.
En moins de vingt minutes, tous les chevaux furent enlevés.
Valentin avait suivi avec anxiété les mouvements de ses compagnons ; lorsqu'ils eurent terminé, il souleva le rideau de la tente où reposait le colonel.
Alors il se trouva en face de l'Unicorne.
Une chevelure sanglante pendait à la ceinture du chef.
Valentin ne put réprimer un geste d'horreur.
— Qu'avez-vous fait, chef? dit-il d'un ton de reproche.
— L'Unicorne a tué son ennemi, répondit péremptoirement le Comanche. Quand le chef des antilopes est tué, ils se dispersent, ainsi feront les Gachupines.
Valentin s'approcha du colonel.
Le malheureux, horriblement mutilé, le crâne à vif et le cœur traversé par le couteau de l'implacable Indien, gisait étendu, mort, dans une mare de sang au milieu de la tente.
Le chasseur poussa un soupir à cette vue.
— Pauvre diable! dit-il avec un geste de pitié.
Après cette courte oraison funèbre, il lui enleva son sabre et ses épaulettes, sortit de la tente, suivi du chef indien, et rejoignit ses compagnons.
Les chevaux furent emmenés au campement des Comanches, ainsi que la patrouille faite prisonnière.
Puis Valentin et ses compagnons se roulèrent dans leurs couvertures et s'étendirent tranquillement auprès des feux en attendant le jour.
Les dragons n'étaient plus à craindre désormais.

XX

L'INCONNU

Le père Séraphin et don Pablo de Zarate avaient transporté le blessé dans le logement habité par le missionnaire.
Bien que la maison vers laquelle ils se dirigeaient fût peu éloignée, les deux hommes, obligés à des précautions extrêmes, mirent assez de temps à faire le trajet.
Presque à chaque pas il leur fallait s'arrêter afin de ne pas trop fatiguer le blessé, dont les membres inertes ballottaient dans tous les sens.

— Cet homme est mort, dit don Pablo pendant une halte qu'ils firent sur la place de la Merced.

— Je le crains, répondit tristement le missionnaire ; cependant nous n'en sommes pas certains, notre conscience exige que nous lui prodiguions nos soins jusqu'à ce que nous acquérions la pénible certitude qu'ils lui sont inutiles.

— Père, l'amour du prochain vous entraîne trop loin ; peut-être vaudrait-il mieux que ce misérable ne revînt jamais à la vie.

— Vous êtes sévère, mon ami. Cet homme est jeune encore, c'est presque un enfant ; élevé au milieu d'une famille de bandits, n'ayant sous les yeux que de mauvais exemples, il n'a jusqu'ici fait le mal que par imitation ; qui sait si cette affreuse blessure ne lui fournira pas les moyens d'entrer dans la société des honnêtes gens, que jusqu'ici il n'a pu connaître ? Je vous le répète, mon ami, les voies du Seigneur sont impénétrables.

— Je ferai ce que vous voudrez, mon père, vous avez tout pouvoir sur moi ; seulement je crains que tous nos soins ne soient en pure perte.

— Dieu, dont nous ne sommes que les humbles instruments, vous donnera tort, je l'espère. Voyons, un peu de courage, encore quelques pas, et nous serons arrivés.

— Allons donc, répondit don Pablo avec résignation.

Ils se mirent en marche.

Cinq minutes plus tard, ils arrivèrent au logis du missionnaire.

Le père Séraphin habitait calle de la Pescaderia, dans une maison de chétive apparence, bâtie en *adobes* et en roseaux, une petite chambre que lui louait une pauvre veuve, pour la modique somme de neuf réaux par mois.

Cette chambre, assez étroite, et qui ne recevait d'air que par une fenêtre donnant sur un corridor intérieur, était, quant aux meubles, une véritable cellule de chartreux.

Tout le mobilier se composait d'un cadre de bois blanc monté sur quatre pieds, sur lequel était tendu un cuir de bœuf, et qui servait de lit au missionnaire ; une butaque et un prie-Dieu, au-dessus duquel un crucifix en cuivre était attaché au mur, blanchi à la chaux.

Mais, de même que toutes les cellules, cette misérable habitation était d'une propreté claustrale.

A quelques clous étaient pendus les habits usés du pauvre prêtre, et une planche supportait des fioles et des flacons qui, sans doute, renfermaient des médicaments ; car, ainsi que tous les missionnaires, le père Séraphin possédait des connaissances sommaires en médecine ; il était en même temps, pour ses néophytes, le médecin de l'âme et celui du corps.

Toute pauvre et toute délabrée qu'elle était, cette chambre exhalait un parfum de chasteté qui inspirait à ceux auxquels le hasard procurait l'occasion d'y pénétrer un respect involontaire.

Le père Séraphin alluma une chandelle de suif jaune, fichée dans un chandelier de fer, et, aidé par don Pablo, il déposa le blessé sur son lit.

Don Pablo se laissa aller sur la butaque afin de reprendre haleine.

Le père Séraphin, sur lequel, malgré son apparence débile, la fatigue semblait ne pas avoir de prise, sortit pour aller fermer la porte de la rue, qu'il avait laissée ouverte.

Au moment où il la poussait, la porte fut repoussée en sens contraire par un homme qui entrait dans le patio où se trouvait le missionnaire.

— Pardon, mon révérend père, dit l'inconnu, soyez assez bon pour me permettre de ne pas rester dehors.

— Vous habitez sans doute cette maison? demanda le prêtre.

— Non, mon père, répondit froidement l'inconnu, je n'habite aucune maison de Santa-Fé, où je suis complètement étranger.

— Est-ce donc l'hospitalité que vous me demandez? reprit le père Séraphin étonné de cette réponse.

— Pas davantage, mon révérend.

— Que désirez-vous alors? fit le missionnaire de plus en plus étonné.

— Je désire pénétrer avec vous dans la chambre où vous avez placé le blessé auquel vous êtes, il y a quelques instants, venu si généreusement en aide.

— Monsieur, fit en hésitant le missionnaire, cette demande...

— N'a rien qui doive vous surprendre. J'ai le plus grand intérêt à m'assurer par mes yeux de l'état dans lequel se trouve cet homme pour certaines raisons qu'il vous importe peu de connaître.

— Savez-vous donc qui il est?

— Je le sais.

— Seriez-vous un de ses parents ou un de ses amis?

— Ni l'un ni l'autre; seulement, je vous le répète, des raisons fort graves exigent que je m'assure de son état, que je le voie, que je lui parle même, si cela est possible.

Le père Séraphin jeta un regard investigateur sur l'inconnu.

C'était un homme de haute taille, il paraissait dans la force de l'âge; ses traits, autant qu'il était possible de les distinguer à la lueur pâle et incertaine des rayons lunaires, étaient beaux; une expression de volonté indomptable en formait le trait le plus saillant.

Il portait le costume des riches hacenderos mexicains et tenait de la main droite un rifle américain curieusement damasquiné.

Le missionnaire hésita.

— Eh bien, reprit l'inconnu, à quoi vous décidez-vous, mon père?

— Monsieur, répondit le père Séraphin avec fermeté, ne prenez pas en mauvaise part ce que je vais vous dire.

L'inconnu s'inclina.

— Je ne sais qui vous êtes, continua le prêtre; vous vous êtes présenté à moi, au milieu de la nuit, dans des circonstances singulières; vous insistez avec une ténacité étrange pour voir le pauvre homme que la charité chrétienne m'a poussé à recueillir, la prudence exige que je vous refuse de pénétrer jusqu'à lui.

Une certaine contrariété se peignit sur les traits de l'inconnu.

— Vous avez raison, mon père, répondit-il, les apparences sont contre moi; malheureusement les explications que vous avez le droit d'exiger nous

Les prisonniers espagnols avaient été placés au milieu du détachement.

feraient perdre un temps précieux; je ne puis donc vous les donner en ce moment. Tout ce que je puis faire, c'est de vous jurer, à la face du ciel, sur le crucifix que vous portez suspendu sur la poitrine et qui est le signe de notre rédemption, que je ne veux que du bien à l'homme que vous avez recueilli, que je poursuis en ce moment le châtiment d'un grand crime, et que Dieu est avec moi comme avec tous les hommes et qui se sont réellement voués au bien sans arrière-pensée.

L'inconnu prononça ses paroles avec une telle franchise et un tel accent de conviction, son visage eut un rayonnement si plein de loyauté que le missionnaire se sentit convaincu ; il saisit vivement son crucifix et, le présentant à cet homme entraordinaire :

— Jurez, lui dit-il.

— Je le jure, répondit-il d'une voix ferme.

— Bien, répondit le prêtre ; maintenant vous pouvez entrer, monsieur, vous êtes des nôtres ; je ne vous ferai même pas l'injure de vous demander votre nom.

— Mon nom ne vous apprendrait rien, mon père, répondit tristement l'inconnu.

— Suivez-moi, monsieur.

Le missionnaire ferma la porte et introduisit l'étranger dans le cuarto qui lui servait de logement.

En entrant, l'inconnu se découvrit avec respect, se plaça pleinement dans un angle de la chambre et ne bougea plus.

— Ne vous occupez pas de moi, mon père, dit-il à voix basse, et ayez toute confiance dans le serment que je vous ai fait.

Le missionnaire ne répondit que par une inclination de tête.

Le blessé ne donnait pas signe de vie, il gisait blême et inerte dans la position dans laquelle on l'avait placé sur le lit.

Le père Séraphin s'approcha de lui.

Alors, avec cette intelligence et cette douceur que possèdent seuls ces hommes qui, par une abnégation sublime, se sont voués au soulagement de l'humanité, il prodigua au blessé les soins les plus délicats.

Longtemps tous les remèdes qu'il essaya demeurèrent infructueux et ne parurent produire aucun effet sur le fils du squatter.

Le père Séraphin ne se rebuta pas, il redoubla au contraire d'attention.

Don Pablo secoua la tête avec découragement.

Une heure s'écoula ainsi, sans que rien fût changé ostensiblement à l'état du jeune homme.

Le missionnaire avait, les uns après les autres, essayé, pour lui faire reprendre connaissance, tous les moyens en son pouvoir.

Il commençait à craindre que tout ne fût inutile.

L'inconnu s'approcha alors.

— Mon père, dit-il en touchant légèrement le bras du missionnaire, vous avez fait tout ce qu'il était humainement possible, vous n'avez pas réussi.

— Hélas ! non, fit tristement le missionnaire.

— Voulez-vous me laisser essayer à mon tour ?

— Pensez-vous donc être plus heureux que moi ? s'écria le prêtre avec étonnement.

— Je l'espère, répondit doucement l'étranger.

— Cependant, vous le voyez, tout ce que la médecine prescrit en pareil cas, je l'ai tenté.

— C'est vrai, mon père; mais les Indiens possèdent certains secrets connus d'eux seuls et qui ont une grande puissance.

— On le dit. Mais ces secrets, vous les savez donc?

— Quelques-uns m'ont été dévoilés; si vous me le permettez, je vais essayer leur efficacité sur cet homme, qui se trouve, d'après ce que je puis en juger, dans un état désespéré.

— Hélas! je le crains.

— Nous ne courons donc aucun risque en tentant sur lui le remède suprême que je vais essayer.

— En effet.

— Autorisez-moi donc à agir.

— Faites, monsieur, et puisse Dieu couronner vos efforts!

— De lui seul dépend le succès de cette expérience.

L'inconnu se pencha sur le jeune homme et le considéra un instant avec une fixité extrême, puis il sortit de sa poitrine un flacon de cristal ciselé plein d'une liqueur verte comme l'émeraude.

Avec la pointe de son poignard il entr'ouvrit les mâchoires serrées du blessé et versa dans sa bouche quatre ou cinq gouttes de la liqueur contenue dans le flacon.

Alors il se passa une chose étrange.

Le jeune homme poussa un profond soupir, ouvrit les yeux à plusieurs reprises, et, subitement, comme enlevé par une force surhumaine, il se dressa sur son séant en promenant autour de lui des regards étonnés.

Don Pablo et le missionnaire n'étaient pas loin de croire à un prodige, tant le fait qui se passait devant eux leur semblait extraordinaire.

L'inconnu s'était replacé dans l'ombre.

Tout à coup le jeune homme passa sa main sur son front pâle et murmura d'une voix sourde :

— Ellen, ma sœur; il est trop tard, je ne puis la sauver! Vois, vois, ils l'enlèvent; elle est perdue!...

Et il retomba sur le cadre.

Les trois hommes se précipitèrent vers lui.

— Il dort, s'écria le missionnaire avec étonnement.

— Il est sauvé, répondit l'inconnu.

— Mais, fit don Pablo avec inquiétude, qu'a donc voulu dire cet homme?

— Ne l'avez-vous pas compris? répondit l'étranger.

— Non, puisque je cherche à le deviner.

— Eh bien, je vais vous le dire.

— Vous!

— Moi. Écoutez : cet enfant a voulu délivrer votre sœur.

— Comment le savez-vous?

— Est-ce vrai?

— C'est vrai; continuez.

— Il a été frappé devant la maison où elle s'est réfugiée.

— Eh bien!

— Ceux qui l'ont frappé ont voulu se débarrasser de lui, afin de vous la ravir une seconde fois.

— Oh ! c'est impossible !
— Cela est.
— Comment le savez-vous ?
— Je ne le sais pas, je le devine.
— Ah ! s'écria don Pablo avec désespoir, mon père, volons au secours de ma sœur !

Les deux hommes se précipitèrent en courant hors de la maison ; ils avaient le pressentiment d'un malheur.

Lorsque l'inconnu se vit seul avec le blessé, il s'approcha de lui, le roula dans son manteau, le chargea sur ses épaules aussi facilement que s'il n'eût été qu'un enfant, et sortit à son tour.

Arrivé dans la rue, il ferma avec soin la porte de la maison, s'éloigna à grands pas et disparut bientôt dans les ténèbres.

Au même instant, la voix mélancolique du sereno (gardien de nuit) s'éleva dans la nuit ; il disait :

— *Ave, Maria purisima ! Las cuatro han dado ! Vive Mexico ! Todo es quieto !*

« Je vous salue, Marie très pure. Quatre heures sont sonnées ! Vive le Mexique ! Tout est tranquille ! »

Ce cri n'était-il pas une sanglante ironie du hasard, pendant cette nuit terrible ?

XXI

LE GÉNÉRAL VENTURA.

Il était six heures du matin environ. Un soleil éblouissant déversait à profusion ses chauds rayons sur les rues déjà pleines de bruit et de mouvement du presidio de Santa-Fé à cette heure matinale.

Le général Ventura, gouverneur de la province, retiré au fond de ses appartements, était encore plongé dans un profond sommeil que berçaient sans doute des rêves attrayants, à en juger par l'air de béatitude répandu sur ses traits.

Le gouverneur, rassuré par l'arrivée prochaine du régiment de dragons qui lui était promis, se croyait certain de ne plus rien avoir à redouter des mutins qui, jusqu'à ce moment, lui avaient inspiré de si vives inquiétudes ; il pensait aussi, grâce au renfort qui allait lui arriver, pouvoir facilement se débarrasser des Comanches qui, la veille, lui avaient si audacieusement, au sein même de son palais, posé des conditions inacceptables.

Il dormait de ce sommeil si doux du matin où le corps, complètement reposé de ses fatigues, laisse à l'âme la liberté de ses facultés.

Tout à coup la porte de la chambre à coucher dans laquelle reposait le digne gouverneur s'ouvrit avec fracas, et un officier entra.

Le général Ventura, réveillé en sursaut, se dressa tout effaré sur son lit, en fixant sur l'importun un regard qui, d'abord courroucé, se fit presque immédiatement inquiet à l'aspect des traits décomposés de l'homme qui arrivait.

— Que se passe-t-il, capitaine don Lopez? demanda-t-il en cherchant vainement à assurer sa voix qui tremblait, malgré lui, par l'effet d'un pressentiment secret.

Le capitaine don Lopez était un soldat de fortune qui avait blanchi sous le harnais, et avait contracté au service une espèce de franchise brutale qui l'empêchait de farder la vérité, n'importe dans quelle circonstance; ce qui, aux yeux du général, le faisait passer pour une espèce d'oiseau de mauvais augure.

L'arrivée du capitaine avait donc doublement inquiété le général, d'abord à cause de son visage défait, ensuite pour la réputation dont il jouissait.

A la question que le gouverneur lui adressa, le capitaine répondit laconiquement ces trois mots gonflés d'orage :

— Rien de bon.

— Comment, rien de bon! Le peuple se serait-il révolté?

— Ma foi non; je ne crois même pas qu'il y songe.

— Eh bien ! alors, fit le général tout ragaillardi par cette bonne nouvelle, que diable me venez-vous conter, capitaine?

— Je ne vous viens rien conter du tout, fit l'autre d'un ton bourru; il y a là un soldat qui arrive je ne sais d'où, et qui veut absolument vous parler. Faut-il l'introduire, ou bien vais-je le renvoyer?

— Un instant, s'écria le général dont les traits s'étaient subitement rembrunis; quel est ce soldat?

— Un dragon, je crois.

— Un dragon!... qu'il entre! qu'il entre! Que le bon Dieu vous bénisse, avec toutes vos circonlocutions!... Cet homme m'apporte sans doute la nouvelle de l'arrivée du régiment que j'attends et qui devrait déjà être ici.

Le capitaine haussa les épaules d'un air de doute.

— Qu'est-ce encore? s'écria le général, que cette pantomime expressive du capitaine effrayait au suprême degré, que voulez-vous dire?

— Rien, sinon que ce soldat a l'air bien triste pour être porteur d'une aussi bonne nouvelle.

— Nous saurons bientôt à quoi nous en tenir ! Faites-le entrer.

— C'est juste, dit le capitaine.

Et il sortit.

Pendant ce qui précède, le général s'était vivement jeté hors du lit et s'était habillé avec cette promptitude particulière aux militaires.

Il attendit avec anxiété l'apparition du soldat que le capitaine lui avait annoncé.

En vain il cherchait à se persuader que don Lopez s'était trompé et que cet homme était chargé de lui annoncer l'arrivée du régiment qu'il attendait; malgré lui, au fond de son esprit régnait une inquiétude dont il ne pouvait se rendre compte mais que rien ne parvenait à dissiper.

Quelques instants se passèrent ainsi dans une inquiétude fébrile.

Tout à coup un grand bruit se fit entendre sur la plaza Mayor ; le général s'approcha rapidement d'une fenêtre, souleva un rideau et regarda.

Une foule tumultueuse et compacte envahissait dans le plus grand désordre les abords de la place en poussant de grands cris.

Cette foule, qui augmentait de seconde en seconde, paraissait poussée par quelque chose d'effrayant que le général ne pouvait apercevoir.

— Que se passe-t-il donc, s'écria le général, et que signifie tout ce tapage?

En ce moment les cris devinrent plus forts, et un détachement de guerriers Comanches apparut débouchant par la calle de Merced, marchant en bel ordre et d'un pas rapide vers le palais.

Le général ne put retenir, à cette vue, un geste de stupeur.

— Encore les Indiens! s'écria-t-il; comment se fait-il qu'ils osent se présenter ici? Ils ignorent donc l'arrivée des dragons? Une telle audace est incompréhensible!

Il laissa retomber le rideau et se retourna.

Le soldat que le capitaine lui avait annoncé était devant lui et attendait qu'il plût au gouverneur de l'interroger.

Le général tressaillit en l'apercevant.

Cet homme était pâle; son uniforme était déchiré et souillé de boue comme s'il avait fait une longue route à pied à travers les ronces et les épines.

Le général Ventura résolut d'éclaircir ses doutes. Au moment où il ouvrait la bouche pour adresser une question à cet homme, la porte s'ouvrit et plusieurs officiers, parmi lesquels se trouvait le capitaine don Lopez, entrèrent dans la chambre.

— Général, dit le capitaine, hâtez-vous: on vous attend dans la salle du conseil. Les Indiens viennent chercher la réponse que vous avez promis de leur faire ce matin.

— Eh! pourquoi cet air effaré, messieurs? dit sévèrement le général; le feu n'est pas, que je sache, aux quatre coins de la ville; je ne suis pas aux ordres de ces sauvages; qu'ils attendent que j'aie le temps de leur donner audience!

Les officiers regardèrent le gouverneur avec un étonnement qu'ils ne cherchèrent nullement à dissimuler, à ces étranges et incompréhensibles paroles dans sa bouche.

Les poltrons ont cela de particulier, que souvent c'est lorsque la peur les talonne qu'ils prennent, afin de s'étourdir et d'en imposer aux autres, un ton de bravade ridicule qui ne produit d'autre effet que de laisser plus clairement deviner leur couardise.

— Bon! bon! général, répondit brutalement le capitaine don Lopez; le feu n'est pas encore aux quatre coins de la ville, mais il pourrait y être avant peu, si vous continuez ainsi.

— Comment, que voulez-vous dire? s'écria le général en pâlissant; les choses sont-elles donc à ce point sérieuses?

— Les circonstances sont on ne peut plus graves; nous n'avons pas un instant à perdre si nous voulons éviter de grands malheurs.

Le général tressaillit.

— Messieurs, dit-il d'une voix mal assurée, notre devoir est de veiller au salut de la population ; je vous suis.

Et sans plus s'occuper du soldat qu'il avait donné l'ordre d'introduire, il se dirigea vers la salle du conseil.

Le désordre qui régnait au dehors s'était communiqué dans le palais.

Ce n'étaient que cris et exclamations de colère ou de frayeur.

Les officiers mexicains réunis dans la salle du conseil discutaient tumultueusement entre eux sur les mesures qu'il importait d'adopter pur éviter un conflit et sauver la ville.

Comme cela arrive toujours en pareille circonstance, on parlait à bâtons rompus, sans parvenir à s'entendre, chacun émettant son opinion ou exprimant ses craintes sans se donner la peine d'écouter ce que les autres disaient.

L'entrée de général produisit un effet salutaire sur l'assemblée, en ce sens que la discussion, qui dégénérait en personnalités inconvenantes et en reproches dictés par les craintes personnelles de chaque individu, cessa subitement et que le calme se rétablit.

Le général Ventura se repentait intérieurement d'avoir compté sur un secours imaginaire et de n'avoir pas prêté l'oreille aux conseils salutaires de certains de ses officiers qui, le jour précédent, l'avaient fortement engagé à donner aux Indiens, pour se débarrasser d'eux, la satisfaction qu'ils demandaient.

Malgré la terreur qu'il éprouvait intérieurement, son orgueil se révoltait cependant d'être obligé de traiter d'égal à égal avec des barbares et d'être contraint d'accepter les dures conditions que, se sentant les plus forts, ils voudraient sans doute lui imposer.

Le gouverneur jeta, en entrant dans la salle, un regard inquiet sur les assistants.

Chacun avait pris sa place. L'assemblée avait, du moins extérieurement, l'apparence calme et sévère qui appartient à des hommes pénétrés de la grandeur des devoirs qui leur sont imposés et qui sont résolus à les remplir, coûte que coûte, en gens de cœur.

Mais cette apparence était bien trompeuse ; si les visages étaient impassibles, les cœurs étaient tremblants. Tous ces hommes, habitués à une vie molle et efféminée, ne se sentaient nullement capables de soutenir une lutte contre les rudes ennemis qui les menaçaient et qui les bravaient si audacieusement aux portes mêmes du palais du gouvernement.

Peut-être, s'ils avaient eu pour chef un homme résolu, leur courage se serait-il réveillé et auraient-ils essayé une résistance désespérée ; mais la couardise et la nullité du général Ventura étaient trop bien établies parmi eux, pour qu'ils essayassent de lui faire prendre l'initiative de mesures énergiques, qu'ils le savaient non seulement incapable d'imaginer, mais encore de faire exécuter.

Les bons chefs font les bons soldats, et les troupes les plus résolues lâchent pied au premier choc lorsque des poltrons les conduisent au feu.

Dans les circonstances présentes, toute résistance était inutile.

Les Indiens étaient, par le fait de leur présence sur la place, maîtres de la ville : on n'avait aucune troupe à leur opposer; il fallait donc se borner à chercher à tirer le meilleur parti possible de la fausse position dans laquelle on se trouvait, et à obtenir des Comanches les conditions les moins mauvaises possibles.

Seulement, comme tous ces hommes voulaient avant tout sauver les apparences, la discussion recommença, chacun émit son avis ; lorsque les discours furent terminés, le général se leva, demanda le silence et prit la parole :

— Caballeros, dit-il d'une voix tremblante d'émotion, et que malgré tous ses efforts il ne parvenait pas à dompter, nous sommes tous ici des gens de cœur, nous avons fait nos preuves dans maintes circonstances difficiles. Certes, s'il ne s'agissait que de sacrifier notre vie pour sauver cette malheureuse population, nous n'hésiterions pas à le faire : noblesse oblige, et nous sommes trop imbus de la sainteté des devoirs que nous avons à remplir pour reculer; mais, hélas ! ce sacrifice serait inutile et ne sauverait pas du danger qui les menac ceux que nous voulons avant tout protéger. Traitons donc avec les barbares puisque nous sommes livrés à nos propres forces et que nous ne pouvons les vaincre. Peut-être, de cette façon, parviendrons-nous à éviter aux femmes et aux enfants dont le salut nous est confié le danger qui les menace. En agissant ainsi dans les graves circonstances dans lesquelles nous nous trouvons, si nous n'obtenons pas entièrement ce que nous désirons, nous aurons au moins la consolation d'avoir fait notre devoir.

De chaleureux applaudissements accueillirent cette péroraison, et le gouverneur, se tournant vers l'huissier qui se tenait immobile à la porte de la salle, lui donna l'ordre d'introduire les principaux chefs indiens.

XXII

LES COMANCHES

Valentin et ses amis s'étaient éveillés au point du jour.

Les Comanches étaient déjà prêts à se mettre en marche.

L'Unicorne, revêtu de son grand costume de guerre, se présenta devant le chasseur.

— Mon frère part? lui demanda Valentin.

— Oui, répondit le sachem; je retourne dans le presidio, afin d'avoir la réponse du chef des Visages-Pâles.

— Quelle est l'intention de mon frère, si sa demande est repoussée ?

L'Unicorne sourit.

— Les Comanches ont de longues lances, dit-il, les Visages-Pâles ne refuseront pas.

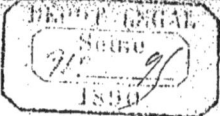

Il alluma son calumet indien et se prépara à écouter avec toute l'attention voulue.

— Mon anxiété sera extrême jusqu'à votre retour, chef; les Espagnols sont perfides, craignez qu'ils n'aient préparé quelque trahison.

— Ils n'oserait, dit fièrement l'Unicorne. Si le chef que mon frère aime ne m'est pas livré sain et sauf, les prisonniers espagnols seront torturés sur la place de Santa-Fé, la ville brûlée et livrée au pillage. J'ai dit, que mon frère se rassure.

— Bon ! l'Unicorne est un chef sage, il fera ce qu'il faudra.

Cependant, sous les ordres de différents chefs secondaires, les guerriers comanches avaient pris leurs rangs et n'attendaient plus que le signal du sachem pour se mettre en marche.

Au milieu du détachement, garrottés deux à deux et à demi nus, les prisonniers espagnols faits pendant la nuit avaient été placés.

Tout à coup un certain tumulte s'éleva dans le camp, et deux hommes se précipitèrent haletants du côté où se tenaient Valentin et le sachem, ainsi que Curumilla.

Ces deux hommes étaient don Pablo, le fils de don Miguel Zarate, et le père Séraphin.

Leurs vêtements étaient en désordre, leurs traits décomposés, leur visage ruisselant de sueur.

En arrivant auprès de leurs amis, ils se laissèrent aller accablés et presque évanouis sur le sol.

On leur prodigua les soins que leur état exigeait.

Le missionnaire fut le premier qui revint à lui.

Don Pablo était comme hébété, des larmes coulaient incessamment sur ses joues, sa poitrine était gonflée par les sanglots, il ne pouvait prononcer une parole.

Valentin était en proie à une vive inquiétude.

— Mon Dieu ! mon Dieu ! s'écria-t-il, qu'est-il arrivé encore ? Don Miguel ?...

Le missionnaire secoua la tête.

— Non, dit-il, il ne lui est rien arrivé que je sache.

— Dieu soit loué ! Mais qu'avez-vous, mon père ? quel malheur allez-vous m'annoncer ?

— Un affreux malheur, en effet, mon fils, dit en cachant son visage dans ses mains le missionnaire.

— Parlez, au nom du ciel ! vos réticences me tuent.

— Doña Clara...

— Eh bien ! fit vivement le chasseur...

— Elle a été prise cette nuit par le Cèdre-Rouge, enlevée de l'asile dans lequel je l'avais conduite.

— Oh ! s'écria Valentin avec une rage sourde, en frappant du pied avec colère, toujours ce démon ! ce Cèdre-Rouge maudit !... Malheur, malheur à lui !...

— Hélas ! fit le prêtre avec découragement.

— Reprenez courage, mon père, dit Valentin ; sauvons d'abord don Miguel ; je vous jure, moi, que je lui rendrai sa fille.

L'Unicorne s'avança.

— Maître de la prière, dit-il au père Séraphin d'une voix douce et accentuée, votre cœur est bon, les Comanches vous aiment, l'Unicorne vous aidera. Priez votre Dieu, il nous protégera dans nos recherches, puisque, dites-vous, il est si puissant.

Puis le chef se tourna vers don Pablo, et lui appuyant la main fortement sur l'épaule :

— Les femmes pleurent, dit-il, les hommes se vengent : mon frère n'a-t-il pas son rifle ?

En sentant la main du Comanche peser sur lui, en entendant ses paroles, le jeune homme tressaillit comme s'il avait reçu une commotion électrique : il se redressa vivement, et fixant sur le chef, avec une expression terrible, ses yeux brûlés par la fièvre de la douleur :

— Oui, dit-il d'une voix sourde, vous avez raison, chef; et passant sa main sur ses yeux avec un geste de rage : Laissons les larmes aux femmes, qui n'ont pas d'autres armes pour protéger leur faiblesse; je suis un homme, moi, je me vengerai.

— Bon. Mon frère parle bien, c'est un guerrier; l'Unicorne l'estime; il deviendra grand sur le sentier de la guerre.

Don Pablo, un instant affaissé, avait repris toute son énergie; ce n'était plus le même homme : il jeta un regard autour de lui.

— Où allez-vous? dit-il.

— A Santa-Fé, délivrer votre père.

— Je vous accompagne.

— Venez, dit l'Unicorne.

— Non, fit Valentin en s'interposant avec autorité, votre place n'est pas là, don Pablo. Laissez les guerriers comanches agir à leur guise, ils n'ont pas besoin de vous pour mener à bien leur entreprise : restez avec moi.

— Commandez, mon ami, répondit le jeune homme avec résignation; j'ai toute confiance dans votre expérience.

— Bien, vous êtes raisonnable. Frère, ajouta-t-il en se tournant vers le chef, vous pouvez partir. Voici le soleil déjà haut à l'horizon, Dieu veuille que vous réussissiez !

L'Unicorne donna le signal du départ : les Comanches poussèrent leur cri de guerre en brandissant leurs armes, et se mirent en marche au pas gymnastique, seule allure qu'ils connaissent. De chaque côté du détachement, les cavaliers faisaient caracoler leurs chevaux.

Curumilla se leva et s'enveloppa avec soin dans sa robe de bison.

Valentin lui jeta un regard interrogateur.

— Mon frère nous quitte? lui dit-il.

— Oui, répondit laconiquement l'Araucan.

— Pour longtemps?

— Pour quelques heures.

— Où va mon frère?

— Chercher le camp des gambucinos du Cèdre-Rouge, répondit Curumilla avec un fin sourire.

— Bon, reprit Valentin avec joie, mon frère est un chef sage, il n'oublie rien.

— Curumilla aime son frère, il pense pour lui, répondit simplement le chef.

Après avoir prononcé ces paroles, l'ulmen salua gracieusement les assistants et s'éloigna dans la direction du Paso del Norte.

Il disparut bientôt dans les méandres de la route.

Valentin le suivit longtemps des yeux. Lorsqu'il ne le vit plus, il laissa, d'un air pensif, tomber sa tête sur sa poitrine, en murmurant d'une voix sourde :

— Bonne et intelligente nature ! cœur dévoué, seul ami vrai qui me reste, dernier reflet de mes premières années de courses aventureuses, le seul qui me soit resté de mes anciens et fidèles compagnons !... Tangoil-Lanec, Louis, mon pauvre Louis, où êtes-vous à présent ? Un profond soupir s'échappa de sa poitrine, et il demeura absorbé dans une sombre rêverie.

Ses deux amis respectèrent son silence : cet excès subit de sensibilité chez cet homme au cœur si fortement trempé les émut vivement; ils n'osèrent le troubler, et attendirent silencieusement que le calme fût rentré dans son esprit.

Enfin Valentin releva la tête, passa la main sur son front comme pour en chasser les idées tristes qui l'obsédaient, et se tournant vers ses amis :

— Pardonnez-moi, leur dit-il, parfois je me laisse aussi aller à mes pensées. Hélas ! moi aussi, j'ai bien souffert !... Mais laissons cela, ajouta-t-il gaiement; ce qui est passé est passé; occupons-nous de vous.

Il leur fit signe de prendre place à ses côtés, sur l'herbe, fouilla dans ses alforjas et en tira quelques modestes provisions qu'il étala devant eux.

— Mangez, leur dit-il, nous ne savons pas ce qui nous attend dans quelques heures, il nous faut prendre des forces; puis, lorsque vous aurez satisfait votre appétit, vous me raconterez l'enlèvement de doña Clara dans tous ses détails; j'ai besoin de tout savoir.

Valentin, comme tous les hommes d'action, quelle que fût la douleur qui l'accablât, le malheur qui l'assaillît, n'oubliait jamais de manger, qu'il eût ou qu'il n'eût pas faim. Il avait érigé en axiome que le corps a besoin d'être nourri, afin que l'esprit soit prompt et dispos. Du reste, jamais il ne s'était mal trouvé de ce régime.

Mais ses deux convives, dont la nature et l'organisation étaient complètement opposées à la sienne, ne purent parvenir, malgré tous leurs efforts, à avaler une bouchée et furent obligés d'y renoncer, au grand regret de Valentin.

Lorsque le chasseur vit qu'il leur était impossible de manger, il renferma ses provisions, alluma son calumet indien et se prépara à écouter, avec toute l'attention voulue, ce qu'il leur avait demandé.

Nous laisserons les trois hommes causer entre eux et nous rejoindrons les Comanches de l'Unicorne.

Ainsi que nous l'avons dit plus haut, les Indiens, après leur première visite à la ville, s'étaient retirés pour camper à peu de distance.

Le trajet qu'ils avaient à faire pour retourner à Santa-Fé était court, il fut bientôt franchi.

Comme la veille, dès que les habitants aperçurent les Comanches, ce fut un sauve-qui-peut général : chacun se renferma chez soi, et le cri de : *Cierras puertas!... cierras puertas!...* (Fermez les portes!... fermez les portes!...) vola en un instant de bouche en bouche et s'étendit d'un bout de la ville à l'autre.

En quelques secondes les rues furent complètement désertes.

Les Indiens ne s'émurent nullement de cette réception peu amicable à laquelle, d'après les rapports qui de temps immémorial existent entre eux et les Espagnols, ils devaient s'attendre.

Ils furent, au contraire, flattés de la terreur qu'ils inspiraient, et traversèrent la ville dans le plus bel ordre, sans s'inquiéter le moins du monde de l'impression bonne ou mauvaise qu'ils produisaient sur les habitants.

Lorsqu'ils furent arrivés sur la place Mayor, en face du cabildo, ils firent halte.

Sur un ordre de l'Unicorne, les prisonniers furent complètement dépouillés de leurs vêtements et placés à quelque distance en avant du premier rang des guerriers, chacun d'eux ayant à son côté un Indien armé de pied en cap prêt, au moindre signe de l'Unicorne, à les massacrer sans pitié.

Lorsque ces préparatifs furent terminés et que les Comanches eurent posé des sentinelles à chaque angle des rues aboutissant à la place, afin de ne pas être pris à revers et cernés par les Espagnols, si par hasard ils avaient envie d'en venir aux mains, l'Araignée, ce chef qui déjà avait rempli l'office de parlementaire, s'avança en caracolant vers la porte du palais et demanda à parler au gouverneur.

L'officier de garde, qui n'était autre que don Lopez, pria poliment le guerrier indien d'attendre quelques instants, puis il se rendit en toute hâte près du général Ventura. Nous avons vu ce qui s'était passé.

Enfin, après une attente de près d'une demi-heure, le capitaine don Lopez revint.

Il était temps, les Comanches commençaient à trouver le temps long, et se préparait déjà à s'ouvrir de force le passage qu'on ne voulait pas leur livrer de bonne volonté.

Après quelques explications préliminaires, le capitaine don Lopez dit à l'Araignée que le gouverneur attendait dans la salle du conseil, au milieu de son état-major, le sachem de la nation et trois de ses principaux guerriers.

L'Araignée communiqua cette réponse à l'Unicorne.

Celui-ci fit un geste d'assentiment, mit pied à terre et entra dans le cabildo, suivi par l'Araignée et deux autres chefs.

Le capitaine don Lopez leur servait d'introducteur.

XXIII

NÉGOCIATIONS

Lorsque l'Unicorne entra dans la salle du conseil précédé par le capitaine Lopez et suivi par trois chefs indiens, le plus grand silence régnait parmi les officiers espagnols réunis pour le recevoir.

Le gouverneur, assis sur un fauteuil placé au centre de la salle, promenait un regard inquiet autour de lui, tout en battant avec les doigts de la main droite une marche sur un des bras du siège qu'il occupait.

Cependant sa contenance était assez assurée; rien ne trahissait au dehors la crainte qui le dévorait. Il répondit par un signe de tête au salut cérémonieux des Comanches et se redressa comme s'il avait eu l'attention de leur adresser la parole; mais si tel était son désir, l'Unicorne ne lui laissa pas le temps de le manifester.

Le sachem se drapa dans sa robe de bison avec cette grâce pleine de majesté que possèdent tous ces enfants indomptés du désert, releva fièrement la tête et s'avança résolument vers le général Ventura, qui le regardait s'approcher d'un œil inquiet.

Arrivé à quatre pas du général, l'Unicorne s'arrêta, croisa ses bras sur sa poitrine et prit la parole :

— Je salue mon père, dit-il d'une voix haute et ferme; je viens, ainsi que cela a été convenu hier, chercher la réponse qu'il me doit.

Le général hésita un instant.

— J'attends, reprit l'Indien avec un froncement de sourcils de mauvais augure.

Le général, poussé presque dans ses derniers retranchements, vit que l'heure était enfin venue de s'exécuter, et qu'il ne lui restait plus aucune échappatoire.

— Chef, répondit-il d'une voix peu assurée, votre démarche a tout lieu de me surprendre. Les Espagnols ne sont pas, que je sache, en guerre avec votre nation; les blancs n'ont, à ma connaissance, commis aucune action dont vous soyez en droit de vous plaindre. Pour quelle raison venez-vous donc, contre la foi jurée, quand rien ne vous y autorise, envahir une ville sans défense, et vous immiscer dans des affaires qui ne regardent que nous?

Le sachem comprit que l'Espagnol cherchait à déplacer la question et à la reporter sur un terrain moins brûlant que celui sur lequel elle se trouvait; il devina le piège qui lui était tendu et ne s'y laissa pas prendre.

— Mon père ne répond pas à ma demande, dit-il; cependant, pour en finir de suite avec les récriminations qu'il m'adresse, je vais, moi, répondre péremptoirement à ses questions, en les séparant les unes des autres. En premier lieu, mon père blanc sait fort bien que les Visages-Pâles et les

Peaux-Rouges sont en guerre permanente depuis l'arrivée des blancs en Amérique. Cette guerre a pu parfois, à de longs intervalles, se ralentir un peu, mais jamais elle n'a cessé de fait : nos deux races sont ennemies ; la lutte ne finira entre elles que lorsqu'une des deux familles blanche ou rouge, aura définitivement, par son extinction générale, cédé la place à l'autre. Secondement, mon père a dit qu'aucune action n'a été commise dont nous soyons en droit de nous plaindre ; mon père se trompe, il en est une : l'emprisonnement de don Miguel Zarate, qui, Indien lui-même, n'a jamais oublié son origine et a toujours protégé les Indiens. Que mon père ne me demande donc plus de quel droit je suis ici, ce droit est parfaitement établi : c'est celui qu'a tout homme de cœur de protéger un innocent qu'on opprime. Maintenant que ce fait est éclairci, mon père m'a donné à entendre que mes propositions seraient acceptées et l'échange des prisonniers effectué.

— C'est possible, chef, répondit le général, faisant contre fortune bon cœur, mais les choses de ce monde sont ainsi, nul ne sait la veille ce qu'il fera le lendemain ; avec la nuit est venue la réflexion, et, bref, vos propositions m'ont paru inacceptables.

— Ooah ! fit l'Indien sans témoigner autrement sa surprise.

— Oui, reprit le général qui s'animait, j'aurais honte d'y souscrire, j'aurais l'air de ne céder que sous la pression des menaces ; non, cela ne se peut : les deux hommes que vous réclamez sont coupables, ils mourront, et si vous prétendez vous opposer à la juste sentence du tribunal qui les a condamnés, eh bien, nous nous défendrons, et Dieu protégera la bonne cause.

Les officiers mexicains applaudirent chaleureusement à cette réponse hautaine, qu'ils étaient loin d'attendre de leur chef ; ils sentirent renaître leur courage, et ne désespérèrent pas d'obtenir des conditions meilleures.

Un sourire de dédain plissa les lèvres orgueilleuses du chef.

— Bon, répondit-il, mon père parle bien haut. Les coyotes sont audacieux lorsqu'ils chassent en troupe le bison. Mon père a bien réfléchi ? il est déterminé à subir les conséquences de sa réponse ? c'est la guerre qu'il veut ?

— Non, interrompit vivement le gouverneur, Dieu m'en garde ! je serais heureux de terminer à l'amiable cette affaire avec vous, chef, mais l'honneur me défend de souscrire aux propositions honteuses que vous n'avez pas craint de me faire.

— Est-ce bien l'honneur, en effet, qui a dicté la réponse de mon père ? fit ironiquement l'Indien ; il me permettra d'en douter ! Enfin, quelle que soit la raison qui le guide, je n'ai plus qu'à me retirer ; mais, avant de le faire, je lui donnerai des nouvelles d'un ami qu'il attend avec impatience sans doute.

— Que veulent dire ces mots, sans doute ?

— Ceci, dit l'Indien d'une voix brève : les guerriers que mon père espérait voir arriver ce matin ou cette nuit à son secours ont été dispersés par mes jeunes gens comme les feuilles que balaye le vent d'automne ; ils ne viendront pas.

Un murmure d'étonnement, presque de frayeur, parcourut les rangs de l'assemblée.

Le sachem laissa retomber en arrière les longs plis de la robe de bison dans laquelle il était pittoresquement drapé, saisit à sa ceinture la chevelure sanglante qui y pendait, l'en arracha, et la jetant aux pieds du général :

— Voici, dit-il d'une voix sombre, la chevelure de l'homme qui commandait les guerriers de mon père ! Le chef des Faces-Pâles la reconnaît-il ? Cette chevelure a été prise par moi sur le crâne de celui qui devait venir, et qui, à cette heure, est parti pour les prairies bienheureuses de sa nation.

Un frisson de terreur parcourut les rangs de l'assemblée à la vue de la chevelure ; le général sentit s'évanouir le peu de courage qui jusqu'alors l'avait soutenu.

— Chef ! s'écria-t-il d'une voix tremblante, est-il possible que vous ayez fait cela ?

— Je l'ai fait, répondit froidement le sachem. Maintenant, adieu ! Je vais retrouver mes jeunes gens qui s'impatientent de ma longue absence.

Après ces mots, le Comanche tourna fièrement le dos au gouverneur et fit quelques pas pour sortir de la salle.

— Quelques minutes encore, chef ! s'écria le général ; peut-être sommes-nous plus près de nous entendre que vous ne le supposez.

Le Comanche lança sur son interlocuteur un regard qui le fit tressaillir.

— Voici mon dernier mot, dit-il ; je veux que les deux prisonniers me soient livrés.

— Ils le seront.

— Bon ; mais plus de perfidie, plus de trahison.

— Nous agirons loyalement, dit le général sans songer à relever autrement l'insulte que lui faisait l'Indien.

— Nous verrons ; mes guerriers et moi nous resterons sur la place jusqu'à ce que mon père ait exécuté ses promesses. Si, dans une heure, les prisonniers ne sont pas libres, les Visages-Pâles que j'ai entre les mains seront impitoyablement massacrés et l'*altepelt* (la ville) mise au pillage. J'ai dit.

Un silence morne accueillit ces terribles menaces ; l'orgueil des Mexicains était dompté ; ils reconnaissaient enfin malgré eux que rien ne pourrait les soustraire à la vengeance du chef comanche.

Le général s'inclina en signe d'acquiescement sans avoir la force de répondre autrement ; la vue de la chevelure avait paralysé en lui toute la velléité de lutter plus longtemps.

L'Unicorne sortit de la salle, remonta sur son cheval et attendit impassible l'exécution des promesses qu'on venait de lui faire.

Lorsque les Indiens eurent quitté la salle du conseil, les Mexicains se levèrent en tumulte ; chacun redoutait l'exécution des menaces du chef.

Le général Ventura fut pressé de tous les côtés de se hâter de ne pas courir les chances d'un manque de parole envers les Indiens.

Lorsque le gouverneur vit que ses officiers avaient tout aussi peur que lui, il reprit son sang-froid et profita habilement de cette disposition des esprits, afin de mettre sa responsabilité à couvert et de ne paraître agir que poussé par la volonté de tous.

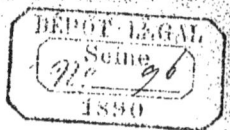

— Elle a été enlevée cette nuit par le Cèdre-Rouge de l'asile où je l'avais conduite.

— Caballeros, dit-il, vous avez entendu cet homme, vous avez compris ainsi que moi les menaces qu'il a osé nous faire. Un tel affront demeurera-t-il impuni? Vous laisserez-vous ainsi braver au sein même de la ville par une poignée de misérables sans chercher à leur infliger la correction qu'ils méritent? Aux armes! caballeros, et, faisons-nous tuer bravement s'il le faut plutôt que de laisser cette tache au vieil honneur espagnol que nous ont légué nos pères !

Cette chaleureuse allocution produisit l'effet qu'en attendait le général, c'est-à-dire qu'elle redoubla, s'il est possible, la terreur des assistants qui connaissaient de longue date la couardise de leur chef, et savaient combien peu ils pouvaient compter sur lui. Cette subite ardeur guerrière leur sembla tellement insolite et surtout si mal arrivée, qu'ils le pressèrent de souscrire sans retard aux conditions imposées par le sachem.

C'était tout ce que désirait le gouverneur. Il fit dresser un procès-verbal de la séance, sur lequel furent constatés les efforts tentés par le général afin d'obliger les assistants à une résistance à laquelle il lui avait été impossible de les contraindre ; puis, lorsque ce premier document eut été signé par tous les membres du conseil, le général le mit dans sa poche.

— Puisque vous l'exigez, dit-il, que rien ne peut vous engager à une résistance honorable, je vais moi-même me rendre à la prison, afin d'éviter toute espèce de malentendu, et faire ouvrir les portes à don Miguel Zarate et au général Ibañez.

— Hâtez-vous ! répondirent les officiers.

Le général, intérieurement satisfait de s'être si bien tiré de ce pas difficile, sortit du cabildo et traversa la place afin d'aller à la prison qui s'élevait sur la façade opposée.

Les Comanches étaient immobiles comme des statues de bronze florentin, appuyés sur leurs armes et les yeux fixés sur leur sachem, prêts à exécuter ses ordres.

XXIV

LIBRES.

Don Miguel Zarate et le général Ibañez ignoraient complètement ce qui se passait au dehors.

Les bruits de la ville n'arrivaient pas jusqu'à eux.

S'ils avaient voulu consentir à interroger leur geôlier, celui-ci, qui commençait à redouter pour lui-même l'effet des mauvais traitements qu'il avait fait subir aux deux gentilshommes, n'aurait sans doute pas hésité à leur donner tous les renseignements possibles à l'effet de se réhabiliter dans leur esprit ; mais chaque fois que cet homme se présentait à eux, et qu'il ouvrait la bouche pour parler, ils lui tournaient le dos avec mépris en lui intimant d'un geste l'ordre de se taire et de se retirer au plus vite.

Ce jour-là, selon leur coutume, les deux hommes s'étaient éveillés au lever du soleil ; ils s'étaient jetés en bas de leurs cadres et avaient fait leur toilette.

Puis, avec une liberté d'esprit incompréhensible, ils avaient causé entre eux de choses indifférentes.

Tout à coup un grand bruit se fit entendre dans la prison, un cliquetis d'armes arriva jusqu'aux prisonniers, et des pas pressés s'approchèrent des chambres dans lesquelles ils étaient détenus.

Ils prêtèrent l'oreille.

— Oh ! oh ! dit le général Ibañez, il paraît que c'est enfin pour aujourd'hui !

— Dieu soit loué ! répondit don Miguel, je suis heureux qu'ils se décident à en finir avec nous.

— Ma foi, moi aussi, fit gaiement le général, le temps commençait à me paraître d'une longueur extrême dans cette prison où l'on n'a pas la moindre distraction ; nous allons donc une fois encore revoir ce beau soleil qui semble craindre de se montrer dans cet antre ! *Viva Cristo !* je me sens d'une gaieté folle rien qu'à cette pensée, et je pardonne de grand cœur à mes juges.

Cependant le bruit se rapprochait de plus en plus, des voix confuses se mêlaient au retentissement des pas sur les dalles et au froissement des sabres.

— Les voilà, dit don Miguel, dans un instant ils seront ici.

— Qu'ils soient les bienvenus s'ils nous apportent la mort, cette suprême consolatrice des affligés, fit le général.

En ce moment une clef grinça dans la serrure et la porte s'ouvrit.

Les deux prisonniers reculèrent avec étonnement à la vue du gouverneur qui se précipita dans la chambre, suivi de deux ou trois officiers.

Certes, si les condamnés s'attendaient à voir quelqu'un, ce n'était pas le digne général Ventura.

L'étonnement du général Ibañez fut si grand à cette apparition imprévue, qu'il ne put s'empêcher de s'écrier avec cet accent de gaieté caustique qui formait le fond de son caractère :

— Que diable venez-vous faire ici, seigneur gouverneur ? seriez-vous, vous aussi, devenu tout à coup un affreux conspirateur comme on prétend que nous le sommes ?

Avant de répondre, le général se laissa tomber sur un siège en essuyant avec son mouchoir la sueur qui ruisselait sur son front, tant il avait mis de hâte à se rendre à la prison.

Trois ou quatre officiers étaient demeurés immobiles sur le seuil de la porte toute grande ouverte.

Les condamnés ne comprenaient rien à ce qui se passait.

— Est-ce que par hasard, dit en riant le général Ibañez, qui n'en croyait pas un mot, vous viendriez nous rendre la liberté, mon cher gouverneur ? Ce serait un trait des plus galants et dont je vous aurais la plus vive reconnaissance.

Le général Ventura releva la tête, fixa sur les prisonniers des yeux pétillants de joie et leur dit d'une voix entrecoupée :

— Oui, mes amis ! oui, j'ai voulu moi-même venir vous annoncer que vous êtes libres; je n'ai consenti à laisser à personne le soin de vous apprendre cette heureuse nouvelle.

Les condamnés reculèrent avec étonnement.

— Hein! s'écria le général Ibañez, est-ce sérieusement que vous parlez?

Don Miguel, considérait attentivement le gouverneur, cherchant encore à deviner sur son visage les causes de sa conduite.

— Venez! venez! s'écria le général Ventura, ce trou est hideux, n'y restez pas davantage.

— Ah! fit amèrement don Miguel, vous trouvez ce trou hideux; vous avez été bien longtemps à vous en apercevoir, car voilà près d'un mois que nous l'habitons, sans que jusqu'ici la pensée vous soit venue de vous en inquiéter.

— Ne m'en veuillez pas, don Miguel, répondit vivement le gouverneur; c'est bien contre mon gré que vous avez été si longtemps détenu; s'il n'avait tenu qu'à moi, depuis longtemps vous seriez libres; mais, grâce à Dieu, tout est fini à présent; j'ai réussi à vous faire justice. Venez, sortons; ne restez pas un instant de plus dans ce bouge infect.

— Pardon, caballero, dit froidement don Miguel; mais, si vous le permettez, nous resterons encore ici quelques instants.

— Pourquoi donc cela? demanda le général Ventura en écarquillant ses gros yeux avec surprise.

— Vous allez l'apprendre.

Don Miguel désigna un siège au gouverneur et s'assit lui-même; le général Ibañez l'imita.

Il y eut quelques minutes d'un silence profond entre ces trois hommes qui cherchaient à sonder leurs plus secrètes pensées.

— J'attends qu'il vous plaise de vous expliquer, dit enfin le gouverneur, qui avait hâte de sortir et que le temps pressait.

— C'est ce que je vais faire, répondit don Miguel. Vous venez nous annoncer que nous sommes libres, monsieur, mais vous ne nous dites pas à quelles conditions.

— Comment, à quelles conditions? fit le gouverneur, qui ne comprenait pas.

— Sans doute, appuya le général Ibañez; encore faut-il que ces conditions nous conviennent; vous sentez bien, cher monsieur, que nous ne pouvons sortir d'ici sans savoir ni pourquoi ni comment. *Viva Cristo!* nous ne sommes pas des malotrus dont on se débarrasse de cette façon; il faut que nous sachions si nous devons accepter les propositions que vous venez nous faire.

— Le général a raison, monsieur, dit à son tour l'hacendero; le soin de notre honneur ne nous permet pas d'accepter une liberté qui pourrait l'entacher; nous ne sortirons donc d'ici que lorsque vous serez expliqué.

Le gouverneur ne savait plus du tout où il en était; jamais il n'avait eu affaire à des prisonniers si récalcitrants. Il se creusait en vain la tête pour deviner comment il se faisait que des hommes condamnés à mort refusaient si péremptoirement la liberté.

Ses idées étaient trop étroites, son cœur trop lâche pour comprendre ce qu'il y avait de grand et de noble dans la détermination de ces deux hommes qui préféraient une mort honorable à une vie flétrie qu'ils n'auraient due qu'à la pitié de leurs juges.

—Voici les pièces de votre procès, les preuves qui avaient été fournies contre vous.

Cependant il fallait les décider à sortir, le temps s'écoulait rapidement et l'obstination des prisonniers pouvait tout compromettre.

Le général Ventura prit bravement son parti et s'exécuta sans plus tarder.

— Messieurs, dit-il avec une feinte admiration, je comprends tout ce que vos scrupules ont de noble; je suis heureux de voir que je ne me suis pas trompé sur la grandeur de votre caractère ; vous pouvez en toute sécurité quitter cette prison et reprendre dans le monde la place qui vous appartient. Je ne vous poserai aucune condition ; vous êtes libres purement et simplement. Voici les pièces de votre procès, les preuves qui avaient été fournies contre vous ; prenez tout cela, détruisez-le, et agréez mes sincères excuses pour tout ce qui s'est passé.

En disant ces mots, le gouverneur tira de sa poitrine une énorme liasse de papiers qu'il tendit à don Miguel. Celui-ci la repoussa de la main avec dégoût ; mais le général Ibañez, moins scrupuleux ou plus adroit, s'en empara vivement, y jeta les yeux pour s'assurer que le gouverneur ne le trompait pas, et la jeta dans le brasero placé au milieu de la chambre.

En moins de cinq minutes tout ce grimoire indigeste fut consumé.

Le général Ibañez le regarda brûler avec un certain plaisir ; désormais il était bien réellement libre.

— Je vous attends, messieurs, dit le gouverneur.

— Un mot encore, s'il vous plaît, dit l'hacendero.

— Parlez, monsieur, je vous écoute.

— En sortant de prison, où devons-nous nous rendre ?

— Où vous voudrez, messieurs. Je vous répète que vous êtes entièrement libres, vous agirez comme vous le jugerez convenable ; je ne vous demande même pas votre parole d'honneur de ne plus conspirer.

— Bien, monsieur, fit don Miguel en tendant la main au général Ventura, votre procédé me touche ; merci !

Le général rougit.

— Venez, venez, dit-il pour cacher son embarras à cet éloge si peu mérité.

Les deux prisonniers n'hésitèrent plus à le suivre.

Cependant la nouvelle de la délivrance de don Miguel s'était répandue dans la ville avec la rapidité d'une traînée de poudre.

Les habitants rassurés par la contenance des Comanches et sachant qu'ils n'étaient venus que pour sauver celui au sort duquel la population tout entière s'intéressait, s'étaient enhardis peu à peu à sortir de leurs maisons et avaient fini par envahir les rues et les places qui étaient littéralement remplies de monde ; les fenêtres et les toits regorgeaient d'hommes, de femmes et d'enfants dont les yeux fixés sur la prison attendaient avec anxiété que don Miguel sortît.

Lorsqu'il parut, une immense acclamation l'accueillit.

L'Unicorne s'avança vers le gouverneur :

— Mon père a rempli sa promesse, dit-il gravement, je remplis la mienne : les prisonniers blancs sont libres, je me retire.

Le gouverneur avait écouté ces paroles en rougissant et en ne sachant quelle contenance tenir.

Le sachem s'était remis à la tête de son détachement de guerre qui s'éloignait rapidement aux applaudissements de la foule ivre de bonheur.

Cependant don Miguel, intrigué par la scène qui venait de se passer devant lui, et qui commençait à soupçonner un mystère dans la conduite du gouverneur, se tourna vers lui afin de lui demander l'explication des paroles du chef indien, explication à laquelle échappa heureusement le gouverneur, grâce à l'empressement des habitants, qui, de tous les côtés, se jetaient sur le passage des prisonniers, afin de les féliciter.

Arrivés à la porte du cabildo, le général Ventura salua courtoisement les deux hommes et se hâta de rentrer dans l'intérieur du palais, heureux d'en être quitte à si bon compte et de ne pas avoir été forcé de déchirer lui-même le manteau de générosité dont il avait fait parade aux yeux de ses prisonniers.

— Que pensez-vous de tout cela? demanda l'hacendero à son ami.

— Hum! murmura le général Ibañez, la conduite du gouverneur me semble assez louche. C'est égal, nous voilà libres. Je vous avouerai, mon ami, que je ne serais pas fâché de m'éloigner un peu de ce pays, dont l'air me semble, malgré les protestations du général Ventura, assez malsain pour nous.

En ce moment, et avant que don Miguel pût lui répondre, le général sentit qu'on lui touchait légèrement le bras.

Il se retourna.

Curumilla était devant lui le visage souriant.

Don Miguel et le général étouffèrent un cri de joie à la vue du brave et excellent Indien.

— Venez, leur dit-il laconiquement.

Ils le suivirent assez difficilement à travers les flots pressés de la foule qui les accompagnait avec des cris et des vivats, et à laquelle ils étaient contraints de parler et d'adresser des remerciements.

Arrivés dans une petite rue située près de la place, et qui était presque déserte, Curumilla les conduisit à une maison devant laquelle il s'arrêta.

— C'est ici, dit-il en frappant deux coups.

La porte s'ouvrit.

Ils entrèrent dans la cour. Trois chevaux tout sellés les attendaient tenus en bride par un peon.

Les trois hommes se mirent en selle.

— Merci, frère, dit chaleureusement l'hacendero en serrant la main de chef; mais comment donc avez-vous appris notre délivrance?

L'Araucan sourit doucement.

— Partons, dit-il sans répondre autrement à cette question.

— Où allons-nous? demanda don Miguel.

— Rejoindre Koutonepi, répondit Curumilla.

Les trois hommes s'élancèrent à fond de train.

Dix minutes plus tard ils étaient hors la ville, et galopaient à toute bride dans la campagne.

— Oh! s'écria gaiement le général Ibañez, que c'est bon le grand air! Que cela fait du bien de le respirer à pleins poumons, lorsqu'on est resté deux mois étouffé entre les murs épais d'une prison!

— Arriverons-nous bientôt? demanda don Miguel.

— Dans une heure, répondit le chef.

Et la course continua aussi rapide.

XXV

RENCONTRE.

Arrivés à un endroit où la *sente* qu'ils suivaient formait une espèce de fourche, Curumilla s'arrêta, les deux gentilshommes l'imitèrent.

— Voici votre route, dit le chef araucan : au bout de ce sentier vous apercevrez le feu du campement de Koutonepi ; moi, je dois vous quitter ici.

Après avoir prononcé ces paroles, Curumilla fit volter son cheval et s'éloigna au galop en leur faisant un dernier signe.

L'ulmen n'était pas causeur de sa nature, il ne lui arrivait pas souvent d'en dire autant qu'il venait de le faire, tout d'une haleine. Ses amis, convaincus qu'une grande nécessité avait seule pu l'obliger à rompre ainsi ses habitudes, ne lui firent pas d'observation et le laissèrent partir.

Lorsqu'ils furent seuls, ils ralentirent insensiblement l'allure rapide de leurs chevaux pour prendre un léger galop de chasse.

Le général Ibañez était radieux, il respirait à pleins poumons l'air frais du désert qui s'engouffrait avec délices dans sa large poitrine; tout au plaisir d'être libre, il ne pensait à autre chose qu'à jouir de ce qui s'offrait à sa vue sans s'occuper du passé, qu'avec son caractère insouciant il avait déjà oublié, et ne songeait pas à l'avenir qui ne lui apparaissait qu'à travers un prisme teinté de riantes couleurs.

Don Miguel Zarate, au contraire, sentait, depuis quelques instants, une sombre mélancolie s'emparer de son esprit. Sans pouvoir se rendre compte de l'émotion qu'il éprouvait, il avait comme un pressentiment secret d'un malheur suspendu sur sa tête. En vain il cherchait à chasser ces idées qui l'obsédaient, elles revenaient toujours plus tenaces, et ce n'était qu'avec une espèce de crainte qu'il s'avançait dans la direction où il devait rencontrer Valentin qui cependant était son meilleur ami, tant il redoutait qu'il ne le saluât, à son arrivée, en lui annonçant une mauvaise nouvelle.

Les deux gentilshommes, livrés chacun à leurs pensées, qui, nous le constatons, étaient bien différentes, marchaient ainsi depuis une demi-heure environ sans échanger une parole entre eux, lorsque après avoir tourné un angle que formait la sente ils virent à une trentaine de pas devant eux un cavalier arrêté au milieu du chemin qu'il barrait complètement.

Cet homme paraissait les attendre. Les Mexicains l'examinèrent avec attention. C'était un individu de haute taille, parfaitement armé, portant le costume des riches hacenderos ; mais, par particularité singulière, un masque de velours noir attaché sur son visage empêchait de distinguer ses traits.

Par un mouvement instinctif, don Miguel et le général portèrent la main aux arçons.

Ils étaient sans armes.

— Que ferons-nous? demanda l'hacendero à son compagnon.

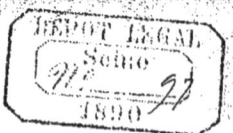

Dix minutes plus tard ils étaient hors de la ville et galopaient à toute bride dans la campagne.

— Bah! avançons; nous venons d'éviter de trop grands dangers pour que celui-ci soit à craindre pour nous, dans le cas où cet être mystérieux, qui est là planté devant nous comme une statue équestre, tenterait, ce qui n'est pas impossible, de nous jouer un mauvais tour.

— A la grâce de Dieu! murmura don Miguel, et il piqua son cheval.

La distance qui le séparait de l'étranger fut bientôt franchie.

Arrivés à une dizaine de pas de lui, les deux hommes s'arrêtèrent.

— *Santas tardes !* caballeros, cria l'inconnu d'une voix amicale.

— *Santas tardes !* répondirent d'une commune voix les gentilshommes.

— Salut à vous, don Miguel Zarate, reprit l'inconnu, et à vous aussi, général Ibañez. Je suis heureux de vous voir enfin sains et saufs hors des griffes de ce digne général Ventura, qui, s'il avait pu, vous aurait sans doute joué un mauvais tour.

— Caballero, répondit don Miguel, je vous remercie des bonnes paroles que vous dites et qui ne peuvent sortir que de la bouche d'un ami ; je serais heureux que vous consentiez à enlever le masque qui cache vos traits, afin que je puisse vous reconnaître.

— Messieurs, si j'ôtais mon masque, vous seriez fort désappointés, car mes traits vous sont inconnus ; ne m'en veuillez donc pas de le conserver : seulement sachez que vous ne vous êtes pas trompés sur mon compte et que je suis bien réellement votre ami.

Les deux Mexicains s'inclinèrent avec courtoisie.

L'inconnu reprit :

— Je savais que dès que vous seriez libres vous vous hâteriez de rejoindre ce brave chasseur français nommé Valentin, que les trappeurs et les gambusinos de la frontière ont appelé le Chercheur de pistes ; je me suis placé ici où vous deviez inévitablement passer, afin de vous faire une communication de la plus haute importance qui vous intéresse à un degré extrême.

— Je vous écoute, monsieur, répondit don Miguel avec une inquiétude secrète, et je vous prie d'accepter d'avance mes sincères remerciements pour la démarche que vous faites en ma faveur.

— Vous me remercierez quand le moment en sera venu, don Miguel ; je ne fais aujourd'hui encore que vous avertir ; plus tard, je l'espère, je vous aiderai, et mon secours ne vous sera pas inutile.

— Parlez, monsieur ! vous excitez ma curiosité au plus haut point, et j'ai hâte de connaître les nouvelles dont vous avez bien voulu vous faire le porteur.

L'inconnu secoua tristement la tête.

Il y eut un instant de silence.

Cette réunion de trois cavaliers dont l'un était masqué, dans cette campagne déserte, où nul bruit ne troublait l'imposant silence de la solitude, avait quelque chose d'étrange.

Enfin l'inconnu reprit la parole :

— Deux mois se sont écoulés, don Miguel, dit-il, depuis que, grâce à la trahison du Cèdre-Rouge, vous avez été arrêté et fait prisonnier au Paso del Norte. Bien des événements que vous ignorez se sont passés depuis cette époque ; mais il en est un surtout dont je dois vous instruire. Le soir même de votre arrestation, au moment où vous rendiez vos armes, votre fille était enlevée par le Cèdre-Rouge.

— Ma fille ! s'écria l'hacendero ; et Valentin auquel je l'avais confiée et qui m'en avait répondu ?

— Valentin avait fait l'impossible pour la sauver, mais que peut un homme contre vingt ?

Don Miguel baissa tristement la tête.

— Après des recherches longtemps infructueuses et des efforts inouïs, un homme, providentiellement aidé par le père Séraphin, était enfin parvenu, la nuit passée, à enlever doña Clara à ses ravisseurs, mais le Cèdre-Rouge, averti par un hasard incompréhensible, s'est introduit dans la maison où la jeune fille était réfugiée, et s'en est emparé de nouveau.

— Oh! je me vengerai de cet homme! s'écria l'hacendero avec colère.

Les yeux de l'inconnu lancèrent un fulgurant éclair à travers les trous de son masque.

— Vous retrouverez auprès de Valentin votre fils et le père Séraphin; le Cèdre-Rouge doit ce soir partir, à la tête d'une troupe de gambusinos, pour aller dans les déserts du Rio-Gila à la recherche d'un placer que son complice, le moine Ambrosio, lui a révélé.

— Fray Ambrosio! dit l'hacendero avec stupeur.

— Oui, votre ancien chapelain, celui qui servait d'espion au squatter, lui révélait vos projets et lui fournissait les moyens d'entrer dans votre hacienda afin d'enlever votre fille.

— Bon! répondit don Miguel d'une voix creuse, je me souviendrai.

— Le Cèdre-Rouge, je ne sais dans quel but, emmène votre fille avec lui dans les prairies.

— Je le suivrai, quand il faudrait faire mille lieues à sa suite, dit résolument don Miguel. Merci à vous qui m'avez si bien instruit! Mais d'où vient l'intérêt que vous me portez si gratuitement, puisque, dites-vous, je ne vous connais pas?

— Plus tard vous le saurez, don Miguel; maintenant, avant que je vous quitte, un dernier mot, une suprême recommandation.

— Je vous écoute attentivement, caballero.

— Ne parlez à qui que ce soit, pas même au chasseur français, pas même à votre fils, de notre rencontre; que ce secret meure dans votre sein. Lorsque vous serez arrivé là-bas dans l'*Ouest lointain*, si vous apercevez devant vous, dans un de vos campements, un morceau de chêne-acajou portant l'empreinte d'un fer à cheval, levez-vous à l'heure de minuit, sortez du camp sans être vu ni suivi de personne; quand vous serez à cent pas dans les hautes herbes, sifflez trois fois, un sifflet pareil vous répondra, et alors vous apprendrez bien des choses qu'il vous importe de savoir, mais que je ne puis vous dire aujourd'hui.

— Bien! merci, je ferai ce que vous me dites.

— Vous me le promettez?

— Je vous le jure sur ma foi de gentilhomme! s'écria don Miguel en se découvrant.

— Je reçois votre serment, adieu!

— Adieu!

L'inconnu enfonça ses éperons dans le ventre de son cheval, lui rendit la bride, et l'animal partit si rapidement, qu'il parut enlevé par un tourbillon.

Les deux gentilshommes le suivirent longtemps des yeux, admirant la grâce et la souplesse de ses mouvements.

Enfin, lorsque cheval et cavalier eurent disparu dans le lointain, don Miguel reprit sa route tout pensif en disant au général :
— Quel peut être cet homme ?
— Je ne le sais pas plus que vous, *viva Cristo !* répondit son ami, mais je vous certifie que je le saurai, quand je devrais, pour l'apprendre, chercher les uns après les autres dans tous les buissons et toutes les cavernes du désert.
— Eh quoi ! s'écria don Miguel, vous viendrez avec moi ?
— En avez-vous douté, don Miguel ? Alors vous m'avez fait injure. Vous n'aurez pas assez de tous vos amis pour vous mettre à la recherche de votre fille et infliger à ce démon de squatter gringo le châtiment qu'il mérite. Non, non, je ne vous abandonnerai pas dans une semblable circonstance, ce serait commettre une mauvaise action ; d'ailleurs je ne suis pas fâché, ajouta-t-il en souriant, de me faire un peu oublier par le gouvernement.
— Merci, mon ami, répondit l'hacendero en lui prenant la main, je savais depuis longtemps que vous m'étiez tout dévoué ; je suis heureux de cette nouvelle preuve d'amitié que vous me donnez.
— Et que vous acceptez ? dit vivement le général.
— De grand cœur, dit don Miguel ; le secours d'un bras de fer comme le vôtre et d'une âme aussi fortement trempée, ne peuvent, dans les tristes circonstances où je me trouve, que m'être fort utiles.
— Bien, voilà qui est convenu ; nous partirons ensemble, *mil rayos !* nous délivrerons, je vous le jure, doña Clara.
— Dieu le veuille ! murmura tristement l'hacendero.
Après cette parole, la conversation tomba et les deux amis marchèrent silencieusement aux côtés l'un de l'autre.
Un quart d'heure plus tard, ils arrivèrent au campement du Chercheur de pistes.

XXVI

CÈDRE-ROUGE

Valentin avait été averti, près d'une heure auparavant, par l'Unicorne, du dénouement de la *négociation* du chef comanche auprès du gouverneur de Santa-Fé et de la mise en liberté immédiate des condamnés ; il les attendait donc.

Bien qu'ils ignorassent dans quel lieu ils le trouveraient, le chasseur supposait que l'Unicorne leur aurait laissé un Indien pour les guider auprès de lui. Il ne fut nullement surpris de les voir.

Du plus loin qu'il les aperçut il s'avança vers eux, suivi par don Pablo et le missionnaire, tandis que de leur côté l'hacendero et le général pressaient le pas de leurs montures afin de les joindre plus tôt.

L'entrevue fut ce qu'elle devait être entre le père et le fils, Valentin et ses amis.

— Silence! lui dit le Cèdre-Rouge, un cri de plus et je vous tue sans pitié.

Tous ces hommes, à l'âme fortement trempée, au cœur grand et généreux, oublièrent un instant la douleur qui les accablait pour être tout, et sans arrière-pensée, au bonheur de se voir réunis.

Quelques heures s'écoulèrent ainsi en causeries tristes et douces, dont la pauvre enfant qui avait été si audacieusement enlevée fit tous les frais.

Valentin dressa, avec ses amis, un plan d'excursion qu'il allait tenter à la recherche de la jeune fille, plan dont la hardiesse aurait fait frémir l'homme de nos pays le plus résolu ; mais les cinq aventuriers qui allaient le mettre à exécution ne redoutaient aucun des dangers mystérieux du désert qu'ils allaient affronter, et ils ne connaissaient pas la crainte.

Nous disons cinq, parce que le père Séraphin avait fait ses adieux à ses amis et était allé rejoindre l'Unicorne, avec lequel il voulait pénétrer dans les villages comanches, afin d'y répandre les lumières de l'Évangile.

Cependant il ne désespérait pas de retrouver ses amis dans les prairies, où lui-même allait se rendre.

Vers le soir, Curumilla arriva. L'Araucan était couvert de poussière, son visage était inondé de sueur.

Sans prononcer une parole, il s'assit devant le feu, sortit son calumet de sa ceinture, l'alluma et commença à fumer.

Valentin le laissa faire sans lui adresser un mot, mais aussitôt qu'il le vit absorbé par sa pipe, il lui posa la main sur l'épaule.

— Eh bien? lui dit-il.

— Curumilla les a vus, répondit l'ulmen.

— Bon! ils sont nombreux?

— Dix fois le nombre des doigts de mes deux mains et une fois en plus.

— *Caramba!* s'écria Valentin, ils sont tant que cela? Nous aurons fort à faire alors.

— Ce sont des chasseurs résolus, appuya le chef.

— Hum! Savez-vous quand ils partiront?

— Ce soir, au lever de la lune nouvelle.

— Ah! ah! Je vois leur projet, fit le chasseur; ils veulent traverser le gué del Toro avant le jour.

Curumilla baissa la tête affirmativement.

— C'est juste, observa Valentin ; une fois le gué del Toro traversé, ils seront dans le désert et n'auront plus, comparativement, rien à redouter, ou du moins ils le supposent. Il faut avouer, reprit-il en s'adressant à ses amis, que le Cèdre-Rouge est un coquin bien remarquable : rien ne lui échappe; mais cette fois il a affaire à rude partie; j'ai une revanche à prendre contre lui, et, avec l'aide de Dieu, je la prendrai éclatante.

— Qu'allons-nous faire? demanda don Miguel.

— Dormir, répondit Valentin. Nous avons encore plusieurs heures devant nous, profitons-en; dans la nouvelle vie que nous commençons, il ne nous faut rien négliger; le corps et l'esprit doivent être reposés, afin que nous puissions agir vigoureusement.

Curumilla s'était levé ; il reparut apportant avec lui deux rifles, des pistolets et des couteaux.

— Mes frères n'avaient pas d'armes, dit-il en déposant son fardeau devant les deux Mexicains.

Ceux-ci le remercièrent avec effusion. Grâce à la prévoyance de l'Indien, qui songeait à tout, ils pouvaient désormais s'élancer hardiment dans le désert.

Quelques minutes plus tard, les cinq hommes dormaient profondément, ainsi que l'avait dit Valentin.

Nous profiterons de leur sommeil pour retourner au Cèdre-Rouge, que nous avons laissé sur le point d'escalader la fenêtre de doña Clara, tandis que Fray Ambrosio et Andrès Garote, ses deux complices, faisaient le guet à chaque angle de la rue.

D'un bond, le bandit fut dans la chambre, après avoir d'un coup de poing enfoncé la fenêtre.

Doña Clara, éveillée en sursaut, se jeta en bas du lit en poussant des cris perçants à l'aspect de l'effroyable apparition qui surgissait devant elle.

— Silence! lui dit le Cèdre-Rouge d'une voix menaçante en lui appuyant sur la poitrine la pointe de son poignard; un cri de plus, et je vous tue sans pitié.

La jeune fille, tremblante de frayeur, leva sur le bandit des yeux voilés par les larmes; mais le visage du Cèdre-Rouge avait une telle expression de cruauté qu'elle comprit qu'elle n'avait rien à espérer de cet homme; elle adressa du fond du cœur une prière au Seigneur et se résigna.

Le bandit rebâillonna la pauvre enfant avec le *rebozo* qui gisait sur le lit, la plaça sur ses épaules et redescendit dans la rue par la fenêtre qu'il escalada une seconde fois.

Dès qu'il eut mis pied à terre, il siffla doucement pour que ses complices le rejoignissent, ce qu'ils firent immédiatement; et, toujours chargé de son fardeau, il se dirigea avec eux du côté du rancho del Coyote.

Pendant le trajet, qui ne fut pas long, les bandits ne rencontrèrent pas une âme.

Garote ouvrit la porte, alluma un *cebo*; les bandits entrèrent, et la porte fut barricadée avec soin derrière eux.

Ainsi, après quelques heures à peine de liberté, la malheureuse jeune fille était tombée de nouveau entre les mains de ses ravisseurs et réintégrée par eux dans la misérable chambre où elle avait passé de si longs jours dans les larmes et la prière.

Le Cèdre-Rouge porta doña Clara à demi évanouie dans la chambre, lui ôta le rebozo qui la bâillonnait, rentra dans la salle et ferma la porte derrière lui.

— Là, dit-il avec satisfaction, voilà qui est fait; la brebis est rentrée au bercail, n'est-ce pas, révérend père? Cette fois, espérons qu'elle n'échappera pas.

Le moine sourit.

— Nous ferons bien de ne pas rester longtemps ici, dit-il.

— Pourquoi donc?

— Parce que cette retraite est connue et que l'on ne manquera pas de la visiter bientôt.

Le squatter haussa les épaules.

— Écoutez, Fray Ambrosio, dit-il avec une grimace sinistre qui avait la prétention d'être un sourire, je vous prédis que tout coquin que vous êtes, vous courez grand risque de mourir dans la peau d'un imbécile, si l'on a pas le soin de vous écorcher auparavant, ce qui pourrait fort bien arriver.

Le moine frissonna : la gaieté du Cèdre-Rouge avait cela de particulier qu'elle était plus redoutable encore que sa colère.

Le squatter s'assit sur un banc, et se tournant vers le gambusino :

— A boire, dit-il rudement.

Garote prit une cruche de mezcal et la plaça devant son terrible associé.

Celui-ci, sans se donner la peine de verser la liqueur dans un verre, porta la cruche à ses lèvres et but jusqu'à ce que la respiration lui manquât.

— Hum! dit-il en faisant claquer sa langue contre son palais, c'est bon de se rafraîchir quand on a soif. Écoutez bien mes ordres, mes chers enfants, et tâchez de les exécuter à la lettre, ou sinon votre peau de coquins payera pour vous.

Les trois hommes s'inclinèrent en silence.

— Vous, Nathan, continua-t-il, vous allez venir avec moi; il est inutile que vous restiez ici; votre présence est nécessaire au Cerro-Prieto où campent nos compagnons.

— Je vous suivrai, répondit laconiquement le jeune homme.

— Bien. Maintenant, vous autres, retenez bien ceci: nos ennemis ne supposeront jamais que j'aie commis la faute de remmener ici ma prisonnière, ce serait tellement absurde que cette idée ne leur viendra pas un instant; ainsi vous pouvez être tranquilles, nul ne troublera votre repos. Demain, dès que la lune se lèvera, vous ferez endosser des vêtements indiens à la péronnelle dont je vous confie la garde, vous la mettrez à cheval et vous me rejoindrez au Cerro-Prieto. Immédiatement après votre arrivée nous partirons.

— Bien, repondit Fray Ambrosio, nous veillerons.

— J'y compte, ou sinon, je ne donnerais pas un *cuartillo* de votre peau maudite, mon révérend père.

Après avoir prononcé ces aimables paroles, le squatter saisit la cruche de mezcal, la vida d'un trait et la jeta à toute volée à travers la salle, où elle se brisa en éclats à la grande joie du bandit.

— Allons, au revoir et à demain! dit-il. Venez, Nathan.

— Au revoir! répondirent-ils.

Le squatter et son fils sortirent du rancho, dont la porte fut soigneusement verrouillée derrière eux.

Le père et le fils marchaient silencieux auprès l'un de l'autre.

Ils étaient plongés dans de sombres réflexions causées par les événements de la nuit.

Ils furent bientôt hors de la ville. La nuit était sombre, mais les ténèbres n'existaient pas pour les squatters, habitués à se diriger dans toutes circonstances sans courir le risque de s'égarer jamais.

Ils marchèrent ainsi assez longtemps, le rifle sur l'épaule, sans échanger une parole, mais prêtant l'oreille aux moindres bruits de la nuit et sondant à chaque instant les ténèbres de leurs yeux de chat-tigre.

Tout à coup, dans le silence, ils entendirent le pas ferme d'un homme qui s'avançait à leur rencontre.

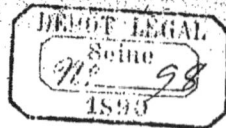

Doña Clara fut placée sur un cheval; le gambusino donna le signal du départ.

Les squatters armèrent leurs rifles, afin d'être prêts à tout événement.

Au bruit sec produit par l'échappement de la détente, une voix se fit entendre, bien que celui à qui elle appartenait fût encore invisible.

— Que mes frères ne tirent pas, ils tueraient un ami!

Ces paroles étaient prononcées en langue apache, dialecte bien connu des squatters.

— C'est un Indien, dit Nathan.

— Crois-tu que je ne l'ai pas reconnu, répondit brutalement le Cèdre-Rouge; et il ajouta dans la même langue : Il n'y a pas d'amis dans l'ombre du désert. Que mon frère s'écarte de ma route, ou je le tue comme un coyote.

— Est-ce ainsi, reprit l'Indien, que le *mangeur* d'hommes reçoit celui que Stanapat, le grand sachem des Comanches, lui envoie pour lui servir de guide? Alors, adieu; je me retire.

— Un instant, *by God!* s'écria vivement le squatter en baissant son rifle et faisant signe à son fils de l'imiter, je ne pouvais deviner qui vous étiez; avancez sans crainte et soyez le bienvenu, frère, je vous attendais avec impatience.

L'Indien s'avança : il portait le costume et les peintures caractéristiques des guerriers apaches; en un mot, il était si bien déguisé, que Valentin lui-même n'aurait pu reconnaître en lui son ami la Plume-d'Aigle, le sachem des Coras, bien que ce fût lui.

Le Cèdre-Rouge, tout joyeux de l'arrivée de son guide, le reçut de la façon la plus affable.

Depuis longtemps il connaissait le Stanapat, le plus féroce guerrier de toutes les nations indiennes qui sillonnent dans tous les sens les immenses déserts du Rio-Gila, et avec lequel nous ferons bientôt connaissance.

Après plusieurs questions auxquelles la Plume-d'Aigle répondit sans se troubler et sans se couper une seule fois, le Cèdre-Rouge, convaincu qu'il était réellement l'homme que le chef apache avait promis de lui envoyer, bannit toute défiance, et causa amicalement avec lui, l'entretenant de certains guerriers qu'il avait connus jadis, et dont il lui demandait des nouvelles.

— Comment se nomme mon frère? dit-il en terminant.

— *Cœur-de-Pierre*, répondit la Plume-d'Aigle.

— Bon, fit le squatter; mon frère porte un beau nom; ce doit être un guerrier renommé dans sa tribu.

L'Indien s'inclina.

Quelque temps après, les trois hommes arrivèrent au camp des gambusinos, établi dans une position formidable sur le sommet d'un roc nommé le *Cerro-Prieto* (la Montagne-Noire).

Les gambusinos reçurent le Cèdre-Rouge avec les témoignages de la joie la plus vive, car sa présence annonçait un prochain départ, et tous ces hommes à demi sauvages, dont la plus grande partie de l'existence s'était écoulée dans les prairies, avaient hâte de quitter les lieux civilisés pour reprendre leur vie d'aventures, si pleine de charmes et de péripéties étranges.

XXVII

EL VADO DEL TORO.

Le Cèdre-Rouge avait raisonné juste en disant à Fray Ambrosio et au gambusino que Doña Clara était en sûreté dans le rancho et que personne ne l'y viendrait chercher.

En effet, Valentin connaissait trop bien la finesse du Cèdre-Rouge pour supposer qu'il commit l'imprudence de ramener sa prisonnière dans le lieu même où on l'avait découverte.

Les deux complices du squatter passèrent tranquillement la journée à jouer à crédit au monté et à se faire des *alburs*, chacun d'eux escamotant la coupe avec une dextérité qui faisait honneur à leur expérience à ce noble jeu.

Personne ne vint les déranger et jeter un regard indiscret dans cet antre infâme qui, au soleil, doré par ses chauds rayons, avait un air d'honnêteté qui faisait plaisir à voir et suffisait amplement pour dissiper les soupçons.

Vers neuf heures du soir, la lune, quoique nouvelle, se leva splendide dans un ciel d'un bleu profond semé d'étoiles brillantes.

— Je crois qu'il est temps de nous préparer, compère, dit Fray Ambrosio: voici le disque de la lune qui apparaît entre le feuillage des chênes-acajou et des lenstiques de la *huerta* de votre voisin.

— Vous avez raison, señor padre, nous allons partir; laissez-moi seulement, je vous en prie, terminer ce coup, c'est un des plus beaux que j'aie encore vus.

— En effet, c'est le retour du *siete de copas*, *l'abur* est presque certain.

— *Caspita!* je parie une petita grosse comme le poing pour le siete de copas.

— Tenus pour le *dos de espadas*. Quelque chose me dit qu'il sortira premier, surtout si vous retroussez les manches de votre jaquette qui doivent horriblement vous gêner pour amener les cartes.

— Mon Dieu non, je vous assure; et tenez, que vous disais-je? voici le siete de copas.

— En effet, c'est extraordinaire, répondit avec un feint étonnement Fray Ambrosio qui n'était pas dupe de la tricherie du gambusino; mais je crois que nous ferions bien de nous hâter.

— De suite, dit Andrès, qui cacha ses cartes crasseuses dans ses bottes vaqueras, et se dirigea vers la chambre où la jeune fille était enfermée.

La jeune fille entra dans la salle, elle pleurait.

— Allons, allons, lui dit le gambusino, séchez vos larmes, señorita; nous ne vous voulons pas de mal, que diable! Qui sait? tout cela finira peut-être mieux que vous ne croyez; demandez plutôt à ce saint moine.

Fray Ambrosio fit un signe de tête affirmatif.

La jeune fille ne répondit pas aux consolations du gambusino; elle se laissa déguiser sans résistance, mais en continuant de pleurer.

— En vérité, c'est folie, murmurait le digne Andrès Garote à part lui, tout en attifant sa prisonnière et en jetant un regard de convoitise sur les joyaux dont elle était parée, de gaspiller ainsi l'or et les perles. Ne vaudrait-il pas mieux s'en servir pour acheter quelque chose d'utile ? C'est qu'elle en a au moins pour trois mille piastres ! Quelle magnifique partie on ferait avec cela ! Quel superbe monté !... Et si ce démon de Cèdre-Rouge avait voulu !.. Enfin nous verrons !... peut-être plus tard.

Tout en faisant ces judicieuses réflexions, le gambusino avait achevé la toilette indienne de la jeune fille.

Il compléta le déguisement en lui jetant un zarapé sur les épaules; puis, donnant un dernier coup d'œil à sa demeure, il fourra dans sa poche un jeu de cartes, resté par mégarde sur la table, but un large verre d'eau-de-vie et sortit enfin de la salle suivi de la jeune fille et du moine qui, malgré les divers incidents de ces derniers jours, avait repris toute sa bonne humeur, grâce sans doute à l'honorable compagnie dans laquelle il se trouvait et au monté, cette passion invétérée de tout bon Mexicain.

La porte fermée avec soin, doña Clara fut placée sur un cheval; Andrès et le moine montèrent chacun sur un autre, et abandonnant sa maison à la garde problématique de la Providence, le gambusino donna le signal du départ, suivi de ses deux compagnons.

Il fit un détour pour éviter de traverser le presidio et se dirigea au galop du côté du Cerro-Prieto.

Le Cèdre-Rouge avait mis le temps à profit, tout était prêt pour le départ. Les nouveaux venus ne descendirent même pas de cheval : dès qu'on les aperçut, la caravane, composée, ainsi que nous l'avons dit plus haut, de cent et quelques hommes déterminés, après s'être formée en file indienne, s'ébranla dans la direction des prairies, non sans avoir d'abord prudemment détaché sur ses flancs deux éclaireurs chargés de surveiller les environs.

Rien n'est triste comme une marche de nuit dans un pays inconnu, semé d'embûches de toutes sortes; où, à chaque instant, on craint de voir s'élancer de derrière les buissons l'ennemi qui vous guette au passage.

Aussi la troupe des gambusinos, inquiète et tressaillant au moindre frottement des feuilles, s'avançait-elle silencieuse et morne, les yeux fixés sur les halliers touffus qui bordaient le chemin, le rifle en avant, l'œil au guet, et prête à tirer au plus léger mouvement suspect.

Cependant ils marchaient déjà depuis trois heures sans que rien ne fût venu justifier leurs craintes; un calme solennel continuait à régner autour d'eux. Peu à peu leurs appréhensions se dissipèrent; ils commençaient à causer à voix basse et à rire de leurs terreurs passées lorsqu'ils arrivèrent sur les bords du del Norte, au *vado* du gué del Toro.

Dans l'intérieur de l'Amérique du Sud et particulièrement dans le Nouveau-Mexique, pays presque encore inconnu aujourd'hui, les voies de communication sont nulles, par conséquent le système de ponts complètement négligé.

Il n'existe que deux moyens de traverser les rivières, même les plus larges : chercher un gué, ou, si l'on est trop pressé, lancer son cheval dans le courant souvent fort rapide, et tâcher d'atteindre l'autre rive à la nage.

Le squatter avait choisi le premier moyen : il avait cherché le gué, ce qui

Ils chargèrent les Indiens avec furie, les assommant à coups de crosses ou les poignardant avec des machetes.

n'était pas difficile : un seul existait à vingt lieues à la ronde, celui del Toro.

Bon gré, mal gré, au risque de ce qui pouvait lui arriver, le squatter avait été forcé de le prendre pour ne pas s'exposer à un trop long détour.

En quelques minutes, toute la troupe fut dans l'eau.

Bien que le terrain du gué offrît souvent des inégalités, et que parfois les chevaux eussent de l'eau jusqu'au poitrail et fussent obligés de se mettre à la nage, tous les cavaliers passèrent sans accident.

Il ne restait plus sur la rive que le Cèdre-Rouge, la Plume-d'Aigle qui lui servait de guide, doña Clara et Andrès Garote.

Le moine avait passé avec les premiers gambusinos.

— A nous maintenant, Cœur-de-Pierre, fit Cèdre-Rouge en s'adressant à la Plume-d'Aigle ; vous voyez que nos hommes sont en sûreté et n'attendent plus que nous pour se mettre en route.

— La *ciuatl* (femme) première, répondit laconiquement l'Indien.

— C'est juste, chef, femme d'abord, reprit le squatter ; et se tournant vers sa prisonnière : Allons, passez, lui dit-il brutalement.

La jeune fille, sans daigner répondre, fit résolument entrer son cheval dans la rivière.

Les trois hommes la suivirent.

La nuit était sombre, le ciel couvert de nuages, et la lune incessamment voilée ne brillait qu'à de longs intervalles, ce qui rendait le passage difficile et même dangereux, en ne permettant pas de distinguer les objets à une courte distance.

Cependant, au bout de quelques secondes, le Cèdre-Rouge crut s'apercevoir que le cheval de doña Clara ne suivait pas la ligne tracée par le gué, mais appuyait sur la gauche, comme s'il se fût abandonné au courant.

Il poussa son cheval en avant pour s'assurer de la réalité du fait ; mais tout à coup une main vigoureuse saisit sa jambe droite, et avant même qu'il songeât à résister, il fut renversé dans l'eau et pris à la gorge par un Indien.

Andrès Garote s'élança à son secours.

Pendant ce temps, le cheval de doña Clara, subissant probablement une impulsion occulte, s'éloignait de plus en plus de l'endroit où les gambusinos avaient pris terre.

Quelques-uns d'entre eux, en tête desquels se trouvaient Dick, Harry et les trois fils du squatter, s'apercevant de ce qui se passait, rentrèrent dans l'eau pour venir en aide à leur chef, tandis que d'autres, guidés par Fray Ambrosio, suivirent le rivage au galop, afin de couper la retraite au cheval de doña Clara lorsqu'il aborderait.

Andrès Garote, après plusieurs efforts infructueux, se rendit maître du cheval du Cèdre-Rouge et l'amena à celui-ci, au moment où il venait de poignarder son ennemi et de lui enlever sa chevelure.

L'Américain se remit en selle, gagna le rivage et tâcha de rétablir un peu d'ordre dans sa troupe, tout en suivant avec anxiété les péripéties du drame silencieux qui se jouait dans la rivière entre la Plume-d'Aigle et la jeune Espagnole.

Le sachem Coras avait lancé son cheval à la poursuite de celui de doña Clara, et tous deux, sur une ligne presque parallèle, suivaient le fil de l'eau, le premier cherchant à se rapprocher du second, qui s'efforçait au contraire d'augmenter de plus en plus la distance qui les séparait.

Tout à coup le cheval du Coras fit un bond en poussant un hennissement de douleur, et il commença à battre follement l'eau de ses pieds de devant, tandis que la rivière se teignait en rouge autour de lui.

Le chef, comprenant que son cheval était blessé à mort, quitta la selle et se pencha de côté, prêt à plonger.

En ce moment, une face hideuse apparut au niveau de l'eau en riant d'une façon diabolique, et une main s'avança vers lui pour le saisir.

Avec cet impertubable sang-froid qui n'abandonne jamais les Indiens, même dans les circonstances les plus critiques, le Coras saisit son tomahawk, fendit le crâne de son ennemi, et se laissa glisser dans l'eau.

Alors un formidable cri de guerre éclata dans la forêt, et une cinquantaine de coups de feu éclatèrent, tirés des deux rives à la fois et illuminant la scène de lueurs fugitives et sinistres.

Une foule de Peaux-Rouges se rua sur les gambusinos ; une mêlée terrible s'engagea.

Les Mexicains, pris à l'improviste, se défendirent d'abord mollement, lâchant pied et cherchant un abri derrière les arbres ; mais obéissant à la voix tonnante du squatter, qui faisait des prodiges de valeur, tout en excitant ses compagnons à vendre chèrement leur vie, ils reprirent courage, se formèrent en escadron serré et chargèrent les Indiens avec furie, luttant corps à corps avec eux, les assommant à coups de crosses ou les poignardant avec des machetes.

Le combat fut court.

Les Peaux-Rouges, qui n'étaient qu'un parti de maraudeurs pawnies, voyant le mauvais résultat de leur surprise, se découragèrent et disparurent aussi vite qu'ils étaient apparus.

Cinq minutes plus tard, le calme et le silence étaient si complètement rétablis, que, si quelques gambusinos n'avaient pas été blessés, et si plusieurs Indiens n'étaient pas restés étendus sur le champ de bataille, cette scène étrange aurait pour ainsi dire pu sembler un rêve.

Dès que les Indiens furent en fuite, le Cèdre-Rouge jeta un regard avide sur le fleuve.

De ce côté aussi la lutte était terminée. La Plume-d'Aigle, monté en croupe derrière la jeune Espagnole, guidait son cheval vers le rivage, qu'il ne tarda pas à atteindre.

— Eh bien? lui demanda le squatter.

— Les Pawnies sont des Coyotes sans courage, répondit le Coras en montrant du doigt deux chevelures humaines qui pendaient sanglantes à sa ceinture ; ils fuient comme de vieilles femmes dès qu'ils voient la touffe de guerre d'un guerrier de ma nation.

— Bon! s'écria avec joie le squatter ; mon frère est un grand guerrier, il a un ami.

Le Coras s'inclina avec un sourire d'une expression indéfinissable. Son but était atteint, il avait gagné la confiance de celui qu'il voulait perdre.

Doña Clara, Ellen et la femme du squatter furent placées au centre de la caravane, et la troupe se remit en marche.

Une heure plus tard, une seconde troupe de cavaliers traversait, elle aussi, le gué del Toro.

Celle-ci était bien moins nombreuse que la première.

Elle ne se composait que de cinq hommes; mais ces cinq hommes étaient Valentin, Curumilla, don Miguel, son fils, et le général Ibañez.

La véritable lutte allait commencer.

Derrière eux, ils laissaient le monde civilisé pour se trouver face à face dans le désert avec leurs ennemis.

AVIS. — La livraison 99 contiendra une gravure coloriée que nous donnons en prime à tous nos lecteurs.

OEUVRES DE GUSTAVE AIMARD

LE CHEF DE HURONS.

N° 2.
F. ROY, éditeur.

TABLE DES MATIÈRES

Le chef des Hurons, gravure coloriée. 1

PREMIÈRE PARTIE

LE CÈDRE-ROUGE.

I.	La forêt vierge.	3
II.	La lutte.	8
III.	Don Miguel Zarate.	13
IV.	Les peccaris.	18
V.	La blessure.	22
VI.	Le jacal des squatters.	28
VII.	Les rangers.	32
VIII.	La vallée du Bison.	38
IX.	Cèdre-Rouge.	44
X.	Le sachem des Coras.	50
XI.	Conversation.	55
XII.	El Meson.	61
XIII.	Le Cèdre-Rouge.	68
XIV.	Les deux chasseurs.	74
XV.	Fray Ambrosio.	79
XVI.	Deux variétés de scélérats.	84
XVII.	El cañon del Buitre.	91
XVIII.	Le père Séraphin.	96
XIX.	L'Unicorne.	102
XX.	Chasse aux chevaux sauvages.	109
XXI.	La surprise.	115
XXII.	La rencontre.	121
XXIII.	L'enlèvement.	127
XXIV.	La révolte.	134

DEUXIÈME PARTIE

LE PRÉSIDIO DE SANTA-FÉ.

I. Le rancho del Coyote	140
II. La cuchillada	146
III. Les chasseurs	150
IV. Le Rayon de Soleil	157
V. L'adoption	164
VI. Le missionnaire	168
VII. L'entrevue	174
VIII. La prison	179
IX. L'ambassade	183
X. La présentation	188
XI. Psychologie	192
XII. Fin contre fin	197
XIII. Discussion orageuse	204
XIV. Le mystère	208
XV. L'embuscade	214
XVI. Discussion amicale	218
XVII. Nathan	223
XVIII. Le blessé	228
XIX. Diplomatie indienne	234
XX. L'inconnu	238
XXI. Le général Ventura	244
XXII. Les Comanches	248
XXIII. Négociations	254
XXIV. Libres	258
XXV. Rencontre	264
XXVI. Le Cèdre-Rouge	268
XXVII. El vado del Toro	275

FIN DE LA TABLE DES MATIÈRES

Sceaux. — Imprimerie Charaire et fils.

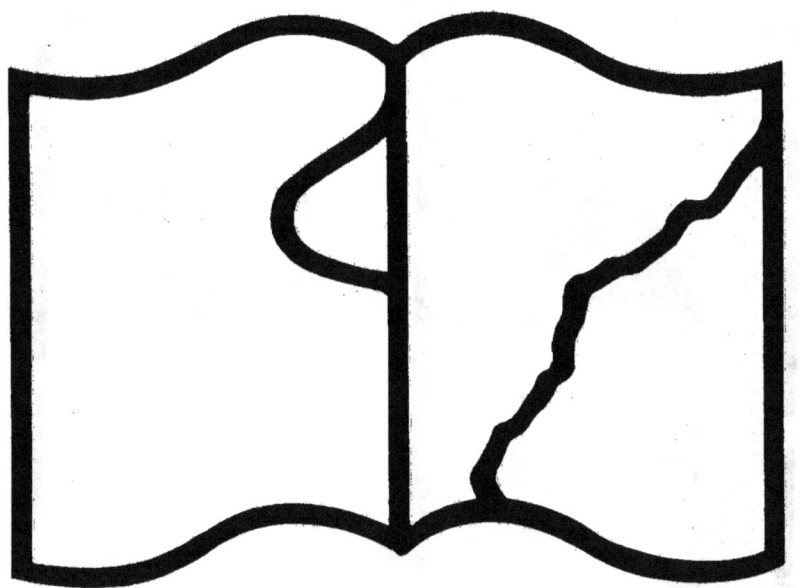

Texte détérioré — reliure défectueuse

NF Z 43-120-11

Contraste insuffisant

NF Z 43-120-14

www.ingramcontent.com/pod-product-compliance
Lightning Source LLC
Chambersburg PA
CBHW070745170426
43200CB00007B/654